RUINES DE POMPÉI.

QUATRIÈME PARTIE.

LES RUINES
DE POMPÉI

Par F. MAZOIS,
ARCHITECTE, INSPECTEUR GÉNÉRAL DES BATIMENTS CIVILS,
MEMBRE DE L'ORDRE ROYAL DE LA LÉGION D'HONNEUR;

OUVRAGE CONTINUÉ

Par M. GAU, ARCHITECTE,

PRÉCÉDÉ D'UNE NOTICE SUR F. MAZOIS,

PAR M. LE CH^{ER} ARTAUD,
MEMBRE DE L'ACADÉMIE DES INSCRIPTIONS ET BELLES-LETTRES,

ET DE L'EXPLICATION DE LA GRANDE MOSAIQUE DÉCOUVERTE A POMPÉI EN 1831,

PAR M. QUATREMÈRE DE QUINCY,
SECRÉTAIRE PERPÉTUEL DE L'ACADÉMIE DES BEAUX-ARTS, MEMBRE DE L'ACADÉMIE DES INSCRIPTIONS ET BELLES-LETTRES.

Le Texte de la Quatrième Partie a été rédigé par M. Barré, Professeur de Philosophie.

QUATRIÈME PARTIE.

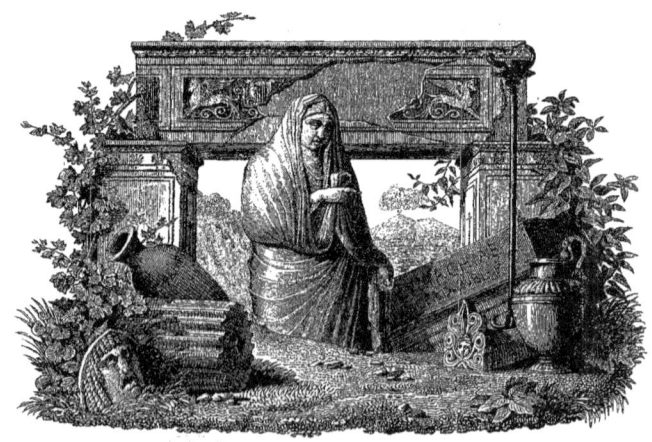

PARIS,
LIBRAIRIE DE FIRMIN DIDOT FRÈRES,
IMPRIMEURS DE L'INSTITUT DE FRANCE, RUE JACOB, N° 56.

M DCCC XXXVIII.

NOTICE SUR M. MAZOIS.

Paris, 31 juillet 1837.

Les Italiens n'ont jamais cessé de cultiver la noble science des antiquités : le sol offre à chaque pas des débris de la grandeur de l'empire romain. Rien de plus naturel que cette sollicitude empressée qui, dans un tel pays, recherche les monuments d'une gloire si étendue et si constante pendant tant de siècles, qui dispute à la terre les dernières traces d'une architecture gigantesque en proportion avec les besoins, la puissance et les destinées du peuple qui fut si longtemps roi. Avant Muratori, des écrivains célèbres avaient enrichi la littérature nationale de publications précieuses, propres à devenir la règle et l'instruction préliminaire des génies qui devaient s'illustrer dans cette science. Les papes et les princes voisins, toujours disposés à protéger de semblables études, accueillaient avec bienveillance, même les étrangers qui venaient apporter de plein gré le tribut de leurs laborieuses investigations, et de leur amour pour une science si digne de la protection des gouvernements généreux. *L'antiquaria* (nous n'avons pas de mot équivalent en français), cette science, beau et riche rameau des connaissances humaines, qui embrasse une foule de subdivisions distinctes que nous détaillerons approximativement, avait été cultivée d'abord avec ardeur par des savants modestes, qui souvent ne plaçaient pas leurs noms sur le titre de leurs ouvrages. Sans remonter plus haut, nous observerons que Nicolas Buono, né dans l'île de Candie en 1635, élève de l'université de Padoue, mit en ordre à Venise plusieurs musées composés de statues apportées du Levant; il prépara aussi une excellente édition de l'ouvrage de cet infatigable *Vaillant*, que Colbert avait envoyé en Italie pour recueillir des médailles. Jacques Spon parle avec éloge de Buono. Philippe Buonarroti, neveu du grand Michel-Ange, se distingua par une érudition immense : monsignor Fabbroni lui applique ce passage de Pline : « Il donna aux choses antiques la nouveauté; aux nouvelles, l'autorité; à celles qui étaient « usées, l'éclat; à celles qu'il avait trouvées obscures, la lumière; aux choses ennuyeuses, la grâce; aux « douteuses, la certitude; à toutes, le naturel, et tout ce qui appartient à l'essence de chacune (1). »

Une autre gloire incidente de Buonarroti, c'est celle d'avoir écrit à Rome des lettres très-courageuses, qui, appuyées par plusieurs cardinaux, firent adoucir la situation de Galilée. Buonarroti eut pour élèves Sébastien Bianchi, Antoine François Gori, les frères Vénuti. Bianchini l'astronome devint aussi antiquaire. Boldetti publia des observations précieuses sur les anciens cimetières de Rome. Mazzuchelli, Milanais, ne fut pas le dernier à se distinguer. Le célèbre marquis Maffèi, qui se rendit recommandable par tant d'autres illustrations, cultiva *l'antiquaria*, écrivit sur le *papyrus*, publia des faits inconnus à Mabillon : une saine critique ne cesse d'accompagner l'auteur dans sa dissertation sur les *Italiens primitifs*. Nous n'oublierons pas le cardinal Quirini, Contuccio Contucci; ce dernier enrichit le musée Kircher de peintures provenant d'Herculanum. Il n'est pas permis de refuser un hommage à l'abbé comte de Guasco, ami de Montesquieu et membre de notre Académie des inscriptions et belles-lettres. Le cardinal Garampi doit être encore cité : malheureusement il n'a pas terminé le bel ouvrage qu'il avait entrepris et qui devait reproduire l'histoire de tous les évêchés, sous le titre d'*Orbis christianus*.

Banduri, dont Montfaucon commença la fortune, fit des études sévères auprès de nos religieux de Saint-Benoit, et se montra digne de succéder à Magliabecchi, bibliothécaire du grand-duc de Toscane. Le comte de Caylus et l'abbé Barthélemi firent connaître en France le haut mérite du P. Paciaudi, et proposèrent de le nommer membre étranger de l'Académie des inscriptions. Mazzocchi écrivit sur Pæstum. Enfin, on vit paraître Winckelmann que Rome appela avec la plus délicate obligeance. *L'histoire de l'art* appartient autant à l'Italie qu'à l'Allemagne, par la magnifique hospitalité que le pape Benoît XIV accorda au savant Allemand en 1756. C'est à Winckelmann qu'Herculanum est redevable surtout d'une partie de sa renommée au dehors. Il ne paraissait pas un étranger en Italie, sans que ce savant, alors président des antiquités, après avoir expliqué les monuments de Rome, ne recommandât au nouvel arrivé, un pèlerinage à Herculanum, à Portici et à Pompéi.

(1) Plin., *Hist. Nat.* in princ.

NOTICE SUR M. MAZOIS.

On avait bien tardé à reconnaître la situation de Pompéi, quoique le temple d'Hercule, d'architecture grecque, eût été découvert depuis longtemps. Nicolas d'Alagni, père de la fameuse Lucrèce d'Alagni, élevé par le roi Alphonse le Magnifique à la dignité de comte de Sarno, avait fait construire un aqueduc qui devait traverser toute l'enceinte de Pompéi pour transporter de l'eau jusqu'à *la torre*. Les ouvriers rencontrèrent dans leurs fouilles des temples, des maisons, des voies, des crypto-portiques ou galeries souterraines, et ils en employèrent les matériaux à la construction de l'aqueduc. Ces travaux ne se continuèrent pas d'ailleurs sans une sorte d'intelligence honorable pour le temps, et sans un sentiment de respect pour ces vénérables constructions. Nicolas d'Alagni ordonna, pour ne pas détruire le temple d'Isis, de pratiquer sous ce temple un passage suffisant qui pût recevoir l'eau, et lui laisser plus loin reprendre son niveau. Nous nous sommes assuré que la trace de ce respect, qu'un antiquaire napolitain appelait un jour devant nous, *un riguardo onorevole per chi ne ha conceputo l'idea*, subsiste encore aujourd'hui. Monsignor Bianchini rapporte que d'autres excavations furent commencées en 1689 : on y trouva des inscriptions qui faisaient mention de la ville même de Pompéi. De cette époque à celle de 1750, on ne parla plus de cette ville; mais alors et jusqu'au premier voyage de Winckelmann, on ne cessa de temps en temps d'entreprendre des fouilles. Les *admirations* de Winckelmann furent entendues de Clément XIII, qui accorda de nouveaux fonds pour la publication des recherches de cet antiquaire. Cet immortel archéologue ayant été lâchement assassiné à Venise, le pontife nomma pour lui succéder Jean-Baptiste Visconti, originaire de Vernazza près de Sarzane, qui n'avait pas moins de passion que son prédécesseur pour les trésors de Pompéi. L'académie fondée à Naples dans l'objet de suivre les premières découvertes, accomplissait sa mission avec zèle et enthousiasme. M. d'Agincourt m'a raconté que le jour de son arrivée à Rome, on lui parla de Pompéi : Canova éprouva un vif désir de faire ce voyage lorsqu'il avait à peine eu le temps de saluer l'ambassadeur de Venise à qui il était adressé. L'abbé Lanzi parlait de Pompéi aux voyageurs qui passaient à Florence. Rome, tout en exigeant une grande attention pour ses mémorables monuments, ordonnait une course à Pompéi. Les traditions s'établirent. Aucun étranger ne pouvait échapper à la recommandation.

Les désordres de la moderne république romaine n'arrêtèrent pas cet élan; l'impulsion était donnée. Les Français, comme gouvernement, repoussés de Rome, y avaient reparu en 1801, représentés par un ambassadeur. Quand on prenait congé de lui, pour aller à Naples, il parlait de Pompéi. Les différends si terribles qui s'élevèrent entre Pie VII et Napoléon, renversèrent violemment une autorité dont la durée avait surpassé celle de l'existence de l'empire romain; mais il fallait toujours que les merveilles de Naples fussent visitées; il fallait que Pompéi reçût constamment les hommages de quiconque avait le privilége, alors rare, de parcourir l'Italie. Elle semblait plus particulièrement ouverte aux Français. Nos artistes s'y présentèrent en foule. Celui qui accourut avec le plus de précipitation fut François Mazois, l'écrivain célèbre auquel nous consacrons cette notice.

François Mazois naquit à Lorient le 12 octobre 1783. Son père, négociant estimé, avait obtenu l'emploi de directeur général des paquebots du roi à Bordeaux. Il y conduisit son fils. La révolution suivait son cours. Le jeune Mazois commença ses études dans un de ces établissements appelés *écoles centrales*, établissements pourvus de professeurs expérimentés, mais où l'on insistait obstinément sur les principes républicains. A son avènement au consulat, Bonaparte goûta peu le genre d'éducation qu'on donnait à la génération qu'il appelait particulièrement à l'obéissance passive : les *écoles centrales* ne tardèrent pas à être supprimées. Cependant François Mazois avait su profiter des leçons de ses maîtres les plus sages, et de bonne heure, il s'était perfectionné dans l'étude des mathématiques et du dessin. Ses progrès avaient été tels, que Monge, examinateur judicieux et réfléchi, s'empressa de désigner le jeune Mazois comme devant faire partie de l'École polytechnique. « Mais à l'âge de quinze ans, dit M. Am. D., auteur d'une notice où nous puisons ces informations, Mazois, à la suite d'une rougeole, fut affligé d'une surdité qui résista à tous les remèdes. » Cette infirmité le contraignit à abandonner le projet de suivre la carrière militaire, et il résolut de cultiver l'architecture, art dans lequel ses premières études lui promettaient des succès.

Devenu un des plus savants élèves de M. Percier, Mazois avait lieu d'espérer *le grand prix* : les concurrents étaient nombreux; le *grand prix*, qui ouvre le chemin de Rome, et qui assure la jouissance de la noble dotation de Louis XIV dans l'École des arts, n'arrivait pas; Mazois, qui recevait de sa famille des moyens d'existence plus que suffisants pour ses goûts modestes, entreprit, à ses frais, le voyage de Rome. Dès son entrée dans cette ville, il fut surpris de la beauté, de la magnificence de ses monuments; un instinct archéologique apprit au voyageur qu'il y avait à conserver là d'autres pensées que le soin de contempler

NOTICE SUR M. MAZOIS.

froidement les proportions des temples, et tout à coup il se développa dans le jeune Français un désir d'explorer plus attentivement les constructions qui avaient échappé aux ravages de l'ignorance et du temps; il considéra de haut les avantages de la science de l'*antiquaria;* il lut avec attention les auteurs que nous avons déjà cités; puis il les lut avec passion. Nous les avons vus souvent dans les mains de Mazois; il s'apprêtait à leur ressembler un jour : il est bien qu'on sache quels ont été ses maîtres favoris. Il préférait comme plus modernes, et comme plus stables, plus *en progrès*, Winckelmann, Ennius Visconti; il s'instruisait facilement en s'asseyant quelquefois au foyer de notre compatriote d'Agincourt, et il reprenait le latin, que les professeurs de son époque n'avaient pas tout à fait assez en estime, enfin il ne reculait pas devant les difficultés de la langue grecque. Les hommes de talent reconnurent qu'avec du zèle, des veilles, toutes ces dispositions vives et raisonnées allaient produire un savant spirituel, exact, méthodique, circonspect, qui rappellerait les bonnes pages de Caylus, la *netteté* de Barthélemy, et dans quelques parties jusqu'à l'érudition d'Ennius Visconti. Celui-ci habitait alors la France : ses conseils, et son amour pour sa nouvelle patrie ne perdaient pas de vue les Français qui visitaient l'Italie, et surtout ceux qui, comme lui-même, s'annonçaient pour mériter un jour la double palme de l'Académie des inscriptions et de l'Académie des beaux-arts.

Le 14 juillet 1808, le général Murat avait été déclaré roi de Naples : il manifesta le dessein d'embellir la ville, de continuer les travaux de Caserte, de donner un accès plus facile à *Capo di monte*. Plus que jamais, on se montrait *dévot à Pompéi* : la passion pour les fouilles gagnait les guerriers eux-mêmes; mais plus ambitieux que le père de Lucrèce d'Alagni, qui ne présidait qu'à la construction de son aqueduc, il est vrai avec ce sentiment de *riguardo* pour ce qu'un autre aurait abattu sans pitié, sentiment dont nous l'avons justement loué, Joachim poursuivant une idée forte, grande, qui devait être féconde en résultats importants et curieux, ordonnait des fouilles autour de l'enceinte des murs de Pompéi, pour parvenir à connaître l'étendue précise de la ville. Mazois n'avait pas trente ans, cependant déjà ses talents, sa gravité douce, le calme de sa parole, les veilles studieuses, lui avaient acquis une réputation parmi les artistes et les savants. Il fut appelé à Naples.

Laissons parler un moment ici l'auteur de la notice que j'ai citée précédemment.

« Un jeune artiste, enthousiaste de son art, ne pouvait demeurer si près des intéressantes ruines de Pom-
« péi, sans faire de cette ville antique, le lieu de ses promenades favorites, l'objet de ses méditations. Il
« parvint à en dessiner furtivement quelques vues : nous disons *furtivement*, car l'Académie de Naples avait
« seule le privilége d'en faire dessiner les morceaux pour son grand ouvrage sur Pompéi, ouvrage qui
« n'avance que bien lentement. Ces dessins furent présentés à la sœur de Napoléon, accompagnés d'un plan ex-
« plicatif. Cette femme spirituelle, et qui chérissait les arts, fut enchantée du travail de l'artiste français; elle
« admira la pureté du dessin dans les vues, la clarté et l'élégance même du style dans le texte. Elle nomma
« l'auteur dessinateur de son cabinet, lui fit donner toute autorisation pour continuer son ouvrage, dont elle
« accepta la dédicace, et pour l'aider dans ses recherches lui accorda une pension de mille francs par mois.
« Dès lors notre artiste n'eut plus d'autre domicile que les ruines de Pompéi : il y passait des semai-
« nes entières, mesurant les monuments, les maisons particulières, copiant les peintures qui les décorent,
« et n'ayant pour toute société que le gardien de la ville et les manœuvres employés au déblai des rues et
« des maisons remplies des cendres volcaniques. Ce fut ainsi qu'il rassembla les immenses matériaux qui lui
« ont servi à la composition de son grand et bel ouvrage intitulé : les *Ruines de Pompéi*. »

Mais il sortait quelquefois de ce qu'on était convenu d'appeler la *maison de Diomède;* il renonçait au plaisir d'admirer le tombeau de Mammia. D'autres travaux encore occupaient son activité. Il restaurait le palais de Portici; il indiquait, de concert avec les architectes napolitains éclairés, et accoutumés à l'influence de l'air du pays, les moyens de conserver intactes les peintures trouvées dans les fouilles; il visitait Pæstum, muni des dissertations de Mazzocchi; il commentait Strabon qui fait mention des merveilles de cette cité; il mesurait le grand temple hexastyle dédié à Neptune, la basilique, le théâtre, l'amphithéâtre, le petit temple hexastyle dédié à Cérès. Quelquefois aussi il habitait le plus près qu'il pouvait d'Herculanum. Ce fut là qu'il conçut la première idée de ses *Considérations sur les théâtres des anciens.*

Si les savants marchent d'un pas mesuré et incessant vers un but unique qu'ils se sont prescrit d'atteindre, les vicissitudes humaines apportent à leurs projets des empêchements imprévus. Une révolution avait renversé la puissance du dominateur qui soutenait l'autorité de Joachim à Naples; quelque temps le lieute-

nant de Napoléon put résister, mais le roi Ferdinand fut remis en possession de son royaume. M. Mazois s'était retiré à Rome. Du mont Circello, dans l'État romain, sans doute on peut découvrir quelques échappées de la baie de Naples; mais de Rome même, l'auteur des *Ruines de Pompéi*, qui n'avait pas achevé son ouvrage, l'auteur dépossédé n'apercevait rien de ce sol inspirateur où il avait éprouvé des satisfactions si douces. L'Académie de Naples continuait bien ses travaux, Mazois ne les partageait pas. Les académiciens napolitains, naturellement plus réservés, et connaissant la situation du trésor, ne pouvaient exiger de grands sacrifices d'argent d'un gouvernement à peine rétabli, qui avait à fermer tant de blessures; le zèle d'un homme qui n'était préoccupé que d'une seule pensée, qui n'existait qu'à Pompéi, qui ne rêvait que de Pompéi, de ses briques, de ses marbres, de ses *dattes desséchées*, des inscriptions, quelles qu'elles fussent, du quartier des soldats, et qui savait décrire ce qui restait caché sous les cendres qu'on n'avait pas déplacées, ne trouvait pas, même à Rome, l'aliment nécessaire à sa vie morale. Dans ses conversations, Mazois disait à la nouvelle ambassade qui représentait et servait les intérêts de Louis XVIII : « Plaignez-moi, le comte de Caylus avait jeté les fondements pour étudier la
« science de l'*antiquaria*, Winckelmann avait rendu instructifs les monuments heureusement expliqués par
« le premier, et avec ses judicieuses observations il les avait rendus déjà *parlants*. Visconti a porté plus loin
« ses vues, et par sa profonde doctrine il a enseigné l'art de lire dans les ouvrages des artistes anciens la
« noble histoire de l'homme et de ses vicissitudes multipliées; moi, aidé des recherches des académiciens
« de Naples, je lisais couramment dans Pompéi, je l'interrogeais avidement, Pompéi répondait, et répon-
« dait juste. Ma vie était là, et je suis privé de ma vie. Certes je n'oublierai pas les émotions de la re-
« connaissance dont je suis pénétré pour ceux qui m'y ont appelé. Moi, jeune homme obscur, et qui ne serai
« peut-être jamais ce que je devrais devenir, j'aimerai toujours ceux qui ne m'ont fait que du bien : mais je ne
« suis pas un homme politique dangereux, pourquoi le retour à Naples m'est-il interdit ? » On voyait, dans ces plaintes éloquentes, toute l'étendue des douleurs de Mazois, la bonté de son cœur, la franchise de ses opinions; avec cela il y avait eu nécessairement dans l'expression de sa première gratitude, quelque chose de prononcé, de précis, de complétement décidé, qui imposait silence aux amis de Naples, chargés d'obtenir en sa faveur, la permission de rentrer à Pompéi, où il promettait en vain de n'avoir pour compagnons, que Strabon, Mazzocchi, Winckelmann, et parmi les vivants, le célèbre chanoine Jorio, et quelques académiciens, en général éloignés du monde.

Nous ne pouvions pas nous dissimuler, M. de Pressigny, l'ambassadeur de France, et moi, l'un de ses secrétaires d'ambassade, que Mazois souffrait un nouveau genre de martyre; cependant, par des raisons dont il tâchait d'adoucir la rigueur, le ministre de Naples Fuscaldo refusait de viser le passe-port qu'on aurait accordé à M. Mazois : *l'exilé* corrigeait patiemment son *palais de Scaurus*, où il marchait hardiment et noblement sur les traces de l'auteur d'*Anacharsis*; il appelait ingénieusement *le palais de Scaurus*, *le trop plein de Pompéi*, lorsqu'il se présenta une circonstance favorable que M. de Pressigny saisit avec un empressement qui prouve combien les intérêts de tous les Français lui étaient recommandés par sa cour, et avec quelle délicatesse il savait les faire valoir. En 1816, un courrier de Paris apporta à M. de Pressigny l'ordre de solliciter auprès du Saint-Père des dispenses pour le mariage de Mgr. le duc de Berry avec la princesse Caroline-Ferdinande-Louise, petite-fille du roi des Deux-Siciles, et d'envoyer sur-le-champ ces dispenses à Naples. M. de Pressigny, quand il eut les dispenses, fit venir M. Mazois et lui dit : « Voulez-vous porter ces papiers
« à Naples en courrier extraordinaire? Ma puissance ne va que jusqu'au palais du ministre des affaires
« étrangères de ce pays; ce sera, s'il vous plaît, à vous à chercher les moyens de gagner la *Maison de*
« *Diomède*, dont vous nous avez tant parlé. Vous vous ingénierez, n'est-ce pas? pour franchir ces quatre
« lieues de plus : recevez, du reste, ces lettres pour notre ambassadeur, M. de Narbonne, que je prie de vous
« aider encore dans ce projet. »

M. Mazois étant arrivé à Naples avec un passe-port de courrier extraordinaire du roi de France, fut très-bien reçu et obtint la permission qu'il demandait : c'est à cette bonne grâce de M. de Pressigny que nous devons la continuation de l'ouvrage de cet illustre archéologue; sans cette attention de l'ambassadeur, M. Mazois, dégoûté, triste, découragé, allait partir pour Paris et ne serait peut-être jamais revenu en Italie.

Je rapporterai ici, pour peindre la situation de M. Mazois, une lettre qu'il m'écrivit le 24 avril 1816.

« J'ai été hier à Pompéi, avec M. de Narbonne; aussitôt que j'aurai obtenu la permission d'y travailler,
« je veux y aller passer quinze jours, exempt de tout souci. Je veux oublier graveurs, imprimeurs, libraires,

NOTICE SUR M. MAZOIS.

« journalistes, banquiers, débiteurs et créanciers, en un mot, l'univers entier, à l'exception de la gloire et
« de mes amis, dont l'image ne m'abandonne jamais : la première m'anime, et les seconds me consolent;
« les illusions de l'une et les soins des autres sont tout ce qui m'attache à ce monde......» On retrouve ici le
coloriste brillant et spirituel du *palais de Scaurus*.

M. le comte de Blacas, successeur de M. de Pressigny, accordait toute sa confiance à Mazois, et l'avait
chargé de restaurer l'église de la *Trinité du Mont*, fondée par Charles VIII, et que les désastres de la
guerre avaient laissée dans un état effroyable de nudité et de misère. Cette église, entièrement restaurée,
est aujourd'hui une des plus belles de Rome. Lorsque Ferdinand, roi des Deux-Siciles, visita cette ville, M. de
Blacas lui donna deux fêtes, dont les décors furent inventés par Mazois; le local choisi était la célèbre
Villa-Médicis, qui nous appartient en vertu d'un échange, opéré par le ministre Cacault, contre le palais
où était placée notre École des beaux-arts. Dans ces deux fêtes Mazois déploya une magnificence qui
charma le roi Ferdinand : le goût le plus délicat avait été remarqué dans les moindres détails de ces
Ricevimenti, où régnait un heureux mélange des pensées qu'inspirent la connaissance de l'antique et l'élégance
de nos jours.

M. Mazois avait achevé sa glorieuse mission. Il pensa, comme M. d'Agincourt, que c'était à Paris qu'il
fallait publier l'immortel ouvrage des *Ruines de Pompéi*.

A son arrivée, le gouvernement lui assigna une honorable récompense en l'appelant dans le conseil des
bâtiments civils; et depuis, les divers ministres de l'intérieur qui se sont succédé lui ont confié des
travaux importants : il allait vraisemblablement être chargé de la construction d'un palais pour les députés
des départements. On lui demandait et il soumettait au ministère les plans du palais dès longtemps projeté,
lorsqu'il fut frappé d'un coup d'apoplexie foudroyante, dans la soirée du 31 décembre 1826, à l'âge de
43 ans.

Marié depuis six ans, à une des filles de M. Alexandre Duval, de l'Académie française, l'un de nos
plus ingénieux, et de nos féconds auteurs dramatiques, il vivait heureux auprès de sa femme,
ornée des grâces séduisantes de son sexe, et des qualités du cœur les plus attachantes. Il parlait souvent
de la constance de son bonheur domestique, et il préparait de nouveaux ouvrages; car le *palais de
Scaurus*, quoique semé de faits remarquables et de recherches gracieuses, n'avait pas absorbé le *trop
plein* si abondant des *ruines de Pompéi*. Le goût littéraire s'était perfectionné chez cet auteur déjà exercé
dans l'art si difficile d'écrire; on avait lieu d'attendre des productions d'un intérêt nouveau : pourquoi le
destin devait-il briser sitôt des jours si précieux?

Je possède un dessin de M. Mazois, signé de lui le jour de son départ de Rome; il avait inséré sur
une colonne, des vers pleins de charme et de tendres regrets.

Voici ces vers :

Le devoir me l'ordonne,	Las! où retrouverai-je,	Mais, au pays de France
Et malgré ma douleur,	En mes regrets amers,	Si je vis plus d'un jour,
Il faut que j'abandonne	Tes monts couverts de neige,	J'adoucirai l'absence
Ma paix et mon bonheur.	Tes plaines sans hivers,	En songeant au retour.
Adieu, belle Italie,	Tes sinueux rivages,	En ces lieux est ma vie :
Paisible et doux séjour!	Baignés de flots d'azur,	Plutôt cent fois mourir,
Adieu, belle patrie	Tes éternels ombrages,	Que laisser l'Italie
Des arts et de l'amour!	Et ton ciel toujours pur?	Pour n'y plus revenir!

Mazois n'a pas revu l'Italie; mais il mérite d'être considéré comme un de ses enfants les plus distingués.
Mazois a droit aux hommages de ses deux patries. Si, comme Rome a dit pour le Poussin, Naples affirme
que Mazois lui appartient, la France répond, ainsi qu'elle a répondu pour le premier : « Nous n'aban-
« donnons aucune de nos illustrations. En effet, qui peut juger sagement des droits si partagés? la gloire
« est aux deux patries : chacune d'elles gardera sa part avec orgueil. »

Ce qui est ensuite assuré, c'est que la Science et l'Art, qui règnent et doivent régner en grand sur le monde savant, ne connaissent pas de semblables querelles, ne s'abaissent pas aux calculs des nations, et ne cesseront d'admirer dans Mazois l'archéologue infatigable, l'écrivain pur, et l'un des créateurs de cette sorte d'histoire, dont le but est de replacer sous les yeux un passé que, sans de tels secours, l'intelligence la plus pénétrante n'aurait pu deviner.

Le Chevalier ARTAUD,
Membre de l'Institut.

ESSAI

SUR LES TEMPLES ANCIENS.

Les édifices sacrés sont l'expression du sentiment religieux et des besoins du culte; leur construction a varié selon les progrès de ce sentiment, selon les développements du rite et des cérémonies.

L'homme primitif demande aux objets mêmes qui l'entourent la cause des impressions qu'il éprouve, et, dans l'état misérable où vivent des hordes vagabondes, parmi les désordres des éléments qui se ressouviennent du chaos, sous l'intempérie d'un climat encore indompté, au milieu des privations de toute espèce, fruits naturels de l'ignorance et de l'incurie, ces impressions tiennent plus de la terreur que de l'amour. L'homme adore donc la foudre au pied de l'arbre que le feu du ciel a frappé; il adore le lion devant les rochers qui forment son antre; le crocodile, au bord des eaux du lac. Tant qu'il ne connait pas d'autres dieux, il ne lui faut pas d'autres temples.

Dans une civilisation plus avancée, mais entée sur l'immobile barbarie des castes inférieures, une sorte de fétichisme domine encore. Ainsi, le peuple de l'Égypte n'est point admis aux religieux mystères de l'aristocratie sacerdotale : il continue d'adorer les créatures inférieures; et quoique aidé par l'intelligence plus éclairée des castes privilégiées, il ne peut songer à tirer ces créatures de leur élément, de leurs demeures naturelles. Aussi, le temple égyptien, malgré l'étendue de ses proportions, malgré sa richesse et la majesté de ses ornements, n'est-il encore qu'une caverne déguisée, vastes étables, splendide ménagerie, où chacun des dieux bêlants, sifflants et mugissants, a sa loge et son repaire.

Rien de semblable chez les Grecs. D'une part à la vérité, la pierre, le granit, les bras serviles abondent, tandis que de l'autre on emploie d'abord le bois et le travail des hommes libres; mais ce n'est pas seulement pour cela qu'il ne faut point demander à l'Égypte le type primitif des temples de la Grèce : c'est que, là-bas, à Thèbes et à Memphis, le principe architectural repose sur la plus grossière et la plus absurde idolâtrie, sur ce culte de la brute déifiée, dont on ne trouve ici aucune trace, même dans les temps les plus reculés de la civilisation hellénique.

Il importait d'éliminer, dès l'abord, cette donnée de la critique routinière, qui s'obstine à chercher sur les bords du Nil ce que peut-être elle devrait demander à l'Indus et au Gange.

Les orientalistes se flattent de lever bientôt le dernier voile qui nous dérobe, au fond de l'Asie, le berceau de la race hellénique et celui de la race italiote. Leurs découvertes confirmeront sans doute ce que font déjà soupçonner tant de traits communs aux deux péninsules que l'on peut appeler les deux Grèces (1). En effet, dans la religion des Étrusques comme dans celle des Hellènes, nous voyons un point de départ pris dans le culte des astres, la plus magnifique des

---

(1) La linguistique peut déjà fournir à l'histoire des temps primitifs quelques bases fondées sur l'étude comparée des langues de l'Inde et de celles de l'Europe.

Les Hellènes, les Italiotes, les Germains et les Slaves ne sont que des rameaux d'une même souche. Ces peuples, partis du

erreurs humaines touchant la Divinité. C'est dire que d'un côté comme de l'autre, nous voyons une première époque religieuse remarquable par l'absence complète d'édifices sacrés.

Partout où l'on adora les *dieux-planètes*, les *célestes coureurs*, selon la magnifique étymologie que Platon assigne au mot Θεοί (1), le seul temple qu'on jugeât digne d'eux, ce fut la voûte immense qui leur sert d'éternelle carrière.

Ainsi, chez les Grecs, le lieu sacré, ἱερόν, n'est d'abord qu'une enceinte placée sur les hauts lieux ; ce n'est qu'un Τέμενος (2), un terrain séparé des champs communs par un mur grossier, ou même par une simple haie. De même chez les habitants du Latium, et chez les Étrusques si fameux par leurs sciences aruspicines et fulgurales (3), le *templum* primitif ne nous apparaît que comme une division du ciel et de l'horizon tracée par le lituus augural, et dans laquelle on prend les auspices : l'enceinte tracée sur le sol, dans un lieu découvert, n'est elle-même qu'une image du champ céleste (4).

Mais bientôt l'imagination ardente d'un peuple peintre et poëte personnifie les astres mêmes : elle donne également une existence et un corps à toutes ces forces de la nature qui, sous le beau climat de l'Hellénie, devaient lui apparaître si vivantes et si belles. Ce peuple s'accoutume à se représenter ses dieux sous une forme humaine, afin d'entrer dans un commerce plus intime avec eux. Dans son enthousiasme reconnaissant, il veut élever à la divinité les héros qui ont affranchi, fertilisé, assaini le sol de la nouvelle patrie, et il ne s'aperçoit pas que c'est la divinité même qu'il abaisse au niveau de ses grands hommes ! Généreuses erreurs ! confusion pleine de grâce et de poésie !

L'influence des Hellènes sur l'Italie fut immense, en ce point comme en tous les autres, soit par une conséquence nécessaire de la communauté d'origine, soit par le fait seul des colonies ioniennes et doriennes qui se succédèrent incessamment sur les côtes de la grande Grèce. Les traits principaux de la théogonie étaient communs aux deux peuples, puisque des deux côtés on prenait pour point de départ la marche des corps célestes. Les noms des principaux dieux, sans être parfaitement identiques dans les deux pays, avaient pourtant plus d'une ressemblance. Dans cet état de choses, les rapports de l'histoire fabuleuse des deux peuples se trouvèrent sans cesse ravivés par des envois de colonies, des contacts commerciaux, ou des relations d'hospitalité. Enfin, quand les Romains s'assimilèrent la littérature hellénique, en même temps à peu près qu'ils absorbaient la Grèce et ses colonies dans leur empire immense, il se trouva peu de chose à faire pour recoudre les mythes du Latium à ceux de la péninsule orientale. Il suffit alors d'attribuer aux divinités de Rome, sans leur ôter pour cela leurs noms latins, toutes les inventions successives des poëtes grecs. Ovide, Virgile, Horace aidèrent à cette fusion, qui s'opéra sans secousses : il n'y eut qu'à oublier quelques dieux indigètes un peu grossiers, et à remplacer le chant inculte des frères Arvales par les strophes élégantes du *carmen sæculare*.

---

fond de l'Inde, à des époques différentes et probablement dans l'ordre que nous avons suivi en les nommant, en ont apporté des idiomes-frères, qui se sont modifiés sous un nouveau climat et au sein d'une civilisation nouvelle. Ces idiomes forment la famille indo-européenne : la langue qui approche le plus d'un type commun, ou, suivant le langage des anciens philologues, la langue mère, est le sanskrit. Dans cette famille le rameau indo-hellénique et le rameau indo-italique se séparant et se confondant à diverses reprises, ont donné naissance aux langues modernes du midi de l'Europe. Le rameau indo-germanique a produit une partie de celles du Nord : il conserve avec le *Zend* une affinité particulière qui indiquerait que les peuplades qui l'ont apporté ont eu quelque chose de commun avec l'antique race des Perses. L'histoire et les affinités du rameau indo-slave ne sont pas aussi bien connues. Jusqu'à présent on a tenté des efforts inutiles pour rattacher d'une manière quelconque à cette famille indo-européenne la langue celtique, qui paraît avoir devancé toutes les autres sur le sol européen.

(1) Platon, Cratyle, 397.

(2) De τέμνω, je coupe; et ces deux mots pourraient bien avoir produit *templum*, quoique Varron fasse venir celui-ci de *tueor*, je regarde.

(3) Cic., Div. 1, 33.

(4) Voyez, dans les ouvrages de M. de Ballanche, son admirable exposition des anciens rites religieux du Latium.

Ainsi que les croyances, les cérémonies du culte et l'architecture sacrée de l'Italie marchèrent parallèlement à celles de la Grèce. Si cette assertion paraissait trop générale, elle resterait incontestable du moins pour les villes qui, voisines des colonies grecques, passèrent quelque temps sous la domination d'une de celles-ci, avant d'être incorporées comme municipes ou colonies au territoire de la république. C'est pourquoi l'histoire du temple grec que nous allons tracer, et la description des diverses espèces de temples que nous donnerons d'après Vitruve, s'appliquent à la fois aux édifices sacrés de la Grèce et de l'Italie, et conviennent surtout à ceux de Pompéi, ville qui fut successivement osque, étrusque, cuméenne, campanienne et romaine.

Ainsi que nous l'avons dit, les dieux étant représentés comme des hommes, des hommes étant devenus dieux, il fallut pour chacun d'eux une habitation humaine. Alors, au milieu du ἱερόν, du τέμενος ou du *templum* consacré à chaque divinité, s'éleva un étroit et modeste édifice en tout semblable aux demeures d'un peuple encore pauvre et grossier. Ce fut dans une cabane de bois qu'habita le dieu ; là fut dressée sa statue. On a souvent fait observer que de la chaumière rustique, soutenue par des poutres, et surmontée d'un toit en charpente à double inclinaison, dérive tout le système de l'architecture des anciens, le motif de tous les membres dont elle se compose, de tous les ornements qu'elle admet. Cela est vrai en particulier de l'édifice religieux : l'humble type primitif se reconnaît toujours à travers les embellissements et les agrandissements dont on le surcharge. Ainsi, l'on voit en germe dans l'enfant toutes les facultés qui doivent se développer et briller dans l'homme.

Le premier temple eut donc la forme d'un rectangle, environ deux fois aussi long que large. Ce fut le Ναός, l'Οἶκος, l'habitation ou la demeure, la *Cella*, l'*Ædes*, la retraite, ou la maison du dieu (1). Cet étroit domicile lui fut réservé tout entier, ou si plus tard on y admit quelqu'un, ce furent les prêtres seuls ou des suppliants en petit nombre. Mais le culte resta hors des portes, ainsi que l'autel, les sacrifices et les adorateurs de la divinité. De là vient que le ναός s'agrandit et s'embellit progressivement, mais toujours par le dehors. Ce fut tout le contraire de notre église chrétienne dont l'extérieur fut sacrifié à la beauté et à la grandeur du sanctuaire même, parce que celui-ci recevait les fidèles et voyait s'accomplir les cérémonies du culte. A la vérité, pour s'expliquer complétement cette différence, il faut tenir compte encore de l'établissement du christianisme au sein d'une société opposante, de l'usage qu'il fit des catacombes ou, plus tard, des basiliques, et enfin des nécessités des climats plus rigoureux sous lesquels il se développa dans la suite.

Bientôt, la maçonnerie, soit en briques, soit en pierres taillées, vint se mêler à la charpente : elle remplaça celle-ci avec avantage dans la construction des parois du ναός. Mais la charpente seule couronna longtemps l'édifice : le nom d'architrave donné à ce que les Grecs appellent l'*épistyle*, indique assez que ce fut longtemps une véritable poutre qui posa sur les colonnes de l'entrée et supporta le fronton. Cette disposition fut toujours employée dans le temple toscan, tel que Vitruve l'a décrit (2) ; la raison en sera indiquée tout à l'heure (3). Au sein de la Grèce elle-même, le bois domina longtemps dans la construction des édifices sacrés (4).

(1) Nous avons insisté sur les dénominations primitives de l'édifice religieux et sur leur sens radical ; mais on n'ignore pas que de pareilles distinctions se confondent assez rapidement dans l'usage : ainsi ἱερόν se dit pour ναός ; à Rome, le *templum* et l'*ædes* différaient seulement en ce que les édifices qui n'avaient point été inaugurés recevaient ce dernier nom : les autres s'appelaient *templum*, *fanum a fando*, à cause des paroles par lesquelles on les consacrait (Varr. de Ling. lat. V. 7), ou *delubrum*, *a luendo*, à cause des purifications qui s'y accomplissaient : c'est du moins l'étymologie la plus raisonnable, et c'est celle que donne Vossius.

(2) Livre IV, chap. VII.

(3) Voyez la page suivante.

(4) Polybe rapporte, IV, 67, que, durant la guerre sociale des Achéens, Dorimaque brûla les colonnes ou les portiques (τὰς στοάς) du temple de Dodone, et renversa la *cella* (τὴν ἱερὰν οἰκίαν) qui devait par conséquent être petite et construite

4 ESSAI

Sur l'architrave reposait l'extrémité des solives qui formaient le plafond du temple; et entre ces solives on laissait d'abord un vide (1).

Ces ouvertures ou métopes furent remplies plus tard de maçonnerie, et c'est alors seulement, suivant Vitruve (2), qu'ayant coupé l'extrémité des solives au niveau du mur, on s'avisa de déguiser cette section en y appliquant les triglyphes (3).

Ainsi se forma la frise dorique. Nous serions entraîné trop loin et forcé de répéter trop de choses connues, si nous entrions dans de pareils détails au sujet de tous les membres de l'architecture et de ses différents ordres : bornons-nous aux temples que nous avons laissés à l'état de carrés longs avec un fronton à chaque extrémité.

Dans cet état, le temple n'avait pas encore de colonnes qui en ornassent l'entrée et formassent en avant de la porte un vestibule couvert. Cette dernière condition, à la vérité, pouvait être remplie sans la première; mais il ne paraît pas qu'il ait existé de temple ouvert de cette manière à sa partie antérieure, avec l'architrave et le fronton soutenus uniquement par les murs latéraux. Le premier temple à ordonnance régulière dont parle Vitruve (4) est le temple qu'il appelle *in Antis* et que les Grecs nommaient ναός ἐν παραστάσι (5). Dans cette construction, l'architrave se trouvait soutenue aux deux extrémités par les têtes des murs latéraux ou *antes*, qui reçurent la forme et le profil de deux colonnes carrées ou pilastres. En outre, le milieu de cette poutre était supporté par des colonnes dont Vitruve, voulant toujours passer du simple au composé, fixe le nombre à deux, mais qui purent être quelquefois en plus grand nombre. En effet, si des colonnes étaient nécessaires pour supporter une poutre un peu longue, elles le devinrent encore plus, quand à cette poutre on substitua des plates-bandes en pierre et quand les parties supérieures furent construites en matériaux plus pesants. Or, la construction des temples *in Antis* resta en usage à une époque où il n'entrait plus guère de bois dans ces édifices, auxquels on donnait presque toujours des dimensions assez considérables; car Vitruve lui-même cite comme exemple un des trois temples de la Fortune qui se trouvaient à Rome (6).

---

de matériaux peu résistants. Pausanias rapporte, Élide I, 20, que l'on conservait à Olympie, près du temple de Jupiter, une colonne de bois qui avait supporté jadis le toit d'Œnomaüs. Le tonnerre ayant frappé la maison de ce prince, cette seule colonne avait été épargnée par le feu. Enfin, le même Pausanias, Élide II, 24, raconte un fait plus positif. « J'ai vu, dit-il, « dans la place publique d'Élis, un temple de la forme suivante : il n'est pas élevé; il n'a point de murs, mais seulement un toit « soutenu par des colonnes de bois de chêne travaillé. Les gens du pays conviennent que c'est un monument sépulcral; mais de « qui, c'est ce qu'ils ne disent pas : s'il faut en croire un vieillard à qui je l'ai demandé, ce serait le monument d'Oxylus. »

(1) C'est ce que prouve le passage fameux d'Euripide, Iphig. Taur. v. 113, où Pylade, se concertant avec Oreste sur les moyens de pénétrer dans le temple de Diane, propose à son ami de se glisser par le vide qui est entre les triglyphes (ed. Godofr. Hermann, Lipsiæ, 1833). Quelque chose de semblable est encore indiqué par cet autre passage du même auteur (Orest., v. 1357, ed. Matthiæ, Lipsiæ, 1813), où un Phrygien raconte qu'il s'est échappé du palais : Κεδρωτὰ ὑπὲρ τέρεμνα παστάδων Δωρικάς τε τριγλύφους, par la toiture de cèdre des appartements et par les triglyphes doriques.

(2) *De architect.*, lib. IV, cap. 2.

(3) Cette explication n'a au fond rien de contradictoire avec le passage d'Euripide, parce que le poëte peut fort bien avoir appelé triglyphes, par anticipation, les extrémités des solives qui devaient être nues au temple de Tauride, mais sur lesquelles on appliquait à Athènes l'ornement dont il s'agit.

On a trouvé une autre difficulté dans le passage de Vitruve que nous venons de mentionner, et des écrivains érudits autant qu'ingénieux ont pris beaucoup de peine pour concilier le commencement de ce paragraphe avec la phrase qui le termine. Ce travail ingrat leur eût été épargné, s'ils avaient connu la nouvelle leçon que propose un savant allemand. D'après cette leçon, l'architecte romain ajoute simplement : « C'est ainsi que dans les édifices doriques, les séparations des solives, étant recouvertes, « offrirent alternativement le triglyphe et *l'intertignium* ou métope. *Ita divisiones tignorum tectæ triglyphorum dispositionem et « intertignium vel metopam, habere in doricis operibus cœperunt.* » Commentar. ad M. Vitruv. Poll. de architectura. Io. Gottlob. Schneider; lib. X, tom. II, p. 241. Lipsiæ, Gœschen, 1808.

(4) *De architect.*, lib. III, cap. 2.

(5) Littéralement, *Temple appuyé sur les montants de la porte.*

(6) Celui, dit-il assez obscurément, que l'on voyait près de la porte Colline. « *Hujus autem exemplar erit ad tres Fortunas, ex*

SUR LES TEMPLES ANCIENS.

Il est difficile de comprendre la méprise par suite de laquelle un dictionnaire d'architecture justement estimé cite, parmi les exemples d'édifices *in Antis*, le temple sur l'Ilissus décrit par Stuart (1), et qui est amphiprostyle. L'erreur viendrait-elle de ce que deux autres édifices décrits plus loin dans le même ouvrage, à savoir le portique de Jupiter Olympien, et surtout le temple de Minerve Poliade, offrent, avec un plus grand nombre de colonnes, quelque chose qui tient de cette disposition (2)?

Bientôt on imagina de substituer aux pilastres formés par les antes, des colonnes isolées pareilles à celles du milieu. De la sorte, les antes, toujours en pilastres, furent reculées d'un entre-colonnement : ce fut le temple *prostyle*. Parmi un grand nombre d'exemples de ce genre de construction, on remarque le temple de la *Fortune virile* à Rome, et nous en verrons nous-mêmes plusieurs de cette espèce. Cette construction dut être fort longtemps en usage dans les cités peu importantes, et pour les édifices construits en l'honneur de divinités du second ordre. On possédait ainsi un vestibule ouvert de toutes parts : mais, dans beaucoup de cas au moins, ce vestibule se prolongeait encore dans l'intérieur au delà de la ligne des antes, comme on le verra tout à l'heure quand nous parlerons de la distribution des édifices religieux. Ces dispositions facilitaient les mouvements du dedans au dehors, et peut-être certaines évolutions des chœurs exigées par les rites sacrés (3).

Le temple prostyle ne resta pas toujours borné à quatre colonnes pour ornement de sa façade. La *cella* du temple dorique de Cérès et de Proserpine à Éleusis avait été construite par Ictinus, qui, voulant lui donner une grandeur inusitée (*immani magnitudine*), afin de lais-

---

tribus, quod est proxime portam Collinam. » Lib. *III, cap.* 2. Était-ce le temple de la Fortune libre (*Libera*), de la Fortune de retour (*Redux*), ou de la Fortune fixée (*Stata*)? Grâce à la confusion que l'on rencontre trop fréquemment dans le style de Vitruve, ou bien à quelque altération de la part des copistes, il faut nous résoudre à l'ignorer.

(1) Antiquités d'Athènes, tom. I, p. 27, pl. VII et suiv.

(2) Le portique de Jupiter est terminé à ses deux extrémités par un *ptérome* ou une tête de muraille en saillie, formant un pilastre, mais ne soutenant point de toit (Ant. d'Athènes, tome I, pl. XXXI). Le temple de Minerve Poliade, qui, avec celui d'Érechthée et le *pandrosium*, forme un ensemble très-irrégulier, offre à l'une de ses extrémités un fronton soutenu au milieu par quatre colonnes ioniques engagées, et supporté à chaque extrémité par un pilastre du même ordre formant la tête du mur latéral de l'édifice. (Ant. d'Athènes, tome II, pl. XX et XXVII.) C'est peut-être par suite d'une faute ou d'une transposition de copiste ou de typographe, que le temple sur l'Ilissus a été cité au lieu de celui de Minerve Poliade.

(3) Nous nous servons du mot *vestibule*, pour nous conformer à l'usage; mais le terme convenable serait le mot *pronaon* ou *prodomos*, avant-temple : car vestibule ne peut se dire proprement que de l'entrée des demeures privées ou des palais. Ce mot signifiait un lieu d'attente, *ve stabulum*, suivant l'étymologie d'Aulu Gelle, XVI, 5. Dans ce passage, il cite, non pas Aquilius Gallus, comme l'a cru Mazois, mais Cælius (ou, selon d'autres, Cæcilius) et Sulpicius-Apollinaris. Voyez ce qui a été dit par Mazois du *vestibulum*, dans son Essai sur les habitations des anciens Romains, où il a si nettement distingué toutes les parties de ces édifices privés (tome III, p. 18). Suivant une origine plus poétique, le vestibule était l'endroit où s'élevait l'autel privé de Vesta.

At focus a flammis, et quod fovet omnia, dictus,
Qui tamen in primis ædibus ante fuit :
Hinc quoque vestibulum dici reor ; inde precando
Affamur Vestam : Quæ loca prima tenes!

« Le foyer fut ainsi appelé à cause du feu qu'on y entretient : il était situé jadis à l'entrée de l'habitation. C'est pourquoi, je pense, « cette partie de nos demeures prend le nom de vestibule ; c'est pourquoi encore, en implorant Vesta, nous lui disons : O toi qui « occupes la première place! » (Ovid. Fast. VI, 301.)

Ce n'est que par abus qu'on a pu appliquer cette dénomination à l'entrée des temples, quoiqu'on trouve plusieurs exemples d'un pareil emploi dans Cicéron lui-même.

C'est par un abus encore plus manifeste que les modernes appellent *péristyle* une pareille construction extérieure. Péristyle ne s'entendait chez les anciens, et ne devrait s'entendre encore que d'un ensemble, d'une suite de colonnes entourant un édifice à l'extérieur ou décorant le dedans d'une enceinte, d'une cour (Vitruve, III, 2, vulgo 1; V, 3 et 7, vulgo 10). Quant à une décoration de colonnes isolées à la face d'un bâtiment et supportant le fronton, cela devrait s'appeler, comme nous le disions tout à l'heure, πρόναον ou *prodomos*, avant-temple, ou mieux encore prostyle ou *prostylon*.

ser plus d'espace pour les sacrifices, n'y avait point ajouté de colonnes extérieures. Mais dans la suite, sous le gouvernement de Démétrius de Phalère, Philon éleva des colonnes devant l'entrée de ce temple, et en fit un prostyle. Cet accroissement du vestibule, ajoute Vitruve, donna beaucoup de commodité pour l'initiation, et rendit l'édifice plus imposant (1). Or, il est évident que Philon ne put soutenir avec quatre colonnes le fronton d'une *cella* aussi large; et, par conséquent, voilà du moins un prostyle qui ne se borne pas au *tétrastyle* (2).

On ne remarquera point sans intérêt que dans les temples destinés aux mystères et à l'initiation, la demeure sacrée elle-même devait avoir des dimensions considérables, puisque les cérémonies s'accomplissaient entre ses murailles; et l'on en conclura que la construction de ces temples aurait pu amener dès lors, dans l'architecture religieuse, une révolution pareille à celle que nécessita plus tard le christianisme. Mais l'initiation ne se présenta, dans l'antiquité, que comme un fait exceptionnel. Il en fut de même des efforts des sectes philosophiques pour épurer les idées morales et religieuses. Chacun de ces signes annonçait la religion nouvelle, mais aucun n'en pouvait occuper la place: le précurseur n'est point un messie (3).

Passons au troisième genre, l'*amphiprostyle*. L'inventeur de ce temple ne fit que répéter le *prostylon* à la face postérieure de l'édifice, de manière à présenter deux décorations, mais non point deux entrées parfaitement semblables. Cette complète similitude n'avait lieu que dans le cas où la partie postérieure du temple, outre la disposition de colonnes et de pilastres pareille en tout à celle du *pronaon*, avait encore une porte réelle et un renfoncement. Or, cela ne se présentait point, par exemple, dans le temple amphiprostyle sur l'Ilissus. C'étaient surtout les temples *périptères* et *hypæthres* (4) qui avaient réellement deux entrées; et souvent on pouvait dire, à double titre, que les temples périptères avaient un *opisthodome* (5); car, non-seulement ce mot s'employait pour désigner la colonnade opposée au *prostylon* et symétrique avec lui, mais il se disait aussi d'un appartement servant de trésor, placé derrière la statue de la divinité, et dont l'entrée, sous la colonnade postérieure, était semblable à l'entrée de la *cella*. On n'avait point créé, pour désigner cette colonnade postérieure, le mot *opisthostylon* (6), qui aurait correspondu au *prostylon*, comme l'*opisthodome* ou l'appartement de derrière correspondait au *prodomos* ou *pronaon*.

Les temples des trois premiers genres ont été construits en général sur des proportions peu étendues, bien que l'on puisse citer et que nous ayons cité nous-même des exemples du contraire. Mais, lors de leur invasion dans la Grèce, les Perses détruisirent ou brûlèrent presque tous

---

(1) Vitruv. VII, Præfat. Quelques critiques ont proposé, au lieu d'*initiantibus*, le mot *intrantibus*; mais Vitruve paraît avoir voulu traduire le grec τοῖς μυουμένοις. Remarquons encore en passant l'emploi irrégulier de *vestibulum*.

(2) Façade à quatre colonnes. Τέσσαρες, quatre; στῦλος, colonne.

(3) Nous ne pouvons quitter ce temple d'Éleusis sans signaler encore un fait assez curieux pour l'histoire de l'architecture. Winckelmann rapporte dans son *Histoire de l'art chez les anciens*, qu'Appius ajouta un portique au temple d'Éleusis. Par une singulière distraction, cet illustre archéologue a commis dans ce peu de mots une double erreur. D'abord, Appius n'a jamais songé à construire à Éleusis un portique, mais bien un propylée; en second lieu, ce qui est plus important, Appius abandonna dans tous les cas son dessein; peut-être même le bruit qui avait couru dans Rome sur les intentions du proconsul était-il entièrement faux. On voit par les lettres de Cicéron à Atticus que le premier, informé qu'Appius voulait construire à Éleusis un propylée, proposa, de son côté, d'en faire un à l'Académie; mais que bientôt il renonça à son dessein, parce qu'Appius ne s'occupait pas du propylée d'Éleusis, soit qu'Appius eût abandonné son projet, soit qu'il n'eût jamais songé à une pareille entreprise, ce qui paraît plus vraisemblable. Voici les deux passages de Cicéron : « Audio Appium προπύλαιον Eleusine facere : non inepti fuerimus, si nos quoque Academiæ fecerimus? » Ad Att., VI, 1. « Me tamen de Academiæ προπυλαίῳ jubes cogitare, quum jam Appius de Eleusine non cogitet? » Ad Att., VI, 6.

(4) Voyez plus loin, pages 7, 8 et 9 de cet Essai.

(5) Ὄπισθε, derrière; δόμος, maison.

(6) Ὄπισθε, derrière; στῦλος, colonne.

les modestes édifices qui avaient été construits sur les anciens modèles (1). Quand il s'agit de réparer les ravages de la guerre, après les victoires de Salamine, de Platée, de Mycale, Athènes se trouvait enrichie des dépouilles de l'Asie et des tributs des îles, et le luxe qui s'introduisait de toutes parts dut paraître aussi un des besoins du culte. Les temples de bois ne conviennent qu'auprès des palais de chaume, et Minerve ne pouvait être logée plus à l'étroit que Périclès. D'ailleurs, les autres arts avaient fait des progrès : la sculpture avait conçu des types plus grandioses; elle avait compris que sans prendre le colossal pour le beau, elle devait cependant donner aux dieux, jusque dans leur stature, quelque chose de surhumain. L'architecture ne resta pas en arrière : elle vit, à son tour, que l'habitation devait grandir comme l'hôte qu'elle recevait. Ce fut alors que le temple, sans que le type primitif fût oublié, prit tout le développement dont celui-ci était susceptible : alors furent conçues ces magnifiques créations que les Romains purent admirer au temps où ils arrivaient, de leur côté, au faîte de leur grandeur, et qu'ils n'eurent alors qu'à copier.

Le temple *périptère* (2) fut le ναός tel qu'on l'a déjà décrit, mais entouré de toutes parts d'une rangée de colonnes. Or, les deux files latérales s'ajoutant aux côtés de la façade tétrastyle, il en résulta que le périptère ne pouvait avoir moins de six colonnes de face, et qu'en général, il était hexastyle. Tel est le temple de Thésée à Athènes; tel est le temple de Vénus dont le plan se trouvera, dans ce volume, à la planche XXIV. Vitruve cite encore, comme exemples du périptère, les temples de l'Honneur et de la Vertu, auxquels l'architecte Mucius n'avait point ajouté de porte de derrière. Frappante allégorie, et qui fait voir de quel esprit, dirai-je de quelles vertus, s'animait l'art antique !

La *cella*, sous ce vaste abri, devait être construite de manière à laisser l'espace d'un entre-colonnement pour circuler à l'entour. Une des dispositions les plus remarquables de ce genre est celle du temple de Thésée (3) : la *cella*, étant éloignée du rectangle de colonnes de la largeur d'un entre-colonnement sur les côtés et d'un entre-colonnement et demi par devant et par derrière, offre à chacune de ses extrémités une entrée garnie de deux colonnes isolées, et de deux antes qui forment deux pilastres, comme si c'étaient deux temples *in Antis* adossés et renfermés dans un périptère. Quand la *cella* était munie d'un plus grand nombre de colonnes à ses deux extrémités, elle pouvait également figurer un amphiprostyle tétrastyle inclus dans le périptère hexastyle. Enfin, comme le périptère pouvait avoir huit colonnes de face ou être octostyle, en ce cas l'amphiprostyle inclus était lui-même hexastyle : on en a un exemple dans le temple de Minerve dit Parthénon ou Hécatompédon (4), qui en même temps était un *hypæthre*, ainsi que nous le ferons voir plus loin (5) (6).

Le périptère avait un peu agrandi la *cella*, puisqu'il avait fourni les moyens d'accroître les dimensions des colonnes, et par conséquent les entre-colonnements, l'édifice tout entier se coor-

(1) Pausanias, Attique, 1.
(2) Περί, autour; πτερόν, aile.
(3) Stuart, Antiquités d'Athènes, tome III, pl. V.
(4) Id., ibid., tome I, pl. V.
(5) Voyez plus loin, page 9 de cet Essai.
(6) Quant aux colonnes latérales, Vitruve en veut de chaque côté onze, *cum angularibus*, avec les angulaires. Les traducteurs, et entre autres Perrault, interprètent ces deux mots, *en comptant celles des coins*, ce qui ne fait en tout que trente colonnes. Mais que l'on nous pardonne une conjecture un peu hardie : ne lèverait-on pas de grandes difficultés en disant : *plus*, celles des coins, de manière à faire en tout trente-quatre ? Ce qui porterait à le croire, c'est d'abord que le temple de Thésée offre ce nombre total de colonnes dans son pourtour. En second lieu, Vitruve dit plus loin (liv. III, chap. 3) qu'Hermogène inventa le pseudo-diptère*, et que

* *Octo-stylum pseudo-dipterive rationem invenit*. L'édition allemande déjà citée rétablit *hexastylum* d'après les manuscrits, et le commentateur déclare qu'il ne comprend pas pourquoi Jocundus fait ce changement. Si cet érudit s'était donné la peine de dessiner une figure, il aurait vu que le pseudo-diptère, comme le diptère lui-même, ne peut avoir moins de huit colonnes de front; car le péristyle qui y est inclus, et dont la place est laissée en double entre-colonnement, doit avoir six colonnes de face pour que la *cella* en ait quatre, ou deux colonnes et deux pilastres.

donnant désormais sur une plus vaste échelle : mais cet accroissement n'était sensible que sur la longueur; il fallait un dernier effort d'invention pour donner à la demeure du dieu la largeur que demandaient les nouveaux besoins du culte. On imagina de faire occuper par la *cella* elle-même l'espace qui, dans le périptère, ne servait qu'à la circulation autour de l'édifice. Les colonnes extérieures latérales furent alors engagées dans le mur du ναός, qui sembla s'être distendu de lui-même : cette forme de temple constitua le *pseudo-périptère*. Vitruve ne le compte point parmi les genres réguliers; mais il en dit quelques mots à propos de plusieurs arrangements convenables en quelques circonstances (1) : « Car, ajoute-t-il, les temples de tous les « dieux ne doivent point être construits de la même manière, les cérémonies des sacrifices n'étant « pas les mêmes pour tous. » Il résulterait de ce passage qu'à mesure que la religion ancienne s'altérait en se compliquant, la coutume de célébrer une partie des rites religieux dans l'intérieur des temples devenait plus fréquente dans certains lieux et pour certaines divinités.

Diodore de Sicile nous apprend que le vaste temple de Jupiter Olympien à Agrigente était un pseudo-périptère, et l'examen des ruines de cet édifice a confirmé cette assertion. La disposition pseudo-périptérale, comme on le voit par cet exemple, avait pour avantage, non-seulement d'agrandir par elle-même l'intérieur du temple, mais encore de donner aux colonnes des dimensions colossales : car, les architraves étant soutenues par des murs, on n'avait point à s'inquiéter du trop de largeur des entre-colonnements; le prostylon seul demandait, à cet égard, des précautions particulières. Un autre exemple du pseudo-périptère, qui se trouve dans la Maison Carrée de Nîmes, n'est point fait d'ailleurs pour donner une idée favorable de ce genre de construction. Le porche est, à la vérité, d'un effet majestueux; mais rien de plus lourd que les colonnes engagées dans les parois avec leurs chapiteaux écrasés et supportant une corniche massive (2).

De tous les genres de constructions religieuses, le plus magnifique était le *diptère*. Il était octostyle sur ses deux faces, et un double rang de colonnes régnait tout autour de la *cella*. Les

---

pour cela il retrancha du diptère complet les trente-huit colonnes intérieures*. Or, comment y aurait-il là trente-huit colonnes, si l'on n'en comptait pas quarante-six pour le rang extérieur : c'est-à-dire, huit de face, et quinze latérales, *cum angularibus*, sans compter celles des angles. Nous savons bien que d'un autre côté, Vitruve dit lui-même (lib. III, cap. 4, vulgo 3) que le périptère doit avoir sur les côtés deux fois autant d'entre-colonnements que sur les faces, ce qui contredit notre conjecture. Mais les raisons qui l'appuient nous paraissent néanmoins tellement puissantes, que nous croyons devoir la proposer. Le lecteur décidera.

Quoi qu'il en soit de notre hypothèse, on verra que les architectes ne se sont pas toujours astreints à l'un ni à l'autre des nombres en question. Le temple de Vénus à Pompéi n'a que vingt-huit colonnes. Le Parthénon, qui est octostyle, en a quarante-six : c'est à peu près la même proportion que donne pour l'hexastyle notre interprétation du passage de Vitruve. Ne comptant pas les seize colonnes des deux frontons, il en reste trente, ou quinze de chaque côté : or, quinze est le double de huit, moins une unité; de même que onze est le double de six, moins une unité.

(1) Dans ce passage, l'architecte romain parle assez vaguement de la disposition qui consiste à ajouter des colonnes sur les côtés du *pronaon*, dans le genre des deux petites ailes à pilastres et à niches du temple d'Isis, qui sera décrit dans ce volume. Vitruv. lib. IV, cap. 8 (vulgo 7) in fine.

(2) M. Mérimée, inspecteur des monuments historiques de France, s'est assuré que l'inscription de la Maison Carrée, déchiffrée en partie par M. le président Séguier, doit être lue ainsi :

M. CAESARI. AVGVSTI. F. COS. L. CAESARI. AVGVSTI. F. COS. DESIGNATO. PRINCIPIBVS. IVVENTVTIS.

M. Séguier lisait un C, au lieu de la première lettre qui, comme l'a prouvé M. Pelet, est un M. Cette seule rectification a fait voir qu'il s'agit des deux fils adoptifs d'Antonin, Marc-Aurèle et Lucius-Vérus, les seuls personnages, après les fils d'Agrippa, qui aient porté ensemble le titre de Princes de la jeunesse. Antonin est né à Nîmes. On cessera donc d'attribuer au siècle d'Auguste ce monument bien digne d'une époque de décadence.

* *Ex dipteri enim ædis symmetriâ sustulit interiores ordines columnarum XXXVIII.* Notre commentateur allemand établit, d'après les manuscrits, le chiffre XXXVIII au lieu de XXXIV donné par Philander; mais il donne de ce nombre une raison peu fondée : il s'appuie sur ce que Vitruve, liv. IV, chap. 7, en parlant du temple toscan *in antis*, dit que son pronaon a quatre colonnes, dont deux au front entre les pilastres, deux dans l'intérieur à égale distance de celles-ci et de la porte de la *cella*. Mais le savant annotateur paraît être trompé, s'il croit qu'en supprimant le pourtour, on supprime les colonnes du pronaon, ce qui lui ôterait toute solidité, et s'il applique en outre à ces grands temples grecs de la construction la plus majestueuse ce que Vitruve a dit du petit temple construit à la manière des Étrusques. La véritable raison du nombre XXXVIII donné par les manuscrits se trouve dans l'interprétation du mot *cum angularibus*, tant dans ce passage que dans celui qui concerne les périptères.

colonnes latérales extérieures étaient au nombre de quinze (1). Le diptère avait donc quarante-six colonnes du premier rang; plus trente-huit du second : en tout quatre-vingt-quatre colonnes, sans compter celles du pronaon et de l'opisthodome intérieurs. Aucun édifice moderne ne peut nous donner l'idée d'une pareille richesse, nous dirions presque d'une pareille profusion. Aussi les frais immenses d'un pareil mode de construction en rendaient-ils les exemples très-rares : Vitruve n'en cite que deux, le temple dorique de Quirinus à Rome et le temple ionique de Diane, construit à Éphèse par Chersiphron (2).

L'énormité des dépenses que demandait le diptère fit songer aux moyens de produire avec plus d'économie des effets aussi imposants. On imagina le *pseudo-diptère*, que Vitruve nomme en cinquième lieu parmi les genres réguliers, tandis qu'il relègue le diptère au sixième rang. La raison de cet ordre est que Vitruve s'est imposé la loi de passer du plus simple au plus composé; mais il paraît plus naturel de suivre la série d'idées qui a dû guider les inventeurs. Le pseudo-diptère n'est qu'un véritable diptère, dans lequel on a enlevé le rang des colonnes intérieures, en laissant ainsi aux promeneurs un espace d'un double entre-colonnement, et d'une base de colonne (3). Il nous semble que dépouillé de cette forêt de colonnes un peu trop serrée qui enrichissait la disposition précédente, le pseudo-diptère devait acquérir plus de majesté, par cela même qu'il ne manquait ni d'air ni d'espace. D'une autre part, les doubles entre-colonnements du plafond offraient quelque inconvénient sous le rapport de la solidité. La *cella* était la même dans les deux temples, et occupait l'espace de quatre colonnes du milieu des façades. Elle était étroite et longue, et comportait par conséquent un véritable opisthodome.

Le septième et dernier genre que décrit Vitruve semble une brillante création de l'artiste, qui s'est plu à y réunir toutes les conditions du grand et du beau, plutôt que la description d'un édifice dont le modèle ait réellement existé. En effet, l'architecte romain s'exprime d'abord ainsi : « L'hypæthre est décastyle au pronaon et au posticum; il a du reste toutes les parties du diptère : « mais dans l'intérieur se trouvent deux rangs de colonnes superposées, écartées des parois, et « formant une galerie dans le genre des portiques et des péristyles. Le milieu est à ciel ouvert, « sans toit, et il y a des portes qui s'ouvrent sur le pronaon et sur le posticum. » Mais il ajoute ensuite : « On n'en trouve point d'exemple à Rome, mais on peut citer un temple d'Athènes, qui « est octostyle, et le temple d'Olympie. » Un savant archéologue a démontré, avec beaucoup d'érudition, d'esprit et de goût, une chose dont Vitruve serait convenu lui-même, c'est qu'en traçant la règle et en citant l'exemple, il avait en vue des choses tout à fait différentes. A le prendre à la lettre, il n'exista jamais de véritable hypæthre, pas même ceux que l'auteur cite : l'un étant octostyle et non décastyle, périptère et non diptère; l'autre n'ayant point toute sa cella découverte, au rapport de Strabon (4).

Nous renvoyons nos lecteurs à l'excellente dissertation de M. Quatremère de Quincy (5). Nous nous contenterons de faire observer que Vitruve se trouve encore ici dans la position qu'il a déjà prise, quand il a parlé des autres espèces de temples, dans la position où se mettent sciemment tous les faiseurs de règles, tous les législateurs : car ils n'ignorent pas que nul cas particulier ne rentrera jamais parfaitement dans le cadre de la généralité. Quant à l'ouverture

---

(1) *Cum angularibus*, c'est-à-dire encore, sans compter celles des coins ; ce qui s'accorde parfaitement avec ce que nous disions tout à l'heure du périptère ordinaire et du Parthénon.

(2) Et non pas *Ctésiphon*, comme on le dit communément. Les meilleurs manuscrits de Vitruve portent le nom ainsi écrit, et Strabon dit formellement que le temple de Diane est dû à *Chersiphron*. Strabon, Géogr. liv. XIV, § 22.

(3) Nous avons déjà parlé du nombre des colonnes qui devaient rester au pseudo-périptère. Voyez page 7, note 6.

(4) Liv. VIII, § 30.

(5) Mémoires de l'Institut, Classe d'histoire et de littérature ancienne, tome II.

de l'hypæthre, il est vrai qu'au rapport de Pausanias (1), de Strabon (2), de Diodore (3), la plupart des temples entièrement découverts restèrent en cet état accidentellement : mais l'habile critique démontre lui-même que ce ne sont point ces édifices à demi construits ou tombant en ruine que Vitruve peut avoir eus en vue. L'illustre académicien considère l'ouverture de l'hypæthre comme n'étant qu'un simple jour d'en haut, dans le genre de celui que l'on voit au Panthéon, un ὁπαῖον (œil), une ouverture qui pouvait se trouver dans tout autre temple qu'un décastyle, diptère, etc. Cette explication, appuyée d'un passage très-concluant de Plutarque, nous paraît trop satisfaisante et trop propre à justifier Vitruve pour que nous hésitions un moment à l'admettre.

Les temples de forme rectangulaire dont nous venons de parler se distinguaient encore entre eux par l'ordre selon les règles duquel ils étaient construits : ils étaient doriques, ioniques ou corinthiens; mais ce n'est point ici le lieu d'entrer dans l'explication élémentaire des trois ordres d'architecture, ces trois expressions du fort, de l'élégant et du riche.

Qu'on nous permette néanmoins de citer quelques phrases pleines d'élégance et de concision dans lesquelles Vitruve a déterminé l'emploi des trois ordres, et d'abord celui de l'hypæthre (4). « Les édifices consacrés à Jupiter, dieu de la foudre et du ciel, ainsi qu'au Soleil et à la Lune, doivent être hypæthres et à ciel découvert : car la puissance de ces divinités se manifeste dans le firmament lui-même et par le jour qui nous éclaire. On élèvera à Minerve, à Hercule et à Mars, des temples doriques, emblèmes de la vertu sans parure. L'ordre corinthien convient à Vénus, à Flore, à Proserpine et aux nymphes des fontaines : ses ornements légers et fleuris, composés de feuillages et de volutes, semblent peindre la grâce de ces divinités légères. Enfin, que l'on consacre à Junon, à Diane, à Bacchus et aux divinités du même caractère, des édifices de l'ordre ionique : c'est un milieu convenable entre la sévérité du dorique et la légèreté du corinthien. »

En outre, on classait tous les édifices en général, et on les dénommait diversement, selon le degré d'espacement des colonnes dont ils étaient décorés (5).

Le *pycnostyle* (6) offrait des colonnes très-serrées : l'entre-colonnement n'était que d'un diamètre et demi. On remarquait cette disposition dans le temple de Jules-César à Rome et dans celui de Vénus sur le forum de César.

Le *systyle* (7) avait deux diamètres d'entre-colonnement, et alors on trouvait entre les plinthes des bases des colonnes la largeur même d'une de ces plinthes. On en voyait un exemple dans le temple de la Fortune situé près d'un théâtre de pierre que l'on croit être celui de Pompée.

Selon l'observation de Vitruve, ces deux premières dispositions offraient plusieurs inconvénients : les matrones, allant faire les supplications, ne pouvaient passer entre les colonnes en se tenant par la main, à moins de marcher à la file; en outre, la porte et les statues se trouvaient dérobées à la vue, et l'espèce de promenade établie autour du temple paraissait trop étroite. Ce n'est là du reste que l'avis isolé de l'architecte romain : il ne semble pas que les Grecs aient pensé comme lui sur ces inconvénients, car leur dorique, sans base à la vérité, permettait de rapprocher les colonnes jusqu'à un diamètre, et moins encore, de distance.

L'édifice était *diastyle*, lorsque l'intervalle des colonnes était de trois diamètres, comme dans le temple d'Apollon et de Diane. Le désavantage de cet arrangement est que, par suite de la largeur des intervalles, les épistyles pouvaient se briser.

---

(1) Liv. VII, chap. 5.
(2) Liv. XIV, § 5.
(3) Liv. XIII, § 82.
(4) Vitruv. lib. I, cap. 2.
(5) Vitruv. lib. III, cap. 3 (vulgo 2).
(6) Πυκνός, serré; στῦλος, colonne.
(7) Σύν, avec, ensemble; στῦλος, colonne.

SUR LES TEMPLES ANCIENS.

Dans l'*aréostyle* (1) enfin, la largeur des entre-colonnements était telle, qu'on ne pouvait employer des épistyles de pierre ou de marbre; mais l'architrave devait être d'une seule pièce de bois. L'aspect de ces sortes d'édifices était nécessairement lourd : ils paraissaient larges et peu élevés. Leur faîte ne pouvait être décoré, à la manière toscane, que de statues de terre cuite ou d'airain doré, comme on le voyait au temple de Cérès près du *Circus maximus*, et aux deux temples d'Hercule.

Il est temps d'en venir à la disposition qui offrait le plus de commodité, de grâce et de solidité, et qu'on appelle l'*eustyle* (2). Elle comportait des entre-colonnements de deux diamètres et un quart, sauf celui du milieu, soit au pronaon, soit au posticum, lequel offrait la largeur de trois colonnes. On n'avait à Rome, selon Vitruve, aucun exemple de cette parfaite disposition; mais à Téos en Asie, on voyait un temple de Bacchus qui était de ce genre.

Nous abandonnerons maintenant Vitruve, de qui les paragraphes précédents sont traduits presque littéralement, et nous ne le suivrons pas dans les détails qu'il donne sur la hauteur des colonnes, relativement à leur grosseur et aux entre-colonnements dans les cinq dispositions qui viennent d'être décrites. Nous ferons remarquer seulement qu'en réglant la hauteur des colonnes à huit modules et demi pour l'eustyle et le diastyle (3), huit pour l'aréostyle, neuf et demi pour le systyle, et dix pour le pycnostyle, Vitruve montre assez qu'il n'entend point parler du dorique grec, lequel n'admet point de pareilles proportions : il est clair même que dans ce passage, comme dans ce qu'il dit des entre-colonnements, il fait entièrement abstraction de l'ordre employé. On se tromperait donc étrangement si l'on appliquait une pareille théorie trop à la lettre, et surtout si l'on prétendait en tirer une règle pour toute autre construction que celle d'un temple. Nous verrons dans ce volume comment elle s'adapte aux édifices sacrés de Pompéi.

Nous n'avons parlé jusqu'ici que des temples dont le plan est rectangulaire. Cependant les anciens en construisirent de circulaires, et c'est encore une des conséquences où dut les conduire facilement l'emploi du bois dans les édifices religieux. Les Égyptiens, construisant leurs bâtiments avec d'énormes blocs de granit, n'arrivèrent jamais à la voûte ni au cercle. Pourquoi auraient-ils cherché la solidité dans d'ingénieux assemblages de parties, quand elle leur était donnée par cela même qu'ils pouvaient tout faire d'une seule pièce?

Le temple circulaire, *ædes rotunda* (4), était monoptère (5) ou périptère. Le premier se composait d'un seul rang ou d'une enceinte de colonnes, sans mur et sans *cella*.

---

(1) Ἀραιός, rare; στῦλος, colonne.

(2) Εὖ, bien ; στῦλος, colonne.

(3) L'éditeur allemand déjà cité a rétabli, dit-il, d'après le texte du Vatican, cette phrase de Vitruve. « Eustyli autem ædis columnæ, ut systyli in novem partes altitudo dividatur et dimidiam » ; tandis que Jocundus a écrit *diastyli* au lieu de *systyli*, et *octo* pour *novem*. La correction de Leipsig nous paraît inadmissible; car Vitruve a dit lui-même un peu plus haut en parlant de « l'eustyle : Ipsarum columnarum altitudo erit modulorum octo et dimidiæ moduli partis. » Lib. III, cap. 3.

(4) Vitruv., lib. IV, cap. 8 (vulgo 7).

(5) Vitruve paraît employer encore cette désignation de *monoptère* dans un tout autre sens que celui-ci, et l'appliquer aux temples quadrilatères qui n'ont qu'un rang de colonnes autour de la cella ; c'est du moins ce qui semble ressortir de la comparaison des deux passages qui suivent : « Hermogenes edidit volumen de æde Dianæ Ionica quæ est Magnesiæ pseudo-dipteros, et Liberi Patris Teo mo-« nopteros, etc.» Lib. VII, Præfat. « Hujus exemplar (Eustyli) Romæ nullum habemus, sed in Asia Teo octostylum Liberi Patris. « Eas autem symmetrias constituit Hermogenes qui etiam primus octostylum pseudo-dipterive rationem invenit. » On pourrait néanmoins concevoir quelques doutes, d'après la forme des phrases. Mais la diction de Vitruve est souvent embarrassée, surtout lorsque cet écrivain vise à une élégance que son sujet ne comporte pas; et enfin il est question, dans le second passage, de l'eustyle, qui, avec son entre-colonnement plus large au milieu, pourrait difficilement s'appliquer à un temple rond. Nous avons rassemblé dans cette note les arguments que l'on pourrait avancer en faveur de l'une et de l'autre opinion : nos lecteurs décideront. Mais une dernière observation qui entraînera peut-être leur conviction du côté où marche la nôtre, c'est que dans le passage du liv. III, chap. 2, où Vitruve parle spécialement du pseudo-diptère, il cite comme exemple le temple de Diane à Magnésie et celui d'Apollon par Ménesthe, et ne parle point du temple de Téos.

Il était élevé sur un *tribunal*, un soubassement, dont la pente ou les degrés occupaient le tiers du diamètre du temple (1).

Quant au nombre des degrés que l'on plaçait sur cette pente, il devait dépendre de la grandeur du diamètre dont ils occupaient le tiers; mais ils devaient être dans tous les cas en nombre impair, comme nous l'apprend Vitruve (2), afin qu'ayant mis le pied droit sur le premier, on posât encore ce même pied sur le degré le plus élevé : car il eût été de mauvais augure d'entrer dans le temple du pied gauche.

Il ne paraît pas que le monoptère ait eu ordinairement et régulièrement une couverture ou une coupole, quoique Perrault ait jugé à propos de le dessiner couvert d'une calotte sphérique : en effet, Vitruve, qui parle fort au long du *Tholus* du périptère circulaire, ne dit point un mot de celui du monoptère.

Néanmoins, on ne peut se refuser à croire que plusieurs monoptères ont été couverts et ont consisté en un toit supporté par des colonnes; c'est ce qui résulte d'un passage de Varron (3) et d'un autre passage de Servius (4) : et la chose resterait constante, quand même on n'en aurait d'autre exemple que la prétendue Lanterne de Démosthène mieux appelée Monument choragique de Lysicrate (5).

La hauteur des colonnes doit être le diamètre de l'édifice pris en dehors du stylobate (6); leur grosseur sera le dixième de cette hauteur, dans laquelle on comprend le chapiteau et les tores. Il est à remarquer que Vitruve ne tient nul compte de l'ordre des colonnes, ainsi qu'on l'a déjà vu quand il s'est agi des entre-colonnements. Ici l'entre-colonnement sera certainement celui de l'eustyle, si l'on admet que le temple de Téos était monoptère circulaire (7).

Les colonnes avaient des stylobates, c'est-à-dire une sorte de piédestal continu ou de mur circulaire peu élevé et qui n'était interrompu qu'à l'endroit de l'entrée et peut-être à la partie opposée, ainsi qu'on le voit au temple de Tivoli.

C'est à ce genre de monoptère que devait appartenir le temple de Pouzzoles que l'on croit dédié à Sérapis. On peut y rapporter encore un édifice dont Vitruve ne parle pas, et qui consiste en un simple mur circulaire supportant une coupole, soit entièrement fermée, soit avec un jour, un œil, ce qui en fait une espèce d'hypæthre. Si une des citations qui précèdent ne nous fournissait la

---

(1) Voici le texte de Vitruve : « Quæ sine cella fiunt, tribunal habent et ascensum ex sua diametro tertiæ partis. » Littéralement : « Ceux que l'on construit sans *cella* ont un tribunal et une montée du tiers de leur diamètre. » Les commentateurs et traducteurs sont peu d'accord sur l'interprétation de ce passage; plusieurs placent cette élévation dans l'intérieur du temple pour occuper la place de la cella, ce qu'ils concluent du rapprochement des deux parties de la phrase. Parmi ceux-là quelques-uns donnent au tribunal ou à la plate-forme seule le tiers du diamètre, tandis que les degrés occupent, selon eux, le reste de l'intérieur, ce qui n'est nullement d'accord avec le texte. Quelques autres prennent le tiers du diamètre au centre du temple pour y élever des gradins et une plate-forme sur laquelle est l'autel ou la statue, ce qui, dans les petits temples, doit se trouver réduit à des proportions bien exiguës. Quelques-uns enfin ont séparé le tribunal des degrés, en mettant à l'intérieur un siége en hémicycle autour de la statue, puis la montée au dehors. Cette explication nous aurait séduit, si nous n'eussions pensé qu'en ce cas la phrase latine eût été plus explicite. Quant à Perrault, il se tire d'affaire en dessinant des degrés d'un tiers de diamètre au dehors, puis d'autres degrés d'un tiers de diamètre au centre, de manière à contenter tout le monde. Mais la plupart des érudits, et les plus recommandables, ont placé comme nous les marches autour de l'édifice, en faisant de *tribunal* et d'*ascensum* une seule et même chose, ce qui est tout à fait dans le génie de la langue latine. La considération qui sans doute les a guidés est puisée dans les lois du goût : c'est que le monoptère, sans être élevé sur des degrés, à moins de se trouver sur une éminence naturelle, serait tout à fait écrasé : il n'en est pas de même du périptère circulaire qui est surmonté de sa coupole.

(2) De Architect. lib. III, cap. 4 (vulgo 3).

(3) Tantummodo accessus semita in tholum, qui est ultra rotundus, columnatus ut est in æde Catuli, si pro parietibus feceris columnas. Varro de Re rustica, lib. III, cap. 5, § 12. Le temple de Catulus dont il est ici question paraît être le temple de la Fortune de ce jour, Τύχης τῆς ἡμέρας ἐκείνης, dont parle Plutarque (Marius, 26).

(4) Alii tholum ædium sacrarum dicunt genus fabricæ Vestæ et Pantheon; alii tectum sine parietibus columnis subnixum. Servius ad Æneid. IX, 408.

(5) Stuart, Antiquités d'Athènes, tome I, pag. 47.

(6) Insuper stylobatas columnæ constituuntur tam altæ, quanta ab extremis partibus est diametros stylobatarum; crassitudine altitudinis suæ cum capitulis et spinis decimæ partis.

(7) Voyez ci-dessus, page 11, note 4.

preuve de l'usage de ce genre de construction pour les temples (1), il nous suffirait de citer le Panthéon.

Le périptère circulaire n'avait, à partir du sol, que deux degrés sur lesquels on établissait les stylobates. A une distance de ces bases, égale à la cinquième partie du diamètre de tout l'édifice, s'élevait, dans l'intérieur, le mur circulaire de la cella; et le dedans de celle-ci avait un diamètre égal à la hauteur des colonnes, non compris leur stylobate. Pour être plus clair, commençons par l'intérieur, et nous dirons que la cella, qui était ronde, avait pour diamètre intérieur la hauteur que l'on voulait donner aux colonnes; puis, qu'on élevait celles-ci à l'entour, en laissant entre l'intérieur du stylobate et le mur de la cella un espace égal au quart du diamètre extérieur de la cella, c'est-à-dire du diamètre intérieur, plus deux épaisseurs de mur.

Ce temple était recouvert d'un *tholus*, c'est-à-dire d'un dôme ou d'une coupole, qui avait pour hauteur la moitié du diamètre ou le rayon de l'édifice entier. Selon Perrault, ce tholus se serait appuyé sur les murs de la cella, qui auraient dû, pour porter le sommet de l'édifice à une pareille élévation, monter eux-mêmes perpendiculairement de toute la différence qui existait entre le rayon de la cella et celui de l'édifice entier, et former conséquemment un tambour assez disgracieux, comme on peut le voir par la figure que cet architecte en a tracée. Mais alors la galerie circulaire restait-elle découverte, comme Perrault semble le laisser à penser? Le contraste eût été bien étrange. Était-elle couverte par un toit incliné ou une terrasse horizontale? En ce cas, Vitruve en eût sans doute indiqué la construction. Il est plus que probable que l'architecte romain a voulu désigner une coupole reposant sur l'entablement qui couronne la colonnade et abritant à la fois la galerie et la cella, comme le fait le toit des périptères rectangulaires.

Quant à ce qui concerne l'arrangement des plafonds, tout est laissé à nos conjectures. Dans la hauteur d'un demi-diamètre, nous ne comprenons pas l'ornement que Vitruve appelle le fleuron, ornement placé sur le sommet de la coupole, et au-dessus duquel se trouve encore une pyramide ou pointe.

Tel est le sens le plus raisonnable que l'on puisse donner au passage de Vitruve qui concerne ce genre de construction, et qui paraît, comme un grand nombre d'autres, avoir été singulièrement altéré. On peut ajouter que les commentateurs, en exerçant sur de pareilles descriptions la subtilité et la multiplicité de leurs conjectures, n'ont pas toujours contribué à éclaircir le texte.

Du reste, la coupole n'était pas exclusivement réservée aux temples : on peut citer à Rome plusieurs édifices qui avaient cette forme, sans que leur destination eût rien de religieux. Pausanias (2) décrit le *Philippeum*, élevé par le père d'Alexandre après la victoire de Chéronée, comme un édifice de forme ronde, construit en briques et entouré de colonnes, sur le sommet duquel on voyait un pavot de bronze qui servait de lien aux poutres du toit. Ce pavot est sans doute le fleuron (*flos*) dont parle Vitruve (3).

Il nous reste à parler de l'embellissement extérieur le plus considérable qu'aient pu recevoir les temples antiques; et c'est le complément nécessaire de tous les agrandissements successifs que nous venons de décrire. Ce dernier perfectionnement d'un chef-d'œuvre de goût et de magnificence n'est encore lui-même qu'un développement du principe duquel tous les autres sont sortis comme de leur germe. Le terrain sacré continuait de s'étendre autour de la cella. Il était toujours nécessaire pour les sacrifices sanglants du culte antique, et surtout à cause des rites qui consistaient à brûler sur les autels les entrailles et les cuisses des victimes. Au fossé, à la

---

(1) Voyez ci-dessus, page 12, note 2, la citation de Varron de R. R. III, 5, § 12, qui mentionne le temple construit par Catulus comme étant un *tholus* supporté par un mur circulaire.

(2) Élide, chap. XX.

(3) C'est évidemment par suite d'une erreur typographique que la traduction de M. Clavier dit *Pivot* au lieu de *Pavot* : le texte porte μήκων χαλκῆ, *un pavot d'airain*.

simple haie qui l'enfermait d'abord, on avait bientôt substitué un mur. Le long de ce mur, on imagina enfin de construire un portique continu qui le disputait en magnificence au péristyle du temple; cette construction s'appela le *péribole* (1). Il y en eut qui renfermaient de vastes espaces, des bois sacrés, plusieurs petits temples même, et enfin un grand nombre de statues des divinités ou des fondateurs du temple. Au rapport de Pausanias (2), le temple de Jupiter Olympien, dont la nef avait été construite par Adrien, était entouré d'un péribole qui n'avait pas moins de quatre stades ou 740 mètres, et qui renfermait un grand nombre de statues de cet empereur, parmi lesquelles une statue colossale; on y voyait encore les statues des Colonies, un Jupiter en bronze, un temple de Saturne et de Rhéa, et une seconde enceinte nommée olympienne. L'enceinte du temple de Neptune, sur l'isthme de Corinthe, était également un péribole qui contenait, outre le temple principal, celui de Palémon ou Mélicertes, un autre temple souterrain où l'on disait que ce dernier dieu était caché, et enfin un temple des Cyclopes (3). Nous nous contenterons de citer encore les temples d'Apollon à Didyme, d'Hercule et d'Esculape à Sicyone, et d'Esculape à Titane. Le temple circulaire de Sérapis à Pouzzoles paraît avoir eu son péribole, et nous en verrons un à l'entour des deux plus beaux temples de Pompéi.

Mais arrêtons-nous un instant devant le grand temple périptère de Palmyre. Cet édifice, consacré au soleil, s'élevait dans une enceinte carrée qui avait environ huit cents pieds anglais, ou plus de deux cent quarante mètres de côté. Cette enceinte était fermée par un mur garni d'un portique continu comme les péribloes grecs, mais la galerie était double, ou formée par deux rangées de colonnes; le nombre de celles-ci pouvait monter à quatre cents. On y pénétrait du côté de l'occident par un double portique à trois portes, formé de chaque côté de dix colonnes corinthiennes supportant un fronton. Le temple placé dans une pareille enceinte eût dû être un diptère à dix colonnes de face. Ou plutôt, figurez-vous, au milieu de cet immense péribole, le temple d'Éleusis construit par Périclès, temple qui réunissait à la forme carrée une coupole ronde; car les bas-reliefs du sarcophage de la villa Moirani en font foi : un moderne n'a point eu le premier l'idée d'élever le Panthéon dans les cieux (4). Ajoutez-y pour entrée le portique d'Héliopolis, ou mieux encore, les propylées d'Athènes... L'imagination humaine ne peut aller plus loin!

Si, de l'extérieur des temples anciens, nous passons à leur distribution intérieure, nous aurons peu de chose à en dire, par les raisons que nous avons déjà indiquées : le culte n'était pas là. C'était dans l'*Area* que se trouvait jusqu'à la piscine où l'on puisait l'eau lustrale.

Vitruve décrit la distribution de ce qu'il appelle un temple toscan (5), et plus loin, il avertit que cette distribution a souvent été appliquée à des édifices d'ordre corinthien et d'ordre ionique (6). Nous pouvons dire qu'elle convenait également au dorique, dont le prétendu toscan n'est qu'une altération : ou plutôt, le toscan n'est que le dorique modifié et appliqué à la construction des temples à la toscane, *ratione tuscanica*. Nous suivons l'auteur, qui décrit l'intérieur du temple toscan prostyle-tétrastyle.

La largeur du temple toscan devait comprendre les cinq sixièmes de sa longueur. Divisant celle-ci en deux parties, la moitié du fond était réservée pour les *cellæ*, les habitations du dieu; la partie antérieure ou *pronaon* devait être occupée par les colonnes. Ensuite la largeur devait être divisée

---

(1) Περί, autour; βάλλω, je jette.
(2) Attique, XVIII.
(3) Pausan., Cor. II. Tel est le sens véritable de la première phrase de ce chapitre : Τοῦ περιβόλου δέ ἐστιν ἐντὸς Παλαίμονος ἐν ἀριστερᾷ ναός. On conçoit difficilement par quelle distraction le savant auteur du Dictionnaire d'Architecture a vu là le péribole du temple de Palémon.
(4) C'est fort gratuitement du reste, ou d'après une tradition fort contestable, que l'on prête à Michel-Ange le mot auquel cette phrase fait allusion.
(5) Lib. IV, cap. 7.
(6) Lib. IV, cap. 8, vulgo 7, sect. 6.

en dix parties : on en prenait trois à droite et trois à gauche pour les petites *cella* ou les ailes; les quatre parties du milieu formaient le temple. Quant au *pronaon*, on y plaçait les colonnes de telle sorte que celles des coins de la façade répondissent aux antes ou aux extrémités des murs. Les deux du milieu devaient répondre à la division établie entre les *cella* et le milieu du temple, et deux autres enfin devaient se trouver à la fois entre les deux antes, et derrière les deux qui viennent d'être mentionnées, de manière à occuper le milieu entre celles-ci et le mur intérieur.

Cette description assez obscure, et qui ne peut guère être comprise qu'à l'aide d'une figure, doit être considérablement modifiée si on l'applique aux temples amphiprostyles ou périptères. Comme nous l'avons indiqué en parlant des entre-colonnements (1), ceux-ci avaient, en général, une longueur double de leur largeur : telles étaient les proportions du temple de Jupiter à Agrigente et de celui qu'on aperçoit sur la route de Tivoli à Frascati. Mais le temple de Jupiter à Olympie avait, au dire de Pausanias (2), 95 pieds grecs de largeur, sur 230 de long (3), ce qui lui donnait une forme allongée. Hexastyle, il devait avoir 13 colonnes de côté, au lieu de 11 ; octostyle, 17 au lieu de 15. D'un autre côté, le temple de Jupiter construit au Capitole par Tarquin n'avait que 15 pieds de plus en longueur qu'en largeur (4), ce qui le rapprocherait assez des dimensions du temple toscan, ainsi que l'indique d'ailleurs l'époque.

Après l'espèce de renfoncement qui se trouvait au *pronaon*, comme on le voit au temple de Thésée (5), on entrait dans la nef elle-même. Pausanias rapporte que, dans l'intérieur du temple de Jupiter à Olympie, il y avait des colonnes soutenant des portiques par lesquels on allait à la statue. On y trouvait aussi un escalier tournant pour monter sur le faîte du temple (6). Un rideau de laine, enrichi de broderies assyriennes et teint en pourpre de Tyr, offert au dieu par Antiochus, semble avoir été destiné à partager le *naos* en deux parties dans certaines occasions. Pausanias observe que ce rideau ne se levait pas vers le toit, comme celui de la Diane d'Éphèse, mais qu'on le baissait à terre en lâchant des cordages. On voyait dans le temple et dans le *pronaon*, des colonnes ou des piédestaux qui portaient des statues, des boucliers votifs, des couronnes, des trépieds, des tableaux, lesquels formaient le long des parois une brillante décoration : mais le plus bel ornement du sanctuaire était la statue colossale du dieu lui-même. Il suffit de rappeler qu'elle était de Phidias. La richesse des accessoires, du trône et de l'estrade, ornés d'or et d'ivoire, répondait à la beauté de ce chef-d'œuvre.

D'après ce temple d'Olympie, on peut se faire une idée des autres édifices religieux de la Grèce et de Rome, toutes proportions gardées néanmoins en grandeur, en richesse, en beauté.

Derrière le sanctuaire était l'opisthodome qui servait souvent de trésor.

Peu de personnes étaient admises simultanément dans l'intérieur des temples, qui était un lieu d'asile. Il était défendu d'y cracher et de se moucher (7). On y laissait pénétrer sans doute les suppliants, du moins quand ils apportaient des offrandes ; et ils montaient quelquefois à genoux les degrés du péristyle (8). A Rome, les matrones entraient dans les temples en se tenant par la main (9), pour adresser aux dieux les supplications décrétées par le sénat (10).

---

(1) Page 6, notes 7 et 8.
(2) Élide, X.
(3) Le pied grec olympien valant 308 millimètres, cela revient à 29 mètres 26 cent., sur 70 mètres 84 cent.
(4) Dion. Halicarn., lib. IV.
(5) Stuart, Ant. d'Athènes.
(6) Pausanias, Élide, X.
(7) Arrian diss. Epictet. IV, 11, 32.
(8) Dion. Halicarn.
(9) Voyez plus haut, page 10.
(10) Tit. Liv., lib. X, 33.

Dans les calamités publiques, elles balayaient avec leurs cheveux le pavé du sanctuaire (1). Le vulgaire, qui n'était point admis avec elles, restait au dehors, exprimant quelquefois sa colère ou son mépris pour les divinités qui l'avaient mal servi, et se portant même jusqu'à assaillir le temple à coups de pierres (2). C'est que le polythéisme s'était corrompu par le luxe : le dieu, enseveli dans sa riche *cella*, adoré face à face par les seuls patriciens, n'était plus compris des esprits de la plèbe. Ainsi se préparait l'avénement d'une foi démocratique et d'un culte d'égalité.

Nous nous sommes efforcé de rassembler dans cet Essai tous les renseignements généraux sur les temples des anciens qui peuvent être utiles pour l'examen des édifices religieux tels que ceux de Pompéi : il fallait établir le type pour y rapporter les individus.

Nous réservons, pour les donner avec l'explication des planches, quelques discussions de détail qui auraient prolongé outre mesure cette introduction.

(1) Polyb., lib. IX, 6.
(2) Suétone, Caligula.

EXPLICATION DES PLANCHES
DE LA QUATRIÈME PARTIE.

LA VENDANGE.

PLANCHE PREMIÈRE
SERVANT DE FRONTISPICE.

Dans cette charmante composition, l'Amour cueille les raisins d'une vigne qui se trouve hors du cadre, probablement enlacée aux branches d'un orme élevé, ou soutenue par une espèce de colonne en treillage placée au milieu du tableau, et à l'extrémité de laquelle l'échelle est appuyée (1).

A mesure que le petit vendangeur détache les grappes, il les dépose dans un vase de bois que lui présente une nymphe. Rien de plus naturel que la position de la jeune fille, de plus gracieux que la draperie jetée sur son épaule. Cette figure est portée sur une espèce d'arabesque arrondie qui imite une fleur de lotus, piédestal où peut-être l'équilibre est difficile à garder; mais ce n'est point une mortelle. De même, les pieds de l'Amour semblent mal assurés, sur les barreaux qui le supportent; mais c'est un dieu, et il a des ailes. Cette échelle, si incommode pour de simples et grossiers humains, parait être du genre de celles dont Mazois a parlé plus haut (2), en citant le passage de Pline sur l'élévation des vignes de ce pays, quand les vendangeurs stipulaient que, s'ils venaient à se laisser tomber, le propriétaire les ferait enterrer à ses frais (3). Les raisins que cueille le hardi vendangeur sont sans doute de cette espèce célèbre que l'on appelait *Pompejana* ou *Murgentina uva*, parce qu'originaire de la ville de Murgente en Sicile, on l'avait apportée dans les environs de Pompéi (4).

Mazois n'a laissé aucune note pour indiquer le lieu où il a trouvé cette peinture murale, et les collections que nous avons consultées n'ont pu nous donner le moindre renseignement à cet égard. Mais Mazois destinait formellement cette première planche à être placée avant la vue du temple grec et du putéal. Or nous savons que les portiques qui conduisaient aux temples étaient souvent décorés de tableaux de cette espèce; d'ailleurs, celui que nous appelons à juste titre notre maître a été amené à parler des échelles des vendangeurs anciens en décrivant le paysage que l'on aperçoit de l'hémicycle situé dans l'enceinte de l'ancien forum. Nous pouvons donc conjecturer que cette peinture se trouvait sous l'espèce de propylée d'ordre ionique par lequel on arrivait dans l'hécatonstylon, au milieu duquel était le temple grec (5). Peut-être cependant, le sujet bachique de ce tableau engagerait-il quelques lecteurs à le renvoyer au temple d'Isis, à cause de la fleur de lotus sur laquelle pose la nymphe, et de l'identité que l'on doit reconnaître entre Osiris et le Bacchus isiaque (6).

(1) On prendrait cette treille pour l'ombre de l'échelle, si le jour qui éclaire les figures ne venait pas de la gauche.
(2) Vol. III, page 21.
(3) Plin., XIV, 1.
(4) Plin., XIV, 2, 6. — Colum. III, 2.
(5) Voyez tome III, pl. IX bis et suiv.
(6) Voyez, dans ce volume, la description de la planche VIII.

TEMPLE GREC

BIDENTAL ET HÉMICYCLE.

PLANCHES II ET III.

En se reportant à la notice historique placée en tête de la 1re partie de cet ouvrage, on y trouvera le plan des fouilles qui ont été faites à Pompéi depuis 1755 jusqu'en 1822 (1). Sur le côté occidental du grand théâtre, on voit une enceinte marquée G, ayant à peu près la forme d'un triangle isocèle. Elle tient par un de ses deux angles égaux aux propylées du théâtre, et par l'autre à la route qui conduit actuellement à Salerne. Le plan complet de ce terrain a été donné dans un autre endroit (2); et les détails des édifices purement municipaux sont expliqués dans le texte (3); mais il reste à parler maintenant de plusieurs édifices religieux dont les ruines se trouvent sur cette espèce d'*area*.

Vers le milieu de l'enceinte, et presque parallèlement à l'un des côtés égaux du triangle, côté qui était formé par la muraille même de la ville, s'élevait un temple grec dont on n'aperçoit plus que l'emplacement et quelques fragments de colonnes. La figure 1re de la planche II donnera une idée de l'aspect qu'offrent maintenant ses ruines. Elle représente ces débris vus du côté des propylées : les deux colonnes dont les tronçons restent debout sont celles que l'on a indiquées en noir sur le plan (4). Il est assez difficile de reconnaître d'une manière certaine les détails de la construction de ce temple, vu le mauvais état de conservation des parties qui subsistent. Il fut ruiné longtemps avant la destruction complète de Pompéi et principalement par le grand tremblement de terre qui précéda de dix ans l'éruption. Sur le même terrain on rebâtit plusieurs fois des *Sacellum*, comme l'indiquent différentes ruines, et des fragments épars çà et là sur le sol. Mais cet état de dégradation tient encore plus à la position de l'édifice qui, situé dans l'endroit le plus élevé de la ville, n'a pu être entièrement recouvert par les cendres volcaniques, et a dû être dépouillé, dès une époque reculée, des marbres et des colonnes dont il était décoré. Il en a été de même des théâtres situés dans le même quartier de la ville.

C'est sans doute par ces motifs que Mazois n'a point voulu en donner une restauration purement conjecturale.

A la vérité sir William Gell a été beaucoup trop loin en affirmant que « le temple entier est « tellement dévasté qu'il n'est plus possible de dire combien il offrait de colonnes soit de face, « soit sur les côtés (5). » Il aurait fallu pour cela que les deux colonnes indiquées au plan, ainsi dans que cette vue, ne fussent point restées à leur place; car elles suffisent pour déterminer un entre-colonnement. Il aurait fallu aussi que l'on ne pût mesurer les deux dimensions du quadrilatère; car il suffit de ces données jointes à la précédente, pour établir positivement que le temple devait avoir huit colonnes de face sur onze de côté. Mais ce qui a rendu plus difficile jusqu'ici

---

(1) Tome I, pl. II de la notice historique.
(2) Tome III, pl. IX bis.
(3) Tome III, pl. IX et suivantes.
(4) Tome III, pl. IX bis, n° 14.
(5) Pompeiana, the topography, edifices and ornaments of Pompei, by sir William Gell and John P. Gandy, architect. 2e edition. London. 1821, p. 242.

EXPLICATION DES PLANCHES.

tous les calculs établis de cette manière, c'est que les entre-colonnements n'étaient pas tous égaux, comme Mazois l'a reconnu d'après des traces irrécusables, et comme nous l'exposerons tout à l'heure. Le double entre-colonnement que l'on remarque entre les colonnes du pourtour et le mur de la cella, fait de ce temple un pseudo-diptère octostyle (1) qui ne diffère de celui de Vitruve que par le nombre des colonnes de côté, onze au lieu de quinze ou dix-sept.

On voit, par les tronçons qui subsistent encore, que ces colonnes étaient d'ordre dorique, qu'elles avaient trois pieds dix pouces de diamètre à leur base, et trois pieds à la partie supérieure. L'abacus était un carré de quatre pieds onze pouces de côté; et le chapiteau présente cela de remarquable, que l'ouvrier n'a taillé dans la même pierre aucune partie du fût de la colonne, tandis que dans les plus beaux exemples qui nous soient restés de l'ordre dorique, on remarque entre le chapiteau et la partie supérieure du fût une continuité qui produit un fort bon effet. La grande hauteur de tout ce chapiteau, qui n'a pas moins d'un pied dix pouces, et la hardiesse de sa coupe saillante, semblable à celle des chapiteaux de Pæstum, sont des caractères d'une construction très-ancienne. Aussi fait-on remonter ce temple à la période étrusque.

Un de ces chapiteaux se trouve par terre à côté des deux tronçons de colonne représentés à la figure première.

L'entre-colonnement est très-remarquable, en ce qu'on lui reconnaît trois dimensions différentes, pour les côtés, les angles et les façades. Ces trois dimensions sont:

Pour les côtés, un diamètre et un quart;

Pour les façades, un diamètre;

Pour les angles, trois quarts de diamètre.

En outre, l'entre-colonnement du milieu de la façade est plus large que les autres; ce qui se rapporte à la disposition d'une harmonie parfaite que l'on désigne sous le nom d'eustyle (2).

Les ébranlements qu'a soufferts l'édifice, et dont la fente ou la lézarde représentée sur le plan peut donner une idée, expliquent les légères différences que l'on remarque encore entre plusieurs entre-colonnements : ces différences ne sont nullement proportionnelles, et l'on sait que les dimensions se prenaient toujours par parties aliquotes du diamètre de la colonne. Nous voilà bien loin du *pycnostyle* même qui, offrant la plus serrée des dispositions admises par Vitruve, avait un diamètre et demi (3); mais ce peu d'espace est précisément le caractère des constructions véritablement grecques, que l'architecte romain n'avait pas entrepris de décrire. Ce qu'il y a de plus remarquable ici, c'est la différence des entre-colonnements des faces et de ceux des côtés. Car celle des angles n'est pas sans exemple : dans le temple de Thésée à Athènes (4), on voit que les huit entre-colonnements des angles ne sont à peu près que d'un diamètre et demi, tandis que les autres ont environ un diamètre et trois quarts. De même, au temple de Minerve (5), l'architecte a donné aux premiers un diamètre et aux seconds un diamètre et un quart. C'est une précaution que l'on prenait pour assurer la solidité de l'édifice.

Le temple entier occupe un espace rectangulaire d'environ quatre-vingts pieds de long sur cinquante de large. Il est élevé sur un podium qui forme cinq degrés, toujours le nombre impair. Mais comme ces degrés étaient fort élevés et très-incommodes, on a construit postérieurement, au milieu de la façade du sud, un perron de sept marches.

(1) Voyez ci-dessus l'Essai sur les Temples, page 9.
(2) Voyez l'Essai sur les Temples, page 10.
(3) Voyez l'Essai sur les Temples, page 11.
(4) Spon, Ant. d'Ath., Vol. III, p. 39, pl. V.
(5) Spon, Ant. d'Ath., Vol. II, p. 15, pl. V.

Le massif de ce podium est d'une pierre dans laquelle on remarque des détritus végétaux, et principalement des roseaux pétrifiés, comme dans celles de Pæstum. Les colonnes, les degrés et les murs étaient d'une piperne pleine de scories volcaniques. Les chapiteaux sont taillés dans une pierre calcaire très-grossière. Toutes les parties de l'édifice étaient revêtues d'un stuc très-fin.

On n'a rien de certain sur la divinité à laquelle cet édifice était consacré. Les uns y ont vu un temple d'Hercule, parce qu'il était près du théâtre; ils appuient cette opinion sur l'autorité de Vitruve dont ils paraissent avoir mal interprété un passage (1). D'abord, si la situation près du théâtre devait être comptée pour quelque chose, elle indiquerait plutôt un édifice élevé en l'honneur de Bacchus; mais cette considération perd tout son poids, quand on se rappelle que le temple grec est d'une tout autre antiquité que le théâtre, et n'a point été bâti à dessein dans le voisinage de celui-ci. Nous nous rangeons donc à l'opinion de ceux qui ont vu dans cet édifice un temple de Neptune. Sa situation élevée et dominant la mer, le commerce maritime auquel s'adonnaient les habitants de Pompéi, rendent cette conjecture extrêmement probable. S'il y a, ainsi que nous le verrons tout à l'heure, un autre temple de Neptune dans le même quartier, on peut le considérer comme ayant été destiné à remplacer l'ancien après la ruine de celui-ci.

La deuxième figure est une vue prise du portique qui longeait le théâtre : on découvre de là les débris d'un petit édifice assez remarquable, qui, sur le plan, est marqué 17.

Les Romains appelaient primitivement *Puteal* la mardelle d'un puits; mais ce nom fut appliqué bientôt à des enceintes circulaires d'une apparence toute semblable, qu'on élevait autour des places consacrées, et le plus souvent autour des lieux où la foudre était tombée. De ce dernier genre était le *Puteal Libonis* (2) qui fut construit par Scribonius Libo, chargé spécialement par le sénat de rechercher, et de mettre à l'abri des profanations, les lieux où avaient existé autrefois des temples détruits par le feu du ciel. Ce putéal était dans le forum, près de l'arc de Fabius, et c'est là que du temps d'Horace s'assemblaient les usuriers et leurs victimes (3). Néanmoins, un autre putéal, que beaucoup de savants ont confondu avec le premier, se trouvait dans le *Comitium* près du figuier *Ruminal* : c'était là qu'on avait enfoui le fameux rasoir d'Attius Nævius, et la pierre qu'il avait coupée avec ce même rasoir du temps de Tarquin l'ancien (4). Cette construction était quelquefois ornée de sculptures, comme on le voit par un passage de Cicéron, qui envoie deux marbres de cette espèce à son ami Atticus (5). C'est ce que prouve encore le beau bas-relief circulaire qui se trouve au musée Bourbon à Naples, et qui, comme l'a fort bien remarqué M. Finati, ne peut pas avoir servi réellement de bouche de puits, car on n'y aperçoit aucune trace des cordes et des seaux (6), circonstance qui se remarque au contraire dans de véritables bouches de puits de marbre grec que l'on conserve au même musée (7).

Il faut se garder de confondre avec le putéal ce que les Romains appelaient *Bidental*. Cette distinction a été fort bien établie par M. Rosini, président de l'académie d'Herculanum (8).

---

(1) Voyage à Pompéi, de l'abbé Romanelli, p. 303. Vitruve a seulement dit que le temple d'Hercule devait être près du cirque, dans les villes qui n'ont ni gymnase, ni amphithéâtre (Lib. I, cap. 7). Il a dit aussi qu'il y avait un temple d'Hercule près du théâtre de Pompée à Rome, et non près du théâtre de Pompéi (Lib. III, cap. 3.). Ce qui est confirmé par Pline, XXXIV, 19.
(2) Fragment. Festi, post verbum Sceleratus.
(3) Hor. Ep. I, 19, 8. — Sat. II, 6, 35. — Cic. Sext. 8. — Ovid. R. amat. 561.
(4) Cic. Div. I, 17. La statue de cet Attius Nævius s'élevait auprès du putéal. *Et secuisse dicitur!*
(5) *Putealia sigillata.* Cic. ad Att. I, 10.
(6) Museo Borbonico, Vol. I, Tav. XLIX.
(7) Museo Borbonico, Vol. I, Tav. XI.
(8) Dissertazione Isagogica, etc., p. 87 et 88. L'opinion de M. Rosini a fourni à M. Joseph Furlanetto le moyen de redresser

EXPLICATION DES PLANCHES.

Bidental se disait de tout temple que l'on consacrait en immolant une brebis (1); il se disait, par suite, du temple circulaire qu'on élevait autour d'un putéal sur le lieu frappé de la foudre.

L'édifice dont il s'agit est donc un putéal autour duquel un bidental a été construit, ou, si l'on veut, un bidental renfermant un putéal.

La figure 2 de la planche II donne une idée de l'aspect qui se présente au voyageur arrêté derrière un des tronçons de colonne du portique qui longe le théâtre. A sa gauche, il a les débris de plusieurs de ces petits monuments qui se trouvent çà et là épars sur le sol de ce grand espace triangulaire. Nous en décrirons tout à l'heure quelques-uns. A sa droite, les vestiges d'une double enceinte marquée 15 sur le plan, enceinte qui paraît à sir Gell avoir été un parc destiné à renfermer les victimes. Quelques érudits l'ont prise pour un cimetière. Mais Mazois déclare que c'est un *Cinerarium*, un endroit destiné à rassembler les cendres et les os des victimes qui avaient été immolées, et dont certaines parties, et surtout les cuisses (2), avaient été consumées sur les autels.

En face, le voyageur voit les ruines du bidental. Huit tronçons de colonnes doriques, portées sur un soubassement circulaire, entourent un autel rond et creux élevé lui-même sur un degré. L'œil s'arrête au loin sur la mer et sur l'îlot élevé qu'on appelle le rocher d'Hercule.

La figure 4 de la planche III offre une coupe de ce qui reste du bidental. On peut en mesurer les proportions en sachant que l'échelle placée au-dessus de la coupe est de cinq mètres et se rapporte au plan. La coupe elle-même a des proportions doubles, et, pour y appliquer l'échelle, il faut prendre celle-ci pour deux mètres et demi. Le diamètre total de l'édifice est de trois mètres soixante-dix centimètres.

On a pensé que ce putéal était un puits véritable qui fournissait l'eau nécessaire pour les cérémonies du temple, et c'est dans cette idée que sir William Gell lui a donné une couverture. Il est plus probable néanmoins qu'il ne renfermait dans son sein que la terre qui avait été frappée du feu du ciel, vu que les bords du cylindre ne portent point de ces traces que les cordes laissent ordinairement sur la mardelle d'un puits. Il est encore probable que les colonnes ne supportaient point de toit, mais un simple epistylium, sur quelques débris duquel on a trouvé cette inscription osque :

>VT·A3M·OT·ZII8B3TIN
A388ИИᴎИИ8EA

que les académiciens d'Herculanum ont lue (3) :

NITREBIIS. TR. MED. TVC.
AAMANAΦΦED.

et qu'ils ont interprétée : *Nitrebius ter meddixtucticus septo conclusit.* C'est-à-dire, Nitrebius, trois fois meddixtucticus, a construit cette enceinte.

Meddixtucticus ou Medixtuticus était le titre du magistrat suprême chez les Campaniens (4).

La figure 5 de la même planche offre la vue de face et de côté d'un grand autel, puis, à

---

l'erreur dans laquelle Forcellini était tombé après un grand nombre de savants. Voyez l'article *Bidental*, Totius latinitatis lexic. Jacobi Facciolati et Ægidii Forcellini, curante Jos. Furlanetto. Schneebergæ, 1833.

(1) On appelait cette victime *Bidens*, soit parce qu'elle devait avoir huit dents, parmi lesquelles deux plus fortes qui ne paraissent qu'à la deuxième année (Jul. Hygin. ap. Gell. XVI, 6. — Isid. Orig. XII, 1); soit à cause de son âge (*Bidennis* pour *Biennis*). (Nigid. ap. Gell. l. c.).

(2) Homère, Iliade, I, 40.
(3) L'osque s'écrit de droite à gauche.
(4) Tit. Liv. XXVI, 6. — Festus, sub verbo Meddix.

droite, la vue, de face seulement, d'un autel moins large. Ces deux autels sont les plus grands de ceux qui étaient situés à la gauche de l'enclos cinéraire : ils servaient aux sacrifices extérieurs. Ce qu'ils offrent de plus remarquable, c'est la largeur du premier, qui semble partagé en trois parties.

Près de l'autre façade du temple, et tourné vers le sud-est, dans un lieu d'où l'on découvre la mer, est un hémicycle dans le genre de ceux que l'on a trouvés hors de la porte d'Herculanum. Les deux extrémités du banc demi-circulaire sont formées par deux pattes de lion, en tuf volcanique. Il était, sans doute, destiné à offrir un lieu de repos aux vieillards et aux citoyens oisifs : ils sont venus s'y entretenir des événements politiques qui changèrent tant de fois le sort de la cité; ils ont peut-être contemplé de là les symptômes menaçants du terrible phénomène qui devait la détruire (1).

La figure deuxième offre une élévation de ce siége élégant et commode. La première représente le plan de ce même siège, mais sur une échelle plus petite. On remarque à droite le commencement du petit mur qui se prolonge dans toute la longueur du temple (2).

TEMPLE DE NEPTUNE.

PLANCHES IV, V ET VI.

Dans un massif de bâtiments qui se trouve à l'orient des théâtres, et qui en est séparé par une petite ruelle, on a découvert, en 1766, un petit temple dont l'état actuel est représenté à la planche IV, et dont le plan se trouve au bas de la planche V.

Un petit portique, dont le toit était soutenu par deux colonnettes, conduisait dans une cour ou aréa dont tout le fond était occupé par un soubassement assez élevé. On y montait par neuf degrés, nombre impair, qui s'accorde avec la coutume constante des anciens (3).

Sur ce podium, s'élevait un prostyle à quatre colonnes de face, plus deux autres sur les côtés, en avant des pilastres des antes. Alors, venait la cella, isolée des murs de l'enclos par une ruelle continue. Elle était pavée d'une mosaïque et revêtue de peintures murales dont il reste à peine quelques fragments. Mais d'autres débris précieux avaient échappé jusqu'ici aux recherches des antiquaires, ou ne leur avaient pas semblé dignes de leur examen ; ce sont les chapiteaux des pilastres qui formaient les antes de la cella. La figure 2 de la planche VI offre, à gauche, la moitié de la face de ces chapiteaux, à droite, la moitié de leur côté, et au centre, le profil du milieu de ce côté. L'étude de ces débris et de quelques fragments de l'épistyle a permis à l'auteur de cet ouvrage de restituer l'élévation et la coupe comme on le voit aux figures qui occupent le haut de la planche V. Avec ces chapiteaux de fantaisie, mais d'une fantaisie pleine de goût et d'élégance, le style de l'édifice devait être corinthien : les proportions étaient connues.

Mais un autre fragment, trouvé dans la même enceinte, était encore plus curieux par les idées qu'il a fait naître sur la destination de l'édifice. C'est le chapiteau dont le dessin se trouve à la figure 1re de la planche V.

---

(1) Voyez tome III, page 20, l'élégante description, tracée par Mazois lui-même, de la vue dont on jouit de ce point.
(2) Voyez tome III, pl. IX.
(3) Voyez notre Essai sur les Temples, p. 12; et Vitruve, De Archit. lib. III, cap. 4 (vulgo 3). L'abbé Romanelli, dans son voyage déjà cité, donne le même nombre.

EXPLICATION DES PLANCHES.

Presque tous les voyageurs et les antiquaires ont cru que le petit temple dont il s'agit avait été consacré à Esculape (1). D'autres y ont vu un temple de Jupiter et de Junon (2). Ces opinions sont fondées sur l'examen plus ou moins attentif de trois statues de terre cuite qui ont été trouvées dans les ruines de cet édifice. Ces monuments de la plastique des anciens peuvent appartenir, non pas aux premiers temps de l'art, mais à une époque assez avancée de la période romaine, et ce sont au moins des copies fort estimables de chefs-d'œuvre d'artistes grecs. Winckelmann, qui les a examinés le premier, a cru y voir Esculape avec une Hygie. Il ne nomme pas la troisième figure. Selon Gaspard Vinci (3), ce serait un Esculape, un Jupiter, et une Junon. D'un autre côté, M. Giovan-Batista Finati, dans sa première description du musée royal Bourbonien, combat l'opinion de Winckelmann; et où celui-ci a vu un Esculape, il trouve un Jupiter. Il est vrai que dans l'explication des planches du *Real Museo Borbonico* (4), M. Finati revient à la pensée qu'il avait d'abord rejetée. Dans le chaos de ces opinions diverses, le chapiteau dont nous parlons apporte une lumière nouvelle. La tête dont il est orné au lieu de rosace n'a-t-elle pas le caractère bien connu de celle de Neptune? N'est-ce point là le *placidum caput* du poëte latin (5)? En outre, les feuilles qui remplacent l'acanthe, l'olivier ou le laurier, n'ont-elles pas quelques-uns des caractères d'une plante marine? Si enfin nous nous reportons aux statues, le caractère de la parenté n'explique-t-il pas comment le dieu des mers a été pris pour son frère le dieu du ciel, ou pour le petit-fils de celui-ci? Tels sont en partie les motifs qui, sans doute, ont porté feu Mazois à se conformer à l'opinion vulgaire, à l'espèce de tradition qui sur les lieux mêmes désigne comme un *Temple de Neptune* l'édifice que nous décrivons. Peut-être en avait-il de plus solides encore, dont il ne reste pas de traces dans ses notes. Pour nous, il y aurait une raison puissante de ne pas douter, quand nous n'aurions pour tout argument que l'autorité de l'illustre défunt, consignée dans une inscription de sa main au bas de la figure.

Il y a du reste une cause générale qui rend assez difficile la tâche de l'antiquaire et de l'artiste, quand il s'agit de rétablir chaque débris de cette espèce à sa place primitive. Lors des premières découvertes, on s'est empressé de fermer les lieux qui étaient encore enclos, et d'y mettre sous clef tout ce que l'on rencontrait de précieux, sans prendre note de l'endroit où chaque objet avait été trouvé. C'est donc par une simple conjecture que nous pouvons assigner la place du petit autel circulaire représenté à la figure 5. Il était dans le sanctuaire de Neptune; et c'est de là qu'il provient peut-être. Le chapiteau dorique, figure 4, qui se trouve dans l'aréa près de l'entrée, appartenait sans doute à l'une des deux colonnes du petit porche.

Ce que l'enceinte de ce temple offre aujourd'hui de plus remarquable et de mieux conservé, c'est l'autel placé au milieu de l'aréa et au pied des degrés. On en voit le dessin à la figure 3 de la planche VI. Rien de plus correct que la frise ionique dont le profil est répété en grand à la droite du premier dessin. Rien de plus élégant que le soubassement dont le développement occupe la gauche. Grâce à un heureux alliage de richesse et de simplicité, ce morceau d'architecture l'emporte de beaucoup, quant à l'effet général, sur le tombeau tant vanté des Scipions.

---

(1) Voyage à Naples, déjà cité, p. 232.
(2) Carlo Bonducci, Pompeï descritta, p. 186.
(3) Descrizione delle ruine di Pompei, 2ᵉ ed. Napoli, 1830, p. 128.
(4) Vol. VIII. tav. XXIX, p. 5.
(5) Virg., Æn., lib. I, 127.

TEMPLE D'ISIS.

PLANCHES VII, VIII, IX, X ET XI.

Au nord du grand théâtre, dans l'endroit marqué F au plan général (1), se trouve un petit édifice qui fut découvert en 1765 et dans lequel on a reconnu un *Ædes* consacré à Isis. Cette découverte offrait un intérêt d'autant plus vif que l'on n'avait encore en Europe aucun modèle bien conservé de temple à péribole (2). Depuis cette époque, la ville de Pompéi en a fourni un autre exemple dans celui de Vénus dont nous parlerons plus loin, et l'on peut dire que le grand temple grec enveloppé dans l'hécatonstylon avait lui-même un péribole magnifique.

En suivant la rue du théâtre qui se dirige de G en D vers la porte de Sarno, après avoir laissé à droite le portique ou propylée octostyle G qui conduit au temple grec et aux gradins du grand théâtre, la deuxième porte qui se trouve du même côté donne accès sous le péribole du temple d'Isis. Cette porte est marquée A au plan de la planche VIII : c'est celle que l'on aperçoit à droite dans la vue générale qui se trouve au haut de la même planche.

Dans la vue de l'entrée du temple, à la planche VII, le spectateur est censé debout, au milieu de la rue, et à peu près en face de la porte : il voit à ses pieds le trottoir et les deux marches du seuil; son œil parcourt toute la partie du portique qui fait face à la *cella*. Près de cette entrée on a trouvé un tronc destiné à recevoir les offrandes, et un peu plus loin deux vasques élégantes qui contenaient l'eau lustrale. L'une d'elles, qui se trouve maintenant au musée royal (3), portait cette inscription:

LONGINUS II VIR.

Sur la gauche, à quelques pieds au-dessus du sol, est une niche marquée L au plan et qui faisait face au sanctuaire. On y avait peint une figure d'Harpocrate, un doigt sur la bouche, figure qui se retrouve dans tous les temples d'Isis : le fils en face de la mère. Mais il est bon de se rappeler la différence qui existait entre le dogme égyptien et celui des Romains et des Grecs. Dans le premier, Harpocrate était le symbole du soleil, du printemps (4) ou de l'enfance; dans le second, ce n'était que le dieu du silence (5). Au pied de cette image était un banc de bois presque réduit en poussière : on l'a rétabli pour la commodité des visiteurs de ces ruines qui veulent y rêver un moment sur les vicissitudes des croyances humaines. Au fond est une petite porte cintrée qui conduisait au logement des prêtres. A droite, les six colonnes doriques qui soutenaient le toit

---

(1) Voyez la Ire partie, Notice historique, pl. II.
(2) On conçoit difficilement que l'abbé Romanelli, à la page 220 de son Voyage à Pompéi déjà cité, et M. Gaspare Vinci, page 122 de sa description également citée plus haut, aient appliqué à ce temple la dénomination d'hypæthre (*ipetro* en italien). La cella elle-même était voûtée, et rien n'indique qu'il y ait eu une ouverture à la voûte : ce qui est découvert dans ce temple comme dans l'autre n'est que l'*area*, ou la cour; et comme elle est entourée d'un portique couvert et à colonnes, le temple, qui a quatre colonnes de face seulement, sans en avoir au posticum ni sur les côtés, est un prostyle tétrastyle à péribole, mais nullement un hypæthre (voyez l'Essai sur les Temples en tête de ce volume p. 14). A la vérité, Pausanias, en parlant d'un grand nombre de temples de la Grèce, dit qu'ils sont ἐν ὑπαίθρῳ; mais cette locution signifie seulement qu'ils sont construits dans un endroit découvert, au milieu d'une aréa : on la traduirait fort mal en disant que ces temples sont des hypæthres.
(3) Real museo borbonico, Vol. VII, frontisp.
(4) Plutarch. de Is. et Osir. op II, page 358.
(5) Varro, de L. L., lib IV.

de cette partie du péribole. On remarque au milieu un entre-colonnement double, ou plutôt la suppression d'une colonne, puisque la face de l'aréa opposée à celle-ci en a sept au lieu de six. En outre, la troisième colonne et la quatrième n'étaient que des demi-colonnes, le reste étant engagé dans deux pilastres plus gros et plus élevés que les colonnes. Ces pilastres, placés dans l'intérieur de l'entre-colonnement (1), devaient soutenir un entablement ou un fronton dominant le toit du portique. Cette disposition avait pour avantage de découvrir d'une manière plus grandiose la façade du temple en regard de l'image d'Harpocrate.

Au-dessus de cette porte d'entrée, on a trouvé l'inscription suivante, qui a été enlevée depuis et déposée au musée royal :

N . POPIDIVS . N . F . CELSINVS
AEDEM . ISIDIS . TERRAE . MOTV . CONLAPSAM
A . FVNDAMENTO . P . SVA . RESTITVIT
HVNC . DECVRIONES . OB . LIBERALITATEM
CVM . ESSET . ANNORVM . SEXS.
ORDINI . SVO . GRATIS . ADLEGERVNT.

inscription que l'on peut traduire : Numerius Popidius Celsinus, fils de Numerius, a reconstruit à ses frais, à partir des fondements, le temple d'Isis qui avait été renversé par un tremblement de terre. Les décurions, en récompense de sa libéralité, l'agrégèrent à leur ordre sans exiger aucune rétribution : il était âgé de soixante ans (2).

Le tremblement de terre dont il s'agit ici est celui de 63. Ce qu'il y a de remarquable dans cette restauration, c'est que les colonnes n'ont pas été rétablies à leurs places primitives, et que des fragments de pierre ont été employés tout autrement qu'ils ne l'avaient été d'abord. Ainsi, la corniche de la chambre du fond (*M.* au plan) a été retournée : or, sur la partie qui était enfouie dans la maçonnerie et qui est tombée, on lit cette inscription :

M . LVCRETIVS . RVFVS . LEGAVIT.

Il paraît que la famille Popidius, en restaurant le temple d'Isis, tenait à effacer par tous les moyens possibles le souvenir des anciens bienfaiteurs de cet établissement.

C'est ainsi que les plinthes des bases des colonnes qui forment le prostyle du temple ont été enterrées pour placer la mosaïque du pronaon, de sorte que ces colonnes ne reposent que sur le dernier tore. « En général, dit Mazois, dans une de ses notes trop rares, tout ce travail a été
« exécuté fort rapidement; et quoique fait avec beaucoup d'esprit en quelques endroits, il porte
« le caractère d'une véritable ébauche. La plupart des ornements en stuc ne sont pas modelés;
« ils sont simplement découpés comme du carton, et les côtes sont faites d'un coup d'ébauchoir.
« Le stuc très-épais qui recouvre les profils est appliqué d'une manière très-négligée, et souvent
« les profils de pierre qui sont au-dessous sont beaucoup plus agréables. L'architecte a cherché
« à rappeler quelquefois les choses égyptiennes. »

---

(1) On remarque une légère différence entre les vues et le plan, quant à la position des pilastres qui sembleraient, selon ce dernier, se trouver à l'extérieur des deux demi-colonnes. C'est aux vues qu'il faut s'en rapporter, et le simple bon sens indique que la faute vient de la gravure du plan.

(2) L'abréviation SEXS. a donné lieu à de longues discussions entre les antiquaires. Les uns l'interprètent, comme nous, *Sexaginta*, et les autres *Sex*. Parmi ces derniers, se trouve le docteur Gaetano Carcani, dont la dissertation fait partie du premier volume des Actes de l'Académie d'Herculanum, et dont l'opinion a été adoptée par M Finati (Real museo borbonico, vol. IX, tav. XI). M Carcani nous paraît avoir démontré en effet par d'autres inscriptions (Marin. frat. arv. p. 94; ibid. p. 89) que des enfants de cinq ou six ans étaient admis par faveur au nombre des décurions, abus que les lois défendaient (Callistrat. Dig. L, 2, 11), et que d'autres lois réprimèrent ensuite (Cod. Theod. XII, 1, 19). Mais il n'en est pas moins évident que c'était là l'exception et non la règle; que les vieillards, au contraire, étaient souvent nommés décurions honoraires (*Ulp.* Dig. L, 2, 2 § 8),

EXPLICATION DES PLANCHES.

Parcourons maintenant par ordre tous les détails du plan de l'édifice, et de ses dépendances (pl. VIII).

A. L'entrée déjà décrite.

B. Le portique ou péribole à quatre côtés, ayant à l'une des extrémités six colonnes, à l'autre sept, et sur chaque côté huit, en comptant deux fois celles des coins. Ces colonnes sont d'ordre dorique sans base: elles sont construites en briques revêtues de stuc avec des cannelures rudentées jusqu'au tiers environ de leur hauteur. Le long de ce portique règne une rigole qui recevait les eaux pluviales et les déversait dans des canaux souterrains qui les portaient à la citerne *K*.

C. La cella, à laquelle on monte par sept degrés, nombre impair de rigueur. Un prostylon à quatre colonnes corinthiennes de face, plus une en arrière de chaque côté et un pilastre à chaque ante, forme le pronaon. On remarque sur les côtés deux espèces d'ailes avec des niches destinées à recevoir des statues: derrière celle de gauche, on trouve un petit escalier à sept marches, et une porte par où les prêtres entraient dans le temple.

D. Petite chapelle placée au-dessus du puits sacré auquel on descendait par l'escalier du fond. Ce lieu était sans doute destiné aux ablutions et purifications. Mazois dans ses notes l'appelle *Purificatoire* (1).

E. Le seul autel sur lequel des sacrifices paraissent avoir été offerts : la partie supérieure était attaquée par le feu; on y voyait encore quelques os calcinés, et le mur voisin était tout noirci par la fumée. Devant cet autel, se trouve un petit marchepied, et derrière, ainsi que de l'autre côté de la porte de l'édicule, un piédestal qui supportait sans doute une statue.

F. Piédestal sur lequel on trouva la table isiaque de basalte couverte d'hiéroglyphes que l'on a déposée depuis au musée royal. De l'autre côté des degrés, on voit un piédestal à peu près semblable qui supportait la deuxième table isiaque; mais celle-ci est tombée en débris (2).

GG. Deux autels qui, sans doute, n'étaient destinés qu'aux offrandes adressées aux dieux dont les statues occupaient les niches. Derrière le temple, se trouve encore une autre niche où était un Bacchus isiaque en marbre grec qui est déposé maintenant au musée royal (3). Cette statue est haute d'un mètre vingt et un centimètres : la main droite du dieu, élevée et à la hauteur de sa tête, semble presser une grappe qu'il contemple avec amour. Une petite panthère est à ses pieds. Cette statue offre une nouvelle preuve de l'identité du culte d'Osiris avec celui de Bacchus. Sur la plinthe de la statue on lit cette inscription :

N . POPIDIVS . AMPLIATVS
PATER . P . S.

Numerius Popidius Ampliatus père a érigé cette statue à ses frais.

H. Enclos carré où l'on déposait les cendres des victimes.

---

et qu'enfin, surtout dans un pays où les mineurs étaient, moins que partout ailleurs, aptes à posséder et à disposer, un enfant de six ans ne pouvait avoir entrepris à ses frais une construction très-dispendieuse.

(1) De pareils endroits ne devaient pas être communs dans les temples anciens; car il n'existe aucune dénomination grecque ou latine qui soit propre à les désigner. Le mot grec λουτρών signifie une salle de bain en général.

(2) M. Champollion le jeune, ayant examiné ces fragments d'inscriptions, a déclaré qu'ils n'appartenaient point originairement au temple de Pompéi.

Sous les figures de 14 personnages qui adorent le dieu *Noum o Chnoubis* (le Jupiter égyptien), on voit des hiéroglyphes disposés en 20 lignes, et qui signifient : « Ceci est une commémoration publique des prêtres d'Orus, et des autres divinités « des différentes contrées de l'Égypte. Ils supplient le dieu Noum comme Souverain des régions supérieures et inférieures, « Modérateur de la lumière, Illuminateur du monde, Auguste, Gracieux, etc., etc. »

Dans toute cette inscription, il n'est nullement fait mention d'Isis, mais bien d'*Osiris*, sous le nom du roi *Sennaafra*, c'est-à-dire *ouvreur*.

(3) Real museo borbonico, vol. IX, tav. XI.

EXPLICATION DES PLANCHES.

I. Piédestal sur lequel était une belle statue d'Isis (1), d'environ deux pieds de hauteur, avec cette inscription :

L . CAECILIVS
PHOEBVS . POSVIT
L . D . D . D.

L. Cœcilius Phœbus a placé cette statue dans le lieu assigné par les décurions (2).

La draperie était peinte d'une couleur de pourpre un peu pâle et quelques parties du corps étaient dorées : elle tenait dans sa main droite un sistre de bronze, et dans la gauche les clefs du Nil. Un certain nombre d'autres petits piédestaux sont placés çà et là contre le mur ou entre les colonnes du portique : ils servaient nécessairement de bases à des statues.

K. Ouverture extérieure de la citerne dont les parois sont marquées par une ligne pointillée : on y parvenait aussi par l'escalier situé à l'extérieur de l'édicule *D.*

L. La niche d'Harpocrate et le banc ou prie-Dieu que l'on a rétabli à neuf.

M. Grand salon dans lequel on entre par cinq arcades parmi lesquelles celle du milieu est plus large que les autres. Sur le pavé, qui est en mosaïque, on lisait autrefois ces noms maintenant effacés :

N . POPIDI . CELSINI
N . POPIDI . AMPLIATI
CORNELIA . CELSA.

En donnant à cette inscription le sens le plus naturel : Cornelia Celsa, épouse de Numerius Popidius Celsinus, fils de Numerius Popidius Ampliatus, on y trouve une nouvelle preuve de ce que nous avancions tout à l'heure, à savoir, que Popidius Celsinus, le restaurateur du temple, était âgé de plus de six ans.

Cette salle était probablement le lieu où se célébraient les mystères, et où pénétraient les seuls initiés. Les peintures que l'on y a trouvées représentaient l'apothéose d'Io, l'Isis des Égyptiens, et les figures de divers animaux qui étaient adorés avec cette déesse. On y voyait deux hermès gigantesques et barbus, le front muni de cornes : près d'eux étaient deux nacelles, l'une portant une cage et un oiseau, l'autre conduite par un homme. Plus loin étaient représentés deux serpents enlacés autour d'une baguette : ils soutenaient une guirlande de fleurs, et en dessous était une lionne. D'un côté, une figure assise et un serpent. D'un autre, une Isis couverte d'un manteau et la tiare sur la tête : un seau était suspendu à son bras, sous ses pieds une tête de mort, et près d'elle deux serpents, l'un se dressant, l'autre enlacé autour d'un rameau chargé de fruits. Ces figures avaient sur leur tête la fleur de lotus, et on peut les considérer toutes comme des allégories relatives aux travaux du soleil et aux opérations de la nature (3). Le piédestal que l'on voit en face de la plus grande entrée est sans doute celui sur lequel étaient placées les deux statues égyptiennes de basalte qui, les mains élevées, soutiennent une vaste coupe au-dessus de leur tête, et qui se trouvent aujourd'hui au musée royal de Naples.

---

(1) Sir William Gell et M. Carlo Bonducci assignent cette place à la statue d'Isis; tandis que M. Romanelli et M. Vinci prétendent qu'elle a été trouvée sur l'élévation qui est au fond du sanctuaire. Il est probable que les deux derniers se trompent, à moins qu'il n'y eût deux statues, dont l'une, celle-ci, était entière, et l'autre en morceaux. Voyez Pompei descritta da Carlo Bonducci. Nap. 1827. p. 183.

(2) *Loco decurionibus destinato* ou *decreto*; à moins qu'on ne lise *libens decurionum decreto*, de son plein gré, d'après un décret des décurions, ce qui offre un sens moins satisfaisant selon nous. Quant à l'interprétation généralement reçue *loco decurionum decreto*, nous ne saurions l'admettre en aucune manière.

(3) Le serpent appelé Thermutis était le symbole de la vie et de la mort. Voyez, quant au reste, Porphyr. epist. ad Janebonem.

N. Une salle qui paraît avoir été une sorte de vestiaire ou de garde-meuble du temple. On y a trouvé un grand nombre de symboles du culte isiaque, des débris de statues, un priape, et une figurine égyptienne.

Dans l'angle à gauche de la porte se trouve un réservoir d'eau auquel on monte par quelques degrés.

Il serait trop long de rappeler ici toutes les pieuses cérémonies et aussi toutes les fraudes pieuses auxquelles cet appartement et la salle voisine devaient servir de théâtre : les épreuves physiques et morales des nouveaux initiés, les prières, les exhortations, les chants et les marches solennelles des initiateurs. Il serait d'ailleurs difficile de décrire exactement ces célèbres mystères d'Isis qui furent apportés par Orphée dans la Grèce, sous le nom de mystères éleusiniens, et auxquels Atticus et Auguste furent admis comme adeptes. Aucun écrivain ancien ou moderne n'a pu encore en pénétrer le secret, et Apulée n'en a parlé lui-même que d'une manière énigmatique (1) (2). Elle n'a donc encore rien perdu de son antique vérité, cette inscription qui se lisait à Saïs sur le piédestal de la triple statue d'Isis, d'Osiris, et d'Orus :

« Je suis ce qui fut, ce qui est, et ce qui sera. Aucun mortel n'a encore osé lever le voile qui me couvre. »

O. Espèce d'étable où l'on gardait les victimes.

P. Chambre qu'habitaient sans doute les prêtres d'Isis, et particulièrement celui qui était chargé de la garde de l'enceinte. On y a trouvé le squelette de l'un d'eux qui, armé d'une hache, avait déjà commencé à s'ouvrir un passage à travers le mur. D'autres montaient à l'étage supérieur par les escaliers que l'on voit dans le plan. La mort les surprit tous également. L'hiérophante fuyait avec les trésors de la déesse : il tomba sur la place du petit théâtre, où, seulement en 1812, on trouva son squelette, avec 360 pièces d'argent, 8 d'or, 42 de bronze et une foule d'objets précieux. S'il avait cru jamais à la puissance de ses dieux, à l'effet de ses prières, le malheureux dut mourir désabusé : Isis n'avait pu sauver ni ses adorateurs, ni son propre trésor!

Q. Une cuisine avec un foyer et des fourneaux tout semblables aux nôtres. On y trouva des arêtes de poisson. En effet, les prêtres d'Isis devaient manger peu de viande : suivant le rapport de Plutarque, la chair de mouton leur était tout à fait interdite (3).

R. Après une petite pièce qui devait servir d'office, se trouve une chambre de bains; on y voit une baignoire ou au moins un bassin servant de réservoir. Plusieurs antiquaires l'ont pris pour un cellier.

S. Le grand théâtre.

T. Chambre d'une maison située de l'autre côté de la ruelle qui conduit au théâtre. Tous ces appartements communiquaient entre eux, et le dernier avait une porte sous le portique du temple de Neptune (4), ce qui peut faire supposer qu'ils étaient destinés au service de ce temple.

---

(1) « Je me suis approché des confins de la mort; ayant foulé de mes pieds le seuil de Proserpine, je suis revenu à « travers tous les éléments : au milieu de la nuit, le soleil m'a paru briller d'une vive lumière. Je me suis trouvé en pré- « sence des dieux supérieurs et inférieurs, et je les ai adorés de près. » Apulée, Ane d'or, liv. II, p. 97.

(2) M. de Hammer semble néanmoins être parvenu à dérober ce secret à la nuit des âges : il a fait briller un premier rayon de lumière dans le ténébreux sanctuaire d'Isis. D'après l'autorité de Clément d'Alexandrie, il divise les mystères égyptiens en trois degrés : 1° la purification à l'entrée de la tombe; 2° le jugement des morts et la doctrine d'une vie future; 3° la contemplation de la lumière éternelle dans l'essentiel et l'universel. Les initiés subissaient quatre petites épreuves et trois grandes. Voyez la Doctrine de l'Érèbe chez les Égyptiens, et les mystères d'Isis expliqués par les peintures des momies du cabinet impérial d'antiquités à Vienne, par M. Joseph de Hammer.

(3) Plut., de Isid. et Osirid., cap. 4.

(4) Voyez ci-dessus, dans la description de la planche V.

EXPLICATION DES PLANCHES.

U. Cour entourée d'un portique sur trois côtés, et communiquant avec le temple d'Isis par la petite porte qui donne dans la partie *N*. Cette localité forme le sujet des planches XI et XII du troisième volume, où l'on trouve sur ce qui la concerne tous les détails désirables.

Nous ajouterons seulement que c'est là, au pied du mur qui sépare cette cour du sanctuaire, qu'a été trouvée la grande inscription osque dont voici une copie exacte :

[inscription en caractères osques]

On peut la lire ainsi :

```
         C. AADIRANS . C . EITIVCAMPAAM
         CEDEIIAI . POMPAIIANAI . TRISTAA
         MENTVD . DEDED . EISAK . EITIVCAD
         C . CIINIKIISMR . KCAISSTVR . POMP
         AIIANS . TRIBOM . EKAK . KOMBEN
         NIEIS . TANLINVD . OPSANNAM
         DEDED . ISIDVM . PROΦATTED
```

Suivant le rapport de sir W. Gell, le savant M. Carelli, de l'académie royale de Naples, a interprété cette inscription; et il en explique ainsi le sens général : « C. Adiranus (1), etc., a dédié ce portique à Isis afin qu'il fût consacré à célébrer ses fêtes. » Mais d'après Bonducci, M. Janelli y trouve de son côté que les architectes municipaux de Pompéi ont examiné les six parties principales de ce local, et que le meddixtucticus et le questeur, après avoir approuvé les travaux, l'ont dédié à Isis.

Pour nous, il nous semble qu'en combinant entre eux certains mots de cette inscription, sur lesquels leur physionomie toute latine ne peut laisser aucun doute, on en tire une explication différente en quelques points des deux sens proposés. Ce serait que « Caïus Adiranus, édile, a donné six maisons pour réparer les malheurs de Pompéi, et que C. Cinicius, magistrat romain, questeur de Pompéi, a donné une tribune et l'emplacement convenable pour un marché, et a dédié le tout à Isis. » Cette interprétation vient à l'appui de ce qui a été affirmé par Mazois touchant ce local, et s'accorde d'ailleurs avec le nombre de parties de cet ensemble de constructions (2).

Pour que l'on puisse comparer ensemble les inscriptions osques les plus importantes de la ville de Pompéi, nous renverrons le lecteur à celle d'une des portes de la ville qui a été donnée par Mazois dans sa première partie (3), puis à celle que nous avons rapportée page 22. Enfin nous en ajouterons une dernière, trouvée près de la maison de C. Cæcilius Capella.

---

(1) *Velius Adiranus*, dit sir William Gell. Nous avouons qu'il nous est impossible de trouver là les lettres nécessaires pour former le nom *Velius*. Il y a sans doute une faute d'impression (Pompeiana, 1832, tome II, p. 200).

(2) Pour rendre plus sensibles les probabilités de cette interprétation conjecturale, nous nous servirons d'un latin calqué presque lettre à lettre sur l'osque original :

C. *Adiranus*. C. (Caii filius) *œdilis. sedis* (urbis). *pompeianœ. tristamento* (in eversione)? *dedit. sex. œdes.* C. *Cinicius.* M. R. (Magistratus romanus) *quæstor. pompeianus. tribunal. et* ? *conveniens* (locum)? *tablino*? *obsoniorum*? *dedit. Isidi. consecravit.*

Tablinum obsoniorum, les tables du marché. Le premier mot semble, dans l'osque, un datif en *ud*.

Nous ne pouvons entrer ici dans les détails grammaticaux nécessaires pour justifier ces suppositions; mais le lecteur en trouvera presque toutes les bases dans l'ouvrage de Lanzi intitulé : *Saggio di lingua etrusca e di altre antiche d'Italia*. Roma, 1789.

(3) Voyez Ire partie, page 53, et pl. XXXVI et XXXVII.

EXPLICATION DES PLANCHES.

On l'a vue déjà tracée confusément au frontispice du troisième volume de cet ouvrage. La voici rendue un peu plus nettement :

```
ƻИVTΞƷ · ЯVИЯͰƎͶЯ · ͶVƧXƎ
ͰƎↃ · IͶI IIX IᗡᗡVIT · ᗡ ƎͶЯ
TЯͶЯЯƧ · ƧVᑎ · VͶI ᗡЯƧ
Ↄ · ƧͰIᗡI ЯЯЯ · ᗡͶ
```

On peut lire, en caractères romains :

EKSVK . AMEIANVD . EITVNS
ANER . TIV RRI XII INI . CEI
SAR INV . PVΦ . ΦAAMAT
MR . AAD IRIIS . C.

Les académiciens d'Herculanum l'ont interprétée ainsi : *Ex hinc viator iens ante turri XII, inibi Sarinus Publii cauponatur. Ut adires. Vale.* C'est-à-dire : « Voyageur, en allant d'ici jusqu'à la douzième tour, là Sarinus, fils (ou affranchi) de Publius, tient auberge. Ceci est pour t'avertir d'y entrer. Porte-toi bien. »

Cette interprétation nous semble bien conjecturale, et paraît quelquefois faire violence au texte même de l'inscription, en donnant, par exemple, comme un seul mot ce qui est séparé en deux par un point ou un blanc, en ajoutant une lettre dans *aner*, et en prenant dans le deuxième mot un *D*, marque probable de l'ablatif en *ud*, pour un *R*, marque du nominatif en *ur*.

M. l'abbé Cataldo Janelli pense, avec plus de raison, que cette inscription fut destinée à rappeler qu'un des magistrats de Pompéi fit venir dans cette ville les eaux du Sarno. En effet, les premiers mots pourraient signifier : *Ex hoc amne*, de ce fleuve ; les premières lettres de la troisième ligne forment *sarino*; *phaamat* pourrait s'interpréter par *dixit, jussit*, il ordonna ; et la fin indique assez clairement, *magistratus romanus Adirius Caïus*, peut-être le même que cet Adiranus dont il était question tout à l'heure. Mais le sens des autres mots ne paraît pas assez facile à conjecturer, pour que l'inscription soit interprétée en son entier : il est même probable qu'elle n'est que fragmentaire. Au reste, c'est par la comparaison d'un assez grand nombre de monuments de cette espèce, que l'on pourra déterminer les radicaux et les formes grammaticales de la langue osque, et la reconstituer enfin tout entière. Le moment où l'on parviendra à ce résultat sera celui d'un beau triomphe pour l'esprit humain. Les philologues seuls peuvent comprendre à la fois la véritable difficulté et les moyens de solution d'un problème ainsi posé : Étant données quelques lignes écrites dans une langue totalement oubliée, refaire la grammaire et le dictionnaire de cette langue.

Passons aux élévations et aux coupes.

La partie supérieure de la planche VIII représente une vue générale de l'enceinte du temple, prise d'un point imaginaire, en arrière de la muraille du portique opposé à la façade du *Naos*, entre la colonne du coin du péribole et la colonne suivante. Cette position permet d'envisager tout l'ensemble de l'édifice, et l'imagination parvient aisément à le reconstruire dans toute son élégance et sa richesse primitives, tel surtout qu'il était avant le tremblement de terre, et la restauration de Popidius (1). Chez les anciens comme chez les modernes, le ciel nous préserve des arrangeurs !

---

(1) Mazois, dans une de ses notes, s'excuse ainsi de ne pas avoir complété la restauration de cet édifice :
« Je n'ai pas fait les chapiteaux du portique du temple, parce que les deux mauvais chapiteaux corinthiens en piperne
« qui sont dans un coin de la cour, ne sont pas ceux du portique. La carcasse du chapiteau qui existe encore en par-

EXPLICATION DES PLANCHES.

Recouvrez par la pensée tout le circuit du portique et de l'édicule qui s'élève sur la gauche; sur les quatre colonnes corinthiennes du prostyle, toutes quatre sveltes et gracieuses comme celle qui est encore debout à droite, rétablissez architrave, frise, corniche et fronton. Et l'édifice, avec ses deux ailes en retraite, avec les deux petits frontons qui couronnent les deux niches, avec son podium et son escalier qui se projettent en avant, formera un ensemble un peu compliqué, mais plein d'élégance. Les ornements sont chargés, mais largement dessinés, profondément refouillés et entaillés avec une grande hardiesse, aussi bien ceux qui doivent être les plus exposés au grand jour que ceux qui resteront dans l'ombre, et loin de la portée de la vue. Ces derniers même le sont peut-être davantage, et c'est là un soin fort bien entendu de la part des artistes anciens; car ceux-là surtout avaient besoin qu'on les fît ressortir : on peut conseiller aux modernes d'imiter l'antique en ce point. La cour était un peu obstruée de choses gracieuses, telles que l'édicule, espèce de bijou enchâssé dans un autre bijou. En un mot, il y avait là-dedans plus d'élégance que de grandiose, plus de joli que de beau; et si cet édifice est précieux, c'est parce qu'on y voit une miniature bien conservée des grands temples complets à péribole que le temps a détruits.

Maintenant rendez leurs dieux absents à toutes ces niches, à tous ces piédestaux, à tous ces autels; qu'un peuple de divinités anime cette enceinte!... Voyez! avec Isis reviennent ses adorateurs : l'encens fume sur les autels; des guirlandes de lotus les décorent; une longue théorie de jeunes patriciens et de vierges pudiques défile lentement autour du Naos : les prêtres descendent les degrés du temple, couverts de longs habits de lin et chaussés de brodequins d'une toile transparente, en mémoire du bienfait que la déesse apporta jadis à l'Égypte (1). Tenant à la main les rameaux verts de l'absinthe de Seriphos (2), ils entourent le lit où ils ont couché leur divinité, revêtue elle-même d'une robe richement brodée, pour la placer devant une table somptueusement servie : telle est la cérémonie du *lectisternium*. Là brillent les métaux et les pierreries : partout des couleurs éclatantes comme le ciel d'or et d'azur qui sourit à ces pompes saintes. L'hymne sacré commence sur un mode asiatique, accompagné des sons efféminés de la flûte et des citharés. Puis, dans l'intervalle des strophes, on entend les éclats du clairon, le retentissement argentin des crotales et des sistres, le mugissement des victimes, les murmures et les pas de la foule : tous ces bruits divers composent une harmonie large, confuse, indéfinissable. Oh! que ce culte, plein de mouvement, et de bruit, et de luxe, convenait bien aux villes de l'Italie, au sein desquelles la somptueuse Alexandrie l'avait infiltré par son commerce! Ces pompes bruyantes se célébraient devant le temple, en public et à la face des cieux. Puis, derrière le sanctuaire, dans un secret asile, se cachaient les mystères ténébreux, image de la société nouvelle qui, encore ensevelie dans l'ombre, minait de toutes parts le paganisme expirant. C'était à la fois la matière et l'esprit, l'orgie et l'initiation, un reflet du passé et l'aurore de l'avenir.

Les deux coupes de la planche IX éclaircissent ce qui pourrait encore paraître obscur après l'examen et l'explication des planches précédentes. Les lettres sont placées de même qu'au plan. On peut remarquer, dans la figure première qui représente la coupe transversale, les différentes inclinaisons du terrain, combinées pour réunir les eaux dans le petit canal. Les chapiteaux des pilastres et des niches latérales, ainsi que les ornements des petits frontons, y sont convenablement détaillés. On y voit même un des chapiteaux doriques des colonnes du portique : il a,

« tie sur une des colonnes, est un vieux chapiteau corinthien dont on a abattu les feuilles et les volutes pour y appliquer
« un stuc d'un autre dessin. Le chapiteau du pilastre était comme je l'ai fait. Reste à savoir s'il s'accordait avec ceux des
« colonnes. Celui du pilastre de derrière est différent. C'est tout simplement un très-mauvais chapiteau corinthien. »

(1) Appul. Apol. — Leur respect pour le lin allait jusqu'à prendre en horreur toute autre matière propre à faire des étoffes; et, comme nous l'avons vu à la page 28, ils ne mangeaient point de mouton, parce que cet animal produit la laine.

(2) Plin. XXVII, 7, 29.

EXPLICATION DES PLANCHES.

au lieu des trois entailles ou astragales, un enjolivement que cet ordre ne comporte pas d'ordinaire, mais qui ne figure pas mal dans une construction fort ornée, et qui déguise assez heureusement la maigreur du chapiteau dorique altéré par les Romains, c'est-à-dire, dépourvu de son échine en biseau et réduit, quant à son tailloir, à des proportions exiguës et mesquines. On peut remarquer enfin le profil heureux, quoique simple, de la corniche du podium qui supporte le temple.

Dans la coupe longitudinale, figure deuxième, on remarque la disposition de la niche d'Harpocrate, la construction élégante du purificatoire, et l'arrangement intérieur de la *cella*. Le fond de celle-ci est occupé par une élévation de quatre mètres de hauteur, sur laquelle se trouvait un piédestal, et où l'on a trouvé, dit-on, des débris d'une idole. C'était sans doute une espèce de tribune, du haut de laquelle l'hiérophante parlait aux fidèles : elle devait être aperçue de tous ceux qui étaient dans l'aréa en face du temple, vu la grande élévation de la porte de la cella et de l'entrée correspondante du portique. L'intérieur de cette construction était creux et voûté. On a supposé que les prêtres profitaient de cette disposition pour faire parler à leur gré leurs dieux de pierre et de métal. La fraude aurait été un peu grossière, et rien ne justifie d'ailleurs cette supposition : nous devons croire que les sciences de l'Égypte fournissaient aux ministres d'Isis des moyens plus adroits d'en imposer au vulgaire.

Au posticum, on voit une niche décorée de peintures, où se trouvait la statue du Bacchus Isiaque. On remarquera que de ce côté la corniche du podium n'est point profilée comme sur les trois autres faces. Cela provient de ce que ce temple a été restauré longtemps après sa construction primitive, comme nous verrons qu'on l'a fait ailleurs pour le temple de Vénus. Tous les ornements et profils, d'abord taillés dans le tuf et fort simples, ont été recouverts d'un stuc auquel on a donné des formes beaucoup plus compliquées et d'un goût moins pur. Sur la face postérieure du temple, on voit l'ancien profil, soit que le stuc ait été enlevé, soit plutôt que la restauration de cette partie n'ait jamais été achevée. On s'étonnera peut-être aussi de trouver en cet endroit, entre le mur et les colonnes du portique, le sol plus bas d'environ quatre décimètres qu'il ne l'est dans le reste de l'enceinte. Une note de notre illustre guide vient nous éclairer à cet égard : « Le sol de la partie de derrière de la cour n'est pas achevé, dit Mazois : il était d'un « stuc composé de pouzzolane, de chaux et de ciment. » Dans la salle dite des Ministres, on verra avec plaisir quelques traces des peintures murales qui la décoraient : elles représentaient des colonnes corinthiennes entre lesquelles étaient disposés les tableaux et les allégories mythologiques.

Les planches X et XI contiennent des détails qui appartiennent spécialement à l'édicule. Les figures 1 et 2 de la planche X sont les esquisses des élégantes décorations qui ornent les murs extérieurs de ce petit édifice. La première, qui appartient au mur latéral tourné vers l'entrée de l'enceinte, représente Mars et Vénus, avec deux amours, dont l'un porte les armes du dieu, l'autre le flambeau de la déesse. La seconde, qui fait face au grand temple, se compose de la figure de Mercure, et peut-être de la nymphe Lara, dont ce dieu devint amoureux pendant qu'il la conduisait aux enfers (1) : ce groupe est escorté de deux génies dont l'un porte une cassette sacrée, et dont l'autre semble faire un geste de commandement. Le dessin de ces figures est lourd dans quelques parties : mais le second groupe, et deux au moins des génies, celui qui tient le flambeau et celui qui porte la cassette, ne manquent pas de mouvement et de grâce.

La figure troisième représente un enroulement de feuillages très-délicats qui formait une espèce de frise sur les murs extérieurs latéraux.

---

(1) Ovid. Fast. 11, 599.

EXPLICATION DES PLANCHES.   33

La doucine en terre cuite représentée en partie à la figure 4°, avec ses palmettes et ses mascarons, couronnait également une décoration. Les quatre masques de terre cuite, marqués 5, étaient des antéfixes placées au-dessus des corniches et sur les bords des toits pour dégorger les eaux pluviales. On ne peut assez admirer la correction de leur dessin, leur variété, leur appropriation à la destination générale de l'édifice, qualités que les artistes anciens recherchaient jusque dans les plus petits détails de leurs compositions, et que l'on trouve rarement chez les modernes, même dans les parties capitales.

La figure 1re de la planche XI offre le dessin de la moitié du frontispice du purificatoire : des figures de suppliants en ornent la frise qui est peinte en bleu. Dans le fronton, qui est supporté par quatre pilastres semi-corinthiens, ou plutôt de fantaisie, on remarque deux de ces figures allongées que les anciens plaçaient fort souvent ainsi dans l'attitude de Renommées : celles-ci portent une espèce de bannière. Du reste, dans cette jolie composition, partout des sistres, des sceaux, des léopards, des génies frappant des cymbales, des dauphins, emblèmes du culte d'Isis : on retrouve encore ces deux derniers attributs à la figure 4, dessin d'une autre partie de la frise.

Les figures marquées 2 sont placées sous les deux arcades des côtés de l'édicule visibles à la planche VIII.

Les dessins 3, 5, 6 représentent des décorations de quelques autres parties de l'édifice : c'est, d'un côté, un sacrifice pareil à ceux que l'on voit si fréquemment sur les murs de Pompéi; au milieu, une petite décoration dans laquelle une couronne de lotus rappelle encore le culte de la déesse; c'est enfin, de l'autre côté, une petite composition sans doute allégorique, un cerf, un laurier, une colonne à laquelle est attachée une palme, et au pied de laquelle on voit une épée. Derrière l'édicule se trouve une niche dont la décoration, que nous n'avons pu faire entrer dans nos planches, se compose d'une immense oreille : cet emblème, réuni à celui du doigt sur la bouche, s'explique par ces mots *Attention et silence!*

TEMPLE DE QUIRINUS.

PLANCHES XII, XIII, XIV ET XV.

Cet édifice est marqué F au plan général du forum, qui se trouve à la planche XIV du troisième volume. C'était un *sacellum* plutôt qu'un temple. On croit qu'il était dédié à Romulus, adoré par les Romains sous le nom de Quirinus. Ce qui a fait admettre généralement cette opinion, c'est que, près de la porte de ce temple, se trouvait un piédestal qui, sans doute, supportait la statue du fondateur de Rome, et sur lequel on lisait l'inscription suivante, dans laquelle nous avons rétabli, en petits caractères, les lettres qui étaient effacées :

ROMVLVS . MARTIS
FILIVS . VRBEM . ROMam
condidIT . ET . REGNAVIT . ANNOS
plus . minus . quADRAGINTA . ISQVE
acrone . DVCE . HOSTIVM
et . rege . CAENINENSIVM
interfECTO . SPOLIA . opima
jovi . FERETRIO . CONSECRavit
RECEPTVSQVE . IN . DEORVM
NVMERVM . QVIRINI . nomine
APPELLAtus . est . a . romanis.

C'est-à-dire : « Romulus, fils de Mars, fonda la ville de Rome, et régna environ quarante ans. « Ayant tué Acron, chef des ennemis, et roi des Céniniens, il consacra les dépouilles opimes à « Jupiter Férétrien. Reçu au nombre des dieux, il fut appelé par les Romains du nom de « Quirinus. »

Ce n'est point là une preuve irrécusable, et nous verrons plus loin une raison de douter de sa validité : mais ne voyant pas non plus de motif pour substituer un nom nouveau à celui que nous trouvons en usage, nous continuerons à nous servir de celui-ci. Le nom de temple de Mercure qui a été proposé par quelques antiquaires, et que Mazois avait d'abord adopté, ne serait en aucune manière plus justifié que celui de temple de Quirinus.

La planche XII offre une vue de l'intérieur de l'*area* de ce temple dans son état actuel. Cette vue est prise de l'endroit où se trouvait le portique. Sur le devant, on voit les chapiteaux mutilés de quatre colonnes corinthiennes et une frise décorée d'un enroulement. La surface intérieure du mur d'enceinte était décorée d'encadrements en forme de portes, pareils à ceux des albums et décorés chacun d'un fronton alternativement triangulaire et en arc de cercle. Cette disposition, que les architectes romains ont inventée sans doute par amour pour la variété, n'est pas une de leurs idées les plus heureuses, sans parler de ce qu'ont d'absurde des frontons sans tête de toit, et surtout des frontons arrondis, qui ne représentent plus une charpente. Il est certain que le rapprochement, l'opposition symétrique de parties aussi peu importantes, est loin de satisfaire la vue, et surtout de la reposer. L'unité est rompue et l'uniformité subsiste. On en voit des exemples fort ridicules dans les fenêtres de beaucoup de palais modernes. L'application de cette idée aux frontons de la galerie du Louvre est un peu moins absurde, parce que les proportions sont plus grandes. Il serait temps que nous prissions des anciens ce que nous leur avons respectueusement laissé jusqu'ici, à savoir, le simple et le grandiose dans le dessin d'ensemble, le fini et le précieux dans les détails.

Le seul morceau bien conservé et digne d'attention que renferme cette enceinte est l'autel qui se trouve en face du temple, et dont nous verrons tout à l'heure les dessins.

La planche XIII offre un plan de l'édifice.

A. Partie du pavé du forum.

B. Portique couvert qui suit le périmètre du forum. Il s'élargit en cet endroit après avoir été rétréci par l'empiétement de l'édifice voisin.

C. Portique d'entrée soutenu par quatre colonnes corinthiennes et par deux pilastres formant des têtes de murs.

D. Aréa ou cour du temple.

E. Naos ou cella.

F. Autel.

G. Appartements probablement destinés aux prêtres.

H. Allée qui communique avec le portique de l'édifice voisin, dit l'édifice d'Eumachia. C'est une sorte de passage secret par où les prêtres pouvaient entrer et sortir sans être vus. On remarque qu'il y avait un jour donnant de cette allée sur le côté de l'aréa et dans un endroit où le sol de l'allée était exhaussé. Il est évident que c'était un poste d'observation.

I. Autre appartement pour les prêtres. On remarquera que celui-ci communique encore avec l'édifice de gauche, qui est un senaculum ou décurionat.

L. Colonne en face de laquelle on a découvert une espèce d'autel ou de piédestal, et qui dépend de la décoration de l'entrée de l'édifice d'Eumachia. C'est pourquoi, si, comme on peut le supposer, c'est là qu'a été trouvée l'inscription rapportée ci-dessus, elle ne prouve rien pour ce qui concerne le temple que nous décrivons maintenant. Romulus était en ce cas un des grands

EXPLICATION DES PLANCHES.

hommes dont les statues avaient été rassemblées pour la décoration d'un fort beau portique : il ne s'ensuit pas qu'il soit la divinité du temple voisin.

L'architecte paraît, d'après ce plan, avoir déguisé avec beaucoup d'art l'irrégularité du terrain : c'est ce que confirme l'examen de la coupe transversale qui se trouve à la même planche fig. 2, ainsi que de la coupe longitudinale que l'on voit à la figure 3 de la planche XIV. Dans ces élévations géométrales on s'aperçoit à peine de l'irrégularité du quadrilatère.

Les trois figures de la planche XIV présentent en outre un projet de restitution de l'édifice. La figure 2 indique le profil du mur d'enceinte, de sa corniche et de ses encadrements : elle laisse apercevoir la disposition de l'escalier, qui était double et placé de chaque côté du prostyle du temple, auquel on montait ainsi en faisant face à l'entrée de l'aréa. C'est là une des particularités les plus intéressantes de cet édifice, parce qu'elle ne se trouve guère dans d'autres, et qu'elle sert à prouver comment l'architecte ancien, en dépit des règles que Vitruve semble avoir posées si inflexibles, savait se plier à toutes les nécessités de terrain et d'espace.

La figure 1re, qui est une coupe du portique d'entrée, offre l'élévation de la façade complétement restaurée avec une probabilité qui touche à la certitude, vu que l'on a trouvé des débris de presque tous les membres de l'architecture. Dans de pareils travaux, Mazois n'a jamais rien accordé aux simples conjectures.

On voit, dans les quatre premières figures de la planche XV, les détails de l'autel, qui est de marbre blanc. La face antérieure est couverte d'un bas-relief qui représente un sacrifice. Quelques personnes ont cru reconnaître dans la principale figure les traits de Cicéron. Il nous paraît que la ressemblance est tout entière dans leur imagination trop préoccupée des nombreux rapports que l'orateur romain (1) eut avec la ville de Pompéi, et trop encline à les multiplier encore.

Le *Popa* ou victimaire, assisté de deux aides, conduit la victime. Nu de la poitrine à la ceinture et le reste du corps couvert du *limus* (2), il tient son marteau sur l'épaule. Le sacrificateur est un magistrat ou un augustal, comme on le reconnaît à son cortége armé. Je n'oserais dire, comme sir William Gell (3), qu'on le reconnaît à ses licteurs et à ses faisceaux, car ce que portent les personnages du second plan ressemble plutôt à de simples piques. Ce sacrificateur répand une libation sur les offrandes qui couvrent un trépied : derrière lui on voit un enfant, le *Camillus* (4), portant le *simpulum* et la patère, les épaules recouvertes d'une *vitta*; plus loin un jeune homme, le *fictor* (5), porte un plateau garni de gâteaux ou de fruits; un autre tient sans doute l'encens ; un dernier joue d'une double flûte : sur l'arrière-plan, enfin, on voit un temple orné de guirlandes.

C'est une chose fort remarquable que la coutume qu'avaient les anciens de décorer un instrument de la représentation de l'acte même auquel cet instrument devait servir. La même particularité se présente d'une manière très-originale dans une amphore de Nola conservée au musée royal de Naples (6). On voit sur cette amphore un dessin fort beau de la fête des Νεοίνια, fête qui se célébrait en automne, et où l'on offrait les prémices du vin nouveau : or, parmi les objets qui servent à la cérémonie, on reconnaît l'amphore même sur laquelle cette cérémonie est

---

(1) Cic. ad Fam., VII, 3 et 4; XII, 20.
(2) Serv. ad Æn. XII, 120; Montfauc., Ant. illustr., tome II, pl. 69 et 73.
(3) Pompeiana, p. 235.
(4) Serv. ad Virg. Æn. XI, 543.
(5) Ainsi nommé parce qu'il était souvent employé à faire des représentations de victimes en cire ou en pâte, pour les sacrifices simulés qu'offraient les pauvres. Serv. ad Virg. Æn. II, 116.
(6) VIIe galerie des vases étrusques.

représentée. C'est que chez les anciens tout était caractéristique, et qu'ils portaient dans les plus petits objets d'art, comme dans leurs monuments les plus grandioses, cet esprit qui consiste à révéler, par l'extérieur d'un objet, sa destination, son usage spécial : esprit que les modernes ont trop rarement imité, même dans les constructions où il était le plus nécessaire.

La figure 3 est celle du bas-relief qui occupe le côté gauche de l'autel. On y voit un *lituus* ou bâton recourbé des augures (1), une *acerra*, cassette à parfums (2), et un *mantile*, espèce de serviette d'étoffe à long poil qui servait dans les sacrifices (3) : le tout est couronné d'une guirlande de fleurs et de fruits soutenue par deux têtes de victimes.

Sur le bas-relief de droite, figure 4, on retrouve le *simpulum* avec un *præfericulum*, et un autre petit vase propre aux sacrifices.

Enfin la figure 2 représente la moitié du bas-relief qui orne la face postérieure de l'autel : une couronne de chêne entre deux petits lauriers avec leurs racines (4). Mais il faut prendre garde que, dans le dessin de Mazois, ce demi-bas-relief de la face postérieure est surmonté de la moitié de l'un des deux coussinets de l'autel vu de côté. Ce coussinet ne peut se voir ainsi dans la réalité qu'en-dessus d'un des deux bas-reliefs de côté.

Dans les figures 1 et 2 on remarquera l'ornement de la base de l'autel qui est riche et distingué. Voilà de ces détails dans lesquels on ne peut trop recommander la variété, la fécondité d'invention, et, pour atteindre ces qualités, l'étude des anciens si féconds et si variés eux-mêmes.

Enfin la figure 5 représente d'abord une frise chargée d'un enroulement dessiné d'une manière large et vigoureuse. C'est ce fragment que l'on a déjà vu à la planche XII, et que Mazois a imité dans la frise de sa restauration de l'*ædes*. Mais où ce fragment était-il placé? aucun renseignement ne nous éclaire à cet égard : sa longueur d'un mètre soixante centimètres environ nous porte à présumer qu'il occupait une portion de la frise du portique qui regardait le temple : c'était exactement de quoi remplir la largeur de l'entre-colonnement du milieu, à moins qu'il n'y eût encore quatre fragments pareils à celui-là pour les quatre autres entre-colonnements.

Sur ce fragment est posé un chapiteau de pilastre d'une fort jolie composition : il est beaucoup plus petit que ceux du portique, et à plus forte raison plus petit que ceux du prostyle : peut-être servait-il à la décoration de quelque niche ou de la porte même du sanctuaire; mais ces deux dauphins qui s'enlacent si gracieusement autour d'un aviron, et ces larges feuilles d'une plante aquatique, ne conviennent guère au culte de Quirinus. Ce chapiteau aurait-il été apporté là par hasard, renfermé dans cette enceinte, comme nous l'avons déjà indiqué pour d'autres objets (5), et devrait-il être rendu à quelque autre édifice? Nous n'avons aucune donnée à cet égard, et nous ne pouvons que répéter des regrets déjà tant de fois exprimés.

(1) Tit. Liv., I, 18.
(2) Hor. Od. III, 8, 2.
(3) Ovid. Fast., IV, 933.
(4) Les fruits de ce petit arbre sont allongés; ses feuilles plus petites et plus enroulées que ne sont ordinairement celles du laurier représenté par la sculpture : ces deux circonstances, jointes à ce que les racines sont représentées adhérentes à la tige, n'indiqueraient-elles pas le cormier, que produisit la lance de Quirinus, et qui fut consacré à ce dieu? Ce serait là un indice peut-être plus positif que l'inscription, pour déterminer la destination du petit temple dont il s'agit.
(5) Voyez la description du petit temple de Neptune.

TEMPLE DE VÉNUS.

PLANCHES XVI, XVII, XVIII, XIX, XX, XXI, XXII ET XXIII.

Dans le plan du forum et des édifices qui l'entourent (1), on a dû remarquer l'enceinte *K*. C'est celle d'un temple périptère à péribole, aussi remarquable par conséquent que le temple d'Isis, et l'emportant sur ce dernier en quelques points que nous signalerons.

L'exactitude de la dénomination de Temple de Vénus a été assez souvent contestée depuis 1817, époque de la découverte de cet édifice; et les sujets de plusieurs des peintures murales qu'il renferme ont porté quelques voyageurs à le désigner sous le nom de temple de Bacchus. Mais l'inscription que l'on a trouvée dans son enceinte nous parait devoir lever tous les doutes. Elle est ainsi conçue :

M . HOLCONIVS . RVFVS . D . V . I . D . TER.
C . EGNATIVS . POSTVMVS . D . V . I . D . TER.
EX . D . D . IVS . LVMINVM
OBSTRVENDORVM . HS . ∞ ∞ ∞
REDEMERVNT . PARIETEMQVE
PRIVATVM . COL . VEN . COR.
VSQVE . AD . TEGVLAS
FACIVND . COERARVNT.

Cette inscription doit se lire :

Marcus Holconius Rufus duumvir juri dicundo tertiùm, Caïus Egnatius Postumus duumvir juri dicundo tertiùm, ex decurionum decreto jus luminum obstruendorum sestertium tribus millibus redemerunt parietemque privatum collegii venereorum corporatorum usque ad tegulas faciundum curarunt.

C'est-à-dire :

« Marcus Holconius Rufus et Caïus Egnatius Postumus, tous deux pour la troisième fois duumvirs chargés de la justice, d'après un décret des décurions, rachetèrent au prix de 3,000 sesterces le droit d'obstruer les fenêtres, et firent élever jusqu'au toit le mur particulier de la corporation du collége de Vénus. »

En d'autres termes, les prêtres de Vénus possédaient antérieurement le droit de défendre à leurs voisins d'ouvrir des jours donnant sur leur enclos : les deux magistrats rachetèrent ce droit, quant à la basilique où ils rendaient la justice; et afin de pouvoir éclairer convenablement cet édifice sans troubler les cérémonies du culte, ils élevèrent, à leurs frais, la muraille d'un des côtés de l'enceinte du temple jusqu'à la hauteur du toit de la basilique.

Déjà les inscriptions de plusieurs maisons avaient révélé l'existence dans Pompéi, d'une pareille corporation sacerdotale : celle-ci détermine l'endroit que cette corporation occupait et par conséquent le Temple de Vénus. Ajoutez que l'on a trouvé dans l'enceinte une statue de Vénus entièrement nue, et fort endommagée, qui a été restaurée et placée au musée royal de Naples: avec elle était un Hermaphrodite d'un travail remarquable, dont les oreilles de faune avaient été jadis réparées d'une manière peu adroite. On y a déterré aussi un très-beau buste de bronze avec des yeux d'émail.

(1) IIIe partie, pl. XIV.

Cette précaution des prêtres du temple, qui n'avaient voulu céder leur droit qu'à prix d'argent, et à condition que le mur serait élevé, indique encore en elle-même, que le culte de Vénus était la véritable destination du temple. Nous lisons dans Pausanias (1) qu'à Sicyone « il n'entre dans le temple de Vénus que la Néocore, à qui il n'est plus permis d'avoir « commerce avec les hommes, et une jeune fille qui est prêtresse pour un an sous le nom de « Loutrophore. »

Si l'on pénètre dans l'enceinte du péribole par la porte qui s'ouvre près de la basilique, après avoir fait quelques pas en avant, et sur la droite de l'*area*, on arrive au point de vue de la planche XVI. A droite, on voit un des termes qui se trouvaient en face de plusieurs colonnes, sinon de toutes, comme quelques antiquaires le prétendent (2); à gauche, le grand autel; en face, les degrés du temple, son *podium* et les ruines de la *cella;* et tout au fond de la perspective, le Vésuve, menaçant encore les ruines qu'il a faites.

Le plan de l'édifice (pl. XVII) offre pour son enceinte une étendue d'environ 167 pieds de long sur 98 de large, ce qui, comparé aux dimensions du temple d'Isis, donne une surface presque quadruple. D'où il suit que l'aréa du temple de Vénus n'étant pas encombrée comme l'autre par un édicule et un grand nombre d'autels, devait offrir, et offre encore aujourd'hui, un aspect plus imposant.

Le péribole A est formé de 48 colonnes : celui d'Isis n'en a que 25.

Enfin, pour terminer cette comparaison, on monte à la cella par treize degrés C, au lieu de sept. Le pronaon D est hexastyle, tandis que de l'autre côté il n'a que 4 colonnes; et un périptère de 38 colonnes entoure ici une cella E de dimensions beaucoup moins resserrées.

Dans la pierre du seuil on remarque des excavations destinées à recevoir des gonds et des verrous : elles prouvent que ce sanctuaire était fermé par une porte à deux battants. Le pavé est une mosaïque dont nous parlerons plus loin; et le piédestal qui supportait l'idole se voit encore au fond du sanctuaire. On observera que la partie droite de ce plan de la cella indique les bases des colonnes et une espèce de pas ou de degré qui existait dans les entre-colonnements; tandis qu'à gauche est marquée la partie supérieure des fûts.

F. Partie postérieure du péribole.

G. Grand autel.

H. Petit autel accompagné d'une espèce de plate-forme de quelques pouces d'élévation.

I. Endroit où se trouve une statue à gaîne, les épaules enveloppées d'un manteau (3).

K. Espèce de cuvette où les eaux pluviales se réunissent au moyen du canal creusé qui est au pied des colonnes et qui fait le tour du péribole.

L. Niche où l'on a trouvé les mesures publiques (4). Cette niche est prise sur la différence d'alignement entre le mur du forum et celui du péribole : différence qui prouve que le forum a été construit ou régularisé postérieurement à la construction de plusieurs des édifices qui l'entourent, et notamment de ce temple de Vénus.

M. Galerie qui entoure le forum, soutenue d'un côté par une rangée de colonnes, et de l'autre appuyée sur les édifices qui bordent la place publique.

N. Appartements ornés de brillantes peintures murales et qui servaient probablement de loge-

---

(1) Pausan. Corinth. X.
(2) Voyez plus loin, page 40.
(3) Voyez plus loin, page 41.
(4) Voyez vol. III, pl. XL, page 54.

EXPLICATION DES PLANCHES.

ment aux prêtres. Antérieurement, il y avait eu là des portiques, ainsi qu'on peut le voir par les colonnes qui sont tout entières enclavées dans le mur.

Dans la première chambre, celle qui communique le plus directement avec l'aréa du temple, on a trouvé un tableau bien conservé, qui est déposé aujourd'hui au musée de Naples (1). Il représente Bacchus, tenant son thyrse d'une main, et de l'autre une coupe dont il répand le contenu sur une panthère assise à ses pieds. Il s'appuie sur le vieux Silène qui joue de la lyre avec un plectrum. Auprès de ce dernier, on voit une corbeille remplie de différents fruits, ce qui indiquerait Bacchus, non-seulement inventeur de la vigne, mais encore protecteur et propagateur de tous les fruits : attributs sous lesquels les anciens l'ont souvent adoré (2). Ce tableau avait déjà été détaché d'une autre muraille et rattaché en cet endroit par des crampons habilement cachés. En général, les peintures murales étaient isolées du mur et préservées de l'humidité au moyen de carreaux de terre cuite qui laissaient subsister des vides où l'air pouvait circuler. Les anciens connaissaient donc un art que les modernes ont retrouvé depuis, quand il s'est agi de conserver et de mettre en lieu de sûreté les peintures murales découvertes dans les fouilles.

Du reste, le culte de Bacchus paraît avoir été très-répandu à Pompéi. La preuve en est dans le grand nombre de tableaux qui représentent ce dieu sous divers attributs. On le voit surtout fréquemment accompagné du jeune Ampélus, qui est la vigne personnifiée (3). Tantôt ce dieu s'appuie sur le jeune faune : c'est la vigne qui porte le raisin. Tantôt il le soutient lui-même : c'est le dieu qui protége l'arbre qu'il a fait naître. Ainsi les anciens savaient rajeunir et varier sans cesse un symbole.

Cette fréquence des tableaux consacrés au fils de Sémélé explique l'erreur des antiquaires qui persistent à voir dans l'édifice qui nous occupe un temple de ce dieu. Nous avons vu, du reste, une preuve qui détruit irrésistiblement leur système, et nous rencontrerons encore çà et là quelques indices qui confirment cette preuve.

La planche XVIII est une coupe transversale de l'aréa, qui laisse voir dans le fond une élévation géométrale de l'édifice restauré. Les lettres sont les mêmes que celles du plan, sauf X au lieu de M, pour indiquer le portique qui fait le tour du forum. Z est la petite allée que l'on a laissée entre le mur de gauche et celui des édifices voisins, pour régulariser l'enceinte.

L'aspect général est imposant; mais il devait l'être beaucoup plus en perspective : car ici les colonnes des côtés sont entièrement cachées par celles de la façade, et ne produisent nullement cet effet de splendeur qui est propre au périptère. L'étendue du pronaon est également dissimulée. C'est pourquoi l'édifice paraît un peu nu, comparé à la charmante et fantastique esquisse du temple d'Isis. Mais on trouve ici le mérite de la correction et de l'unité; mérite auquel se joindrait en proportions convenables celui de la variété et de l'élégance, si nous pouvions voir l'édifice sous son véritable point de vue. L'imagination doit suppléer à l'insuffisance du dessin.

Au lieu du culte orgiastique de la déesse égyptienne, l'imagination doit se figurer ici les pompes simples et calmes d'un culte tout classique. Les jeunes filles et les jeunes garçons, amenés deux à deux par leurs mères devant l'autel, y déposent un couple de colombes ou de moineaux, de l'encens et des fleurs : on aime à croire qu'ici, comme à Paphos, les sacrifices à la déesse n'avaient rien de sanglant (4). Ici enfin se reproduit chaque jour le tableau charmant qu'a tracé le poëte de Vénuse.

---

(1) Real museo borbonico, vol. II, tav. 35. — La planche qui représente ce tableau a été placée mal à propos parmi celles qui concernent les théâtres, sous le n° XLII. C'est une lithographie. Nous ne comprenons pas trop pourquoi le dessinateur a substitué un bouc à la panthère qui se trouve dans l'original, et dans toutes les copies que les voyageurs en ont tirées.
(2) Athen. III, 83. Théocr. Id. II, 120.
(3) Ovid. Fast. III, 409.
(4) Serv. ad Æn. I, 339.

« Près du lac d'Albano, ta statue de marbre s'élèvera sous des lambris de citronnier : là tu
« respireras les parfums; là ton oreille sera charmée par les sons de la lyre et de la flûte béré-
« cynthienne, auxquels se mêleront les hymnes et même le doux chalumeau. Là, deux fois chaque
« jour, de jeunes enfants et de tendres vierges viendront chanter tes louanges, et, suivant la danse
« salienne, leur pied de neige frappera trois fois le sol (1). »

Il y avait pour les anciens quatre Vénus bien distinctes : la première, fille du ciel et de la lumière du jour, avait un temple en Élide; la seconde, née de l'écume de la mer et d'un germe céleste, Aphrodite, était l'amante de Mercure et la mère du deuxième Cupidon; la troisième, fille de Jupiter et de Dioné, était l'épouse de Vulcain, et Antéros était le fruit de ses amours adultères avec Mars; la dernière était une divinité syrienne, l'Astarté de Tyr, l'amante d'Adonis (2). Sans doute, dans les dernières années de Pompéi, les poëtes latins ayant déjà entremêlé tous les mythes, toutes les traditions de la Grèce, pour en composer cette mythologie vulgaire et sans vie qui fait partie de nos traditions de collége, une sorte de confusion uniforme régnait dans le culte de tout l'empire romain, et la Vénus adorée à Pompéi était à la fois une et quadruple.

La coupe longitudinale qu'offre la planche XIX n'est pas prise selon l'axe de l'édifice, mais selon une ligne parallèle à cet axe et passant à la gauche de l'entrée, entre le portique et le temple, de manière à montrer l'autel et ce qui reste du massif du temple, des murs de la cella et des degrés de travertin par lesquels on y montait. Ces degrés doivent être comptés, tant dans le plan que dans les deux coupes, comme étant au nombre de treize, par la raison que nous avons déjà donnée : mais c'est sans y comprendre le pas qui se trouve entre les colonnes, et qui ne fait point partie de l'escalier. Tout cela est parfaitement distinct dans la coupe. Nous ne comprenons pas comment sir William Gell a vu là seize degrés (3), et MM. Vinci et Romanelli (4) quinze, ce qui, bien que moins contraire à la coutume des anciens, n'en est cependant pas plus exact.

En outre, une restitution seulement indiquée est superposée aux ruines. On remarquera comme une chose assez bizarre, que ni au pronaon, ni à la partie opposée, les pilastres qui forment les coins de la cella ne se trouvent à l'alignement d'une des colonnes du périptère. Cette disposition fut sans doute adoptée afin de donner au pronaon et à l'opisthodome tout l'espace possible sans trop réduire l'étendue de la cella. Du reste, c'est encore une de ces choses dont l'effet est plus satisfaisant dans la perspective que dans un dessin géométral : envisagé de certains points de vue, cet arrangement pouvait donner au temple de Vénus l'apparence dégagée d'un diptère, ou mieux d'un pseudo-diptère. Le petit piédestal placé en face de la troisième colonne du portique est celui que l'on voit à la même place sur le même plan. Il soutenait sans doute une statue. Nous ne savons sur quels motifs se fondent les antiquaires qui prétendent qu'il y avait devant chaque colonne du portique un piédestal destiné à supporter la statue d'une divinité ou d'un héros (5). Mazois n'a voulu rien imaginer au delà de ce qu'il voyait, et s'est borné à placer une seconde statue à gaine en regard de la première, de l'autre côté du portique (6). Il a indiqué le piédestal dont nous venons de parler et un autre en regard; quatre piédestaux aux quatre coins; deux autres près de deux colonnes du portique à la face par où l'on entre; deux petits autels dans l'intérieur, et un soubassement assez large à la partie postérieure du péribole.

(1) Hor. Od. IV, I, 19.
(2) Cic., de Nat. Deor., III, 23.
(3) Pompeiana, page 219.
(4) Page 180. — Page 198.
(5) Vinci, page 98. Romanelli, page 182. Sir William Gell va jusqu'à dire que toutes ces statues étaient des hermès, quoiqu'on n'ait retrouvé qu'un de ceux-ci. (Pompeiana, pages 218 et 231.)
(6) Voyez le plan, pl. XVII, et la restauration, pl. XVIII.

EXPLICATION DES PLANCHES.

On remarquera encore que Mazois n'a pas continué sa coupe sur la même ligne pour les appartements situés derrière le portique : cette ligne se brise, et au lieu de voir l'intérieur des pièces situées à gauche, ou de celle qui est marquée N au plan, on pénètre dans la dernière chambre qui touche au corridor, celle dans laquelle a été trouvé le tableau de Bacchus et Silène (1). C'est ce dont on s'aperçoit par la position de la porte. Sans doute Mazois a jugé que cette seule pièce était digne d'intérêt.

La statue à gaine dont nous avons déjà parlé est représentée à la planche XX, et les proportions de cette figure sont déjà assez étendues pour qu'à la seule inspection de la gravure on puisse éviter les erreurs dans lesquelles les antiquaires sont tombés à ce sujet. M. l'abbé Romanelli, ou son traducteur, a vu cet hermès revêtu du manteau *et* de la toge (2); M. Gaspard Vinci dit qu'il est enveloppé d'un manteau *ou* d'une toge, et sir William Gell, qui l'appelle une statue terminale, le représente la tête découverte (3). Remarquons d'abord que le mot *hermès*, par lequel on prétend désigner une statue sans pieds, un buste placé sur une espèce de cippe ou de gaine, est une expression tout à fait impropre; les Grecs et les Romains n'ont appelé ainsi que les statues de Mercure; et quand ils accouplaient à la tête de ce dieu celle de Minerve ou de l'Amour, ils désignaient cet assemblage par un mot composé: *Hermathène*, *Hermérote*. Les statues de l'espèce dont il s'agit s'appelaient à Rome *signa quadrata* (4) et en Grèce σχήματα τετράγωνα. Telle était la statue de Vénus dans les jardins, que Pausanias décrit ainsi : « Sa statue est de forme « carrée comme les hermès, et l'inscription nous apprend que Vénus Uranie est la plus vieille « des Parques. La Vénus dans les jardins est l'ouvrage d'Alcamènes, et l'on se plaît à répéter dans « Athènes que cet ouvrage est digne de la déesse. » Certes nous ne croyons pas que le *signum quadratum* du temple de Pompéi puisse être considéré comme une copie, même grossière, de la Vénus d'Alcamènes; mais ne pourrait-ce pas être une personnification morale, de l'espèce de celles qui, selon le rapport du même auteur (5), se trouvaient dans le temple d'*Aphrodite Praxis?* c'étaient *Pitho* (la Persuasion), *Parégore* (la Consolation), toutes deux de Praxitèle; puis *Éros* (l'Amour), *Himéros* (la Passion) et *Pothos* (l'Affection), de Scopas. Il y a dans la figure de la *statue carrée* dont il s'agit, dans sa tête penchée et voilée, quelque chose qui conviendrait à l'une ou à l'autre de ces divinités allégoriques. Et si la roideur des draperies sur la poitrine de notre statue, le fruste des traits, y faisaient voir un buste d'homme, on observera que les trois dernières divinités appartenaient au sexe masculin.

Cette statue est de marbre blanc, ainsi que sa gaîne et deux des parallélipipèdes qui la supportent : entre ces deux-là il y en a un plus petit de couleur plus foncée. Les fragments que l'on voit sur les côtés appartiennent à l'architrave du péribole.

C'est à dessein que nous n'avons point encore parlé de l'architecture de ce péribole, afin de n'y point revenir à plusieurs fois. La planche XXI en contient les détails. En examinant les débris de l'architrave et des chapiteaux, on voit clairement que ce portique avait d'abord été construit selon les règles de l'ordre dorique : il devait être alors, il faut en convenir, plus régulièrement proportionné, et d'un dessin infiniment plus correct. Peut-être voulut-on simplement mettre ce portique d'accord avec le temple corinthien, qu'il fallait réparer après le tremblement de terre; peut-être prétendit-on observer une convenance indiquée par Vitruve (6), quand le temple devint par-

---

(1) Voyez page 39 et planche XLII.
(2) Voyage à Pompéi, page 182.
(3) Pompeiana, page 54.
(4) Pline, XXXIV, 8, 19, 2. On se rappellera que *Signum* se disait des images des dieux, *Statua* de celles des hommes. Plin. Ep. I. 20. Grut. Inscr. 174, 8.
(5) Pausan., Att. 43.
(6) Voyez l'Essai sur les temples, page 10.

ticulièrement dédié à Vénus. Et ce serait là encore un puissant argument, à défaut d'autres preuves, pour démontrer que l'édifice fut en effet consacré à cette déesse. On changea donc, à l'aide du stuc et des ornements rapportés, le chapiteau dorique en une espèce de corinthien de fantaisie, et les triglyphes en un zoophore approprié au même ordre. On ajouta aussi une base aux colonnes. Mais comme on ne put en même temps changer les proportions de tous ces membres d'architecture, il résulta de cet arrangement un composé assez lourd et disgracieux. On eut du corinthien en apparence, moins sa svelte légèreté; du dorique au fond, moins sa sobriété d'ornements; un monument d'un seul ordre, moins le caractère primitif de l'intention. Ce fut quelque chose d'hybride et de monstrueux, comme tous les raccordements du même genre.

Ce n'est pas toutefois que l'artiste ait manqué d'habileté dans l'exécution d'une pensée, mauvaise en elle-même, mais qui lui fut peut-être imposée d'autorité. La figure 1re de la planche XXI met en parallèle l'ancienne disposition de l'entablement et la nouvelle : toutes deux s'y trouvent de face et en profil. La figure 2me donne de même les deux états successifs du plafond de la corniche, dans lequel les gouttes ou larmes, particulièrement propres à l'ordre dorique, se sont métamorphosées en un ornement mieux approprié au nouvel ordre. C'est un curieux sujet d'étude que cette transformation, beaucoup plus heureuse d'ailleurs que celle de la colonne. Ces griffons du zoophore sont d'un bon dessin; les ornements de la corniche sont bien entendus. De même que le dorique n'avait pas de mutules, le corinthien manque de modillons. Puis, chose bizarre! on y voit alternativement une boule et une croix : il y a là quelque symbole qu'il ne nous est point donné de démêler. Serait-ce simplement le tau ou la croix ansée empruntée au culte d'Osiris et d'Isis? ou quelque tradition chrétienne déjà introduite dans les mystères? ou bien enfin un emblème placé là furtivement par quelque artiste obscur employé à la restauration du temple, quoique attaché secrètement aux nouvelles croyances, et qui aura protesté ainsi contre une œuvre païenne imposée peut-être à sa misère ou à ses terreurs? C'est un problème que nous offrons aux amis des antiquités religieuses, et que Mazois lui-même n'a point pris sur lui de résoudre quand il a eu à parler d'un ornement semblable trouvé dans la boutique d'un artisan (1).

La colonne ne pouvait offrir un sujet de parallèle aussi soutenu que l'entablement. Cette transformation n'a point laissé les mêmes traces que la première. Mais ce qui mérite d'être particulièrement observé dans l'un et dans l'autre morceau, c'est l'effet de cette architecture peinte, si commune chez les anciens, comme elle l'est encore dans les églises d'Italie. La pierre grisâtre paraissait froide à ces méridionaux, et des tons prononcés se mettaient mieux en harmonie avec leur ciel d'un bleu cru, leur horizon ardent et leur verdure éclatante. Il faut d'ailleurs songer à l'effet général, à la partie de ces couleurs qui se fondait dans les reflets, ou se perdait dans la perspective aérienne.

Tout s'accordait dans ce système. Les colonnes corinthiennes du périptère étaient également peintes, partie en bleu. Il faudrait avoir vu le temple dans son intégrité pour émettre un avis formel sur l'effet de l'ensemble.

Nous ne doutons pas que les découvertes de Pompéi, d'Herculanum, et de l'Asie Mineure, et les travaux tels que le nôtre, qui viennent à la suite de ces découvertes, ne modifient progressivement le goût moderne sur ce point important. Il y a cinquante ans que l'on se fût révolté à la seule idée d'édifices peints : déjà aujourd'hui, si l'on mettait sur la scène dramatique le désastre de Pompéi, ou un sujet de cette nature, un décorateur instruit copierait nos gravures coloriées;

(1) Voyez tome II, page 84, et la vignette, page 88.

éclairé par la critique, accepterait ce nouveau progrès dans la vérité matérielle de la scène : bientôt, peut-être, on risquera le coloris dans les décorations architecturales de nos édifices privés. Une fois engagé dans cette voie, où s'arrêtera-t-on? Toutefois, l'imitation ne doit pas être la copie : nos artistes se rappelleront qu'ils n'ont point le ciel et la lumière de l'Italie à leur disposition, et que, si le mauvais goût ne consiste pas dans l'emploi des couleurs vives, il pourrait se trouver dans un assemblage de tons heurtés et criards.

Ceci nous conduit encore à remarquer que les anciens devaient entretenir, dans toutes les parties de leurs édifices, une propreté recherchée : les couleurs vives n'eussent point été compatibles avec les souillures qui déshonorent les bâtiments modernes. On dit avec quelque justesse que l'on gâte également un édifice en le badigeonnant, ou en le regrattant. Soit; mais on peut au moins chasser la poussière : on peut même laver une façade. On le fait en Hollande et aux États-Unis; et l'aspect des villes n'y perd rien. Il ne s'agit pas d'ôter à d'antiques édifices le vernis ou la croûte vénérable des siècles, on propose de faire en sorte que le nouveau reste neuf; que nos monuments puissent échapper à cette caducité précoce, sous laquelle on cherche en vain la majesté de la vieillesse et le charme des souvenirs.

La figure 3e de la même planche est le dessin d'un des piédestaux qui se trouvent au pied des colonnes ; de celui-là même que nous avons déjà noté dans la coupe longitudinale. On remarque la disposition de la rigole pour les eaux pluviales.

Les colonnes des angles du portique contenaient dans leur intérieur le tuyau d'une fontaine, et l'eau destinée aux sacrifices tombait de là dans un bassin placé sur un piédestal rond et cannelé, tel que celui qui forme le sujet de la figure 4. L'autre partie de cette figure représente un des piédestaux qui se trouvaient aussi aux coins du portique.

Nous aurions à nous étendre ici sur les peintures murales des anciens, ainsi que sur leur architecture polychrome, si ce sujet n'avait été traité amplement par Mazois (1) et n'avait reçu de nouveaux développements dans la IIIe partie de cet ouvrage (2). Quelle que fût l'autorité des découvertes de Pompéi relativement à l'état des arts lors de la ruine de cette ville, il s'est élevé tout récemment, entre les archéologues, une discussion sur l'étendue de cette autorité, quant aux époques antérieures à l'éruption du Vésuve. M. Hittorf avança, dans un travail fort intéressant sur l'architecture polychrome des anciens (3), que les Grecs, aux plus beaux temps de l'art, ont tracé des peintures historiques sur les murs mêmes des édifices de tout genre: cette assertion fut vivement attaquée par un savant antiquaire. Celui-ci a prétendu que la peinture murale se bornait, pour les anciens temps, à la décoration, et que l'application de la peinture *murale* aux sujets historiques, comme on en trouve tant d'exemples à Herculanum et à Pompéi, appartient à une époque récente et en partie à la décadence de l'art (4). Cette opinion s'étayait principalement sur quelques passages d'auteurs anciens déjà signalés par M. Bœttiger dans la première partie de son ouvrage sur la peinture.

Mais un homme qui s'est fait un nom illustre dans toutes les branches de l'archéologie est venu prêter son aide à l'artiste dont les théories étaient menacées par des interprétations philologiques. M. Letronne est intervenu dans la discussion. Il a rétabli certains textes, a interprété et éclairci les autres, et a prouvé enfin d'une manière péremptoire que des peintures murales historiques avaient existé dans les plus anciens temples de l'Italie, décorés sous l'influence des

---

(1) Voyez IIe partie, page 62.
(2) Voyez IIIe partie, page 45.
(3) Annali dell' instituto di Corrisp. Archit. t. II, p. 263-284.
(4) Journal des Savants, juin, juillet, août 1833; ou une brochure de 28 pages in-4°.

arts de la Grèce, et que, dès le temps même de Périclès, de pareilles peintures avaient été exécutées dans les temples grecs par les plus habiles artistes (1).

Notre dessein était d'enrichir notre travail de quelques-unes des preuves les plus remarquables et des arguments les plus saillants du savant archéologue, à qui l'avantage est resté dans cette discussion. Mais la peinture dont nous avons à nous occuper maintenant est une décoration plutôt qu'un tableau historique, et nous aimons mieux engager nos lecteurs à étudier dans son entier l'excellent livre de M. Letronne, que d'en insérer ici des fragments incomplets.

La première observation que nous suggère la peinture représentée à la planche XXII prévient les conclusions que l'on pourrait tirer trop à la hâte de ce qui précède. Cette décoration démontre que la peinture murale n'était point la seule employée, même à Pompéi. En effet, l'espace laissé en blanc et entouré d'un cadre qui semble soutenu par un ruban noué, ne pouvait être occupé que par un véritable tableau, peint sur bois, qui s'est trouvé consumé lors de la découverte du temple (2). Ce mélange n'avait pas lieu néanmoins dans toute la décoration; car on voit, dans la coupe longitudinale (3), une décoration qui fait le pendant de celle-ci, et dans laquelle le petit cadre est rempli par deux figures peintes sur le mur comme tout le reste. Les deux genres de peintures restaient donc en concurrence.

Nous avons peu de chose à faire remarquer sur l'ensemble de cette composition, sinon que l'architecture de fantaisie y est symétrique; ce que l'on évitait d'ordinaire, afin de donner à l'ensemble quelque chose de plus libre, de plus varié, et de plus capricieux. Du reste, nos décorateurs pourront y puiser d'heureuses inspirations : la composition en est élégante et correcte, sauf un léger porte-à-faux. Les deux figures sont gracieuses; et la danseuse au tambour de basque est pleine de mouvement.

La planche XXIII renferme quelques détails qui appartiennent à la cella du temple : c'est d'abord (fig. 1ʳᵉ) une partie de la paroi latérale avec son pilastre et les refends qui la décorent à l'extérieur. On voit plus haut la bordure à oves de ces mêmes refends, et deux profils appartenant à un piédestal que l'on a trouvé dans l'intérieur de la cella. La figure 2 représente le soubassement intérieur du mur de la cella, et la figure V donne sur une plus grande échelle le détail de la partie supérieure de cette décoration, qui est en stuc et dont on remarque les denticules allongés. On en a déjà vu de pareils dans l'intérieur de la basilique.

La figure 4 représente le pavé du temple en marbre de couleur : la grecque qui l'entoure est d'un joli dessin et de couleurs bien assorties; mais il est singulier que la symétrie des trois losanges, vert, noir et blanc, qui forment chaque hexagone du pavé, n'ait point été suivie sur les bords.

L'autel qui est au pied des degrés se trouve détaillé fig. 3; la partie de gauche montre la moitié du plus petit côté; l'autre offre le profil seulement du plus grand. Cet autel ne ressemble point, par sa partie supérieure, à ceux qui sont destinés à l'immolation des victimes : point de coussinets, pas d'apparence de foyer. Il n'était destiné, par conséquent, qu'à recevoir des offrandes : ce qui est un indice de plus à joindre à tous ceux que nous avons déjà rassemblés pour confirmer à l'édifice le titre de *temple de Vénus*.

---

(1) Voyez l'ouvrage intitulé : LETTRES D'UN ANTIQUAIRE A UN ARTISTE, sur l'emploi de la peinture historique murale, dans la décoration des temples et des autres édifices publics ou particuliers chez les Grecs et les Romains, ouvrage qui peut servir de suite et de supplément à tous ceux qui traitent de l'histoire de l'art dans l'antiquité, par M. Letronne, membre de l'Institut de France., etc. etc. Paris, 1836.

(2) Nous disons un véritable tableau, dans le sens du mot latin *tabula*.

(3) Pl. XIX.

TEMPLE DE LA FORTUNE.

PLANCHES XIV, XV ET XVI.

Si l'on sort du forum par le côté septentrional et par la porte qui est à droite du temple de Jupiter ou de la *Curia,* on arrive bientôt à un arc triomphal que les uns attribuent à Auguste et les autres à Caligula. On voit alors, sur la droite, à l'angle formé par la rue que l'on a suivie et par une rue transversale, un des édifices religieux de Pompéi les plus remarquables, sinon par la grandeur du plan et la beauté de l'architecture, du moins par la majesté des souvenirs.

C'est le temple de la Fortune, fondé par un membre de la famille de Cicéron (1).

Sur l'architrave de la cella de cet édifice, on lisait l'inscription suivante :

M . TVLLIVS . M . F . D . V . I . D . TER . QVINQ . AVGVR
TR . MIL . A . POP . AEDEM . FORTVNAE . AVG . SOLO . ET . PEC . SVA.

Marcus Tullius, Marci filius, duumvir juri dicendo, ter quinquennalis, augur, tribunus militum a populo, ædem Fortunæ Augustæ solo et pecunia sua.

C'est-à-dire « Marcus Tullius fils de Marcus, duumvir chargé de la justice, nommé trois fois quinquennal (2), augure, tribun des soldats élu par le peuple, a fait construire le temple de la Fortune Auguste, sur son terrain, et à ses frais (3). »

L'absence du surnom Cicero fait voir qu'il s'agit de Marcus Tullius, père ou grand-père de l'orateur (4). Nous avons déjà eu mainte occasion de mentionner les propriétés étendues et nombreuses que cette famille *Tullia* possédait à Pompéi, et nous ne voyons aucune raison de douter qu'on lui doive attribuer cet édifice qui reçoit tout son lustre du fondateur. Telle est la puissance du génie : son seul souvenir, la trace la plus légère de son passage ici-bas, donne aux monuments des arts un lustre qu'ils ne peuvent recevoir de leur grandeur et de leur beauté même.

On a trouvé dans l'intérieur de la cella un fragment sur lequel on lisait :

...... STO (5) CAESARI . PARENTI . PATRIAE.

C'est-à-dire : « A César Auguste, père de la patrie. »

---

(1) Il a été découvert en 1823.

(2) On appelait ainsi, dans les municipes et les colonies, deux ou quatre magistrats dont les pouvoirs étaient les mêmes que ceux du Censeur, et duraient cinq ans. Spart., Hadr., 19.

(3) Nous ne nous expliquons pas par quelle distraction sir Gell, dans sa suite de Pompeïana, p. 75, a traduit *elected by the people three times.*

(4) Ce que l'on sait de la famille de Cicéron se réduit à la filiation ainsi établie :

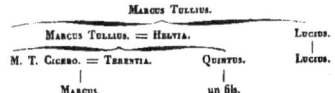

(5) Très-probablement AVGVSTO, etc.

EXPLICATION DES PLANCHES.

Sur une plinthe de marbre blanc qui devait servir de base à quelque objet de culte, on lisait :

AGATHEMERVS . VETTI
SVAVIS . CAESIAE . PRIMAE
POTHVS . NVMITORI
ANTEROS . LACVTVLANI (1)
MINIST . PRIM . FORTVN . AVG . IVSS
M . STAI . RVFI . CN . MELISSAEI . D . V . I . D.
P . SILIO . L . VOLVSIO . SATVRN . COS.

Cette inscription, curieuse sous le rapport des surnoms qu'elle renferme, n'offre pas un sens bien certain. Il nous semble néanmoins qu'on doit l'interpréter à peu près ainsi :

« Agathémère, affranchi de Vettius; Suavis, affranchi de Cæsia Prima; Pothus, affranchi de Numitorius, et Antéros, affranchi de Lacutulanus, premiers ministres de la Fortune Auguste, ont posé ceci par ordre de Marcus Staius Rufus et de Cneius Melisseus, duumvirs chargés de la justice, sous le consulat de Publius Silius et de Lucius Volusius Saturnus (an 3 après J. C.). »

Une autre plinthe, qui pouvait servir de base à une statue, portait :

TAVRO . STATILIO
TI . PLATILIO . AELIAN . COS
L . STATIVS . FAVSTVS . PRO
SIGNO . QVOD . E . LEGE . FORTVNAE
AVGVSTAE . MINISTORVM (2) . PONERE
DEBEBAT . REFERENTE . Q . POMPEIO . AMETHYSTO
QVAESTORE . BASIS . DVAS . MARMORIAS (2) . DECREVERVNT
PRO . SIGNO .   PONIRET (2).

« Sous le consulat de Taurus Statilius, et de Tiberius Platilius Ælianus, Lucius Statius Faustus, au lieu de la statue qu'il devait faire élever, selon la règle des ministres de la Fortune Auguste, vu le rapport de Quintus Pompeius Amethystus, questeur, a été obligé, par un décret, à établir deux bases de marbre (3). »

Enfin, sur une pierre enfoncée dans le sol, vers la droite des degrés du temple, on a trouvé ces mots :

M . TVLLII . M . F.
AREA PRIVATA.

« Propriété particulière de Marcus Tullius, fils de Marcus. »

On a trouvé en outre, dans la cella même du temple, deux statues de grandeur naturelle, l'une d'homme, l'autre de femme.

La première est une statue consulaire, dans les traits de laquelle on a cru reconnaître ceux de Cicéron lui-même : sans nous prononcer sur cette ressemblance, nous ferons remarquer que les Pompéiens auraient donné au monde romain un exemple bien courageux et bien rare, s'ils avaient conservé dans le temple de la Déesse inconstante, la statue d'un grand homme en disgrâce.

(1) Plusieurs antiquaires qui ont rapporté cette inscription lisent LACVTVLANT; mais ils interprètent comme s'il y avait LACVTVLANI : il est facile de prendre les deux finales l'une pour l'autre. — Nous aurions d'abord été porté à croire qu'il s'agit dans cette inscription d'un seul personnage désigné par diverses épithètes grecques latinisées; et nous étions confirmé dans cette opinion par l'orthographe de MINIST., qui au pluriel devrait s'écrire MINISTR. Mais l'opinion du savant Marini et du judicieux Orelli nous a décidé.

(2) *Ministorum, Marmorias, Poniret* (sic). Ce sont des fautes dues au sculpteur, telles qu'on en trouve dans une foule d'inscriptions. On voit, par exemple, un étrange solécisme sur l'annonce d'un maître d'école de Pompéi, *Sabinum et Rufum Valentinus cum discentes suos rogat* (pour *cum discentibus suis*). Ce n'est point d'après les inscriptions publiques que l'on peut juger de la langue littéraire, et si on voulait dater les monuments d'après l'orthographe des mots qui y ont été gravés, on se tromperait souvent de beaucoup. La même remarque peut s'appliquer à nos inscriptions, ou à nos affiches modernes.

(3) On ne trouve, dans les fastes consulaires, le nom d'aucun des quatre consuls désignés dans ces deux inscriptions. On doit donc supposer que c'étaient des *Consules suffecti*; car ceux-ci devinrent très-nombreux, à mesure que s'aggravaient les désordres de l'empire.

EXPLICATION DES PLANCHES. 47

Une circonstance particulière ajoute encore au prix de ce morceau remarquable de sculpture antique : la toge prétexte dont le personnage est revêtu était peinte tout entière en pourpre violette (1); or on admet généralement que ce costume des magistrats romains était blanc et seulement bordé de pourpre.

Le visage de la statue était peint lui-même, et l'on trouve encore des traces de couleur sur les yeux et les cheveux : nouveau fait à joindre à l'histoire de la statuaire polychrôme.

Quant à la statue qui représentait une femme, elle était vêtue d'une *Tunica talaris* dont le bord était doré, et d'une robe bordée d'une bandelette de pourpre rouge. On avait enlevé autrefois le visage, probablement afin de substituer aux traits d'une puissance déchue, ceux d'une patronne dont on voulait adorer la naissante faveur; intention qui dément un peu ce que nous supposions tout à l'heure en faveur des Pompéiens. Du reste, la Fortune ne sourit pas à cette bassesse : le Vésuve se chargea de la prévenir par une catastrophe plus terrible encore que celles de la politique.

Maintenant, examinons l'état actuel du temple représenté à la figure 2 de la planche XXIV, état de dégradation et de ruine complète. La place des marbres, qui ont été enlevés dans des fouilles très-anciennes, marque seule avec quelle richesse ce petit temple était décoré. De tous les membres de l'architecture, à peine reste-t-il quelques chapiteaux corinthiens que l'on voit sur le *podium*. L'aspect de ce lieu est un des plus mélancoliques qu'offrent les ruines de la ville : c'est peut-être que là se réunissent les plus riches souvenirs intellectuels et la dévastation matérielle la plus complète, causée par la fureur du volcan et par la rapacité des hommes.

On voit par le plan de l'édifice, fig. 1, qu'il est en quelque sorte de l'espèce des *pseudopériptères*, les colonnes engagées dans la muraille étant seulement remplacées par cinq pilastres, compris ceux des angles de la cella. Il s'élève sur un podium, ce qui était surtout indispensable pour le temple sans *area*. Nous allons voir comment on a suppléé à l'enceinte qui manquait.

A. Degrés du temple, au nombre de neuf (2).

B. Pronaon, formé par quatre colonnes corinthiennes de face, plus deux de chaque côté, à l'alignement des antes de la cella.

C. Cella, dans laquelle on pénétrait par une entrée toujours ouverte. La paroi du fond s'arrondit en forme de niche.

D. Espèce de chapelle formée de deux petites colonnes corinthiennes et de deux pilastres qui soutenaient un entablement : on y voit encore un soubassement qui supportait sans doute la statue de la déesse.

E. Quatre niches, dans lesquelles se trouvaient probablement les deux statues que l'on a trouvées et deux autres pareilles.

F. Autel destiné aux offrandes publiques. Il est placé, comme dans une aréa, sur ce premier podium, dont l'accès était interdit au vulgaire par une grille dont on voit encore les traces.

G. Deux escaliers latéraux, de trois marches chacun, par lesquels on montait sur la première

---

(1) La pourpre violette était la plus ancienne et la plus commune; la pourpre rouge de Tarente, qui fut en usage sous Auguste, ne coûtait que cent deniers la livre; la rouge de Tyr en coûtait mille. Pline, IX, 39, 63.

(2) Il est difficile de s'entendre bien nettement sur le nombre de degrés d'un temple, et l'on remarquera, par exemple, que sir William Gell ne compte encore ici que huit degrés (Pompeiana, 1832, p. 72). En voici la raison : on prend souvent pour un degré la première pierre qui se trouve posée au niveau du sol, et qui n'est pas une marche, quoiqu'en ayant la forme, et étant déjà comprise entre les rampes de la montée (il n'y en a pas dans l'exemple actuel); ou bien l'on ne compte pas le dernier pas qu'il faut faire pour arriver sur le sol du temple, et c'est ainsi que sir Gell n'a trouvé que huit degrés. Mais tous les exemples sur lesquels nous avons insisté dans cette 4ᵉ partie ont démontré suffisamment que, pour trouver le nombre impair voulu par les anciens, il faut compter autant de degrés qu'on lève le pied de fois afin de parvenir d'un sol à l'autre.

plate-forme : les deux entrées de la grille qui y correspondaient étaient à côté de l'autel et beaucoup moins larges que les degrés.

H. Maison voisine, qui servait peut-être de collége des ministres de la Fortune Auguste.

I. Maison qui donnait sur l'*area privata* des Tullius, et qui, sans doute, leur appartenait.

La planche XXV donne des détails de différentes parties que nous venons de mentionner dans l'explication du plan.

En se bornant à l'élévation géométrale de ce qui existe aujourd'hui de la façade, sans doute Mazois n'a pas trouvé que les fragments fussent assez complets pour hasarder une restauration.

La coupe transversale de la cella (fig. 2) offre, dans sa partie supérieure, une restitution de la charpente et du toit : il n'y avait rien de problématique dans cette disposition, toujours invariable. La lettre D marque le soubassement de la statue comme sur le plan. — E, corniche du soubassement du temple dont on voit le profil à la figure V. — F, base de ce même soubassement dont le profil est à la figure VI : on remarque la disposition adroite du morceau de marbre coupé en biais au point *y*, de manière à soutenir la plaque de revêtement derrière laquelle se trouvait un mélange de mastic et de cailloux. — H, petite saillie qui règne au pied du mur de la cella : elle indique l'enchâssement des plaques de marbre qui décoraient les parois.

Dans la coupe longitudinale que représente la figure 3, les lettres désignent les mêmes parties que dans le plan ou dans les figures précédentes. La lettre G diffère seule : elle indique la hauteur des trous dans lesquels étaient scellées des agrafes pour fixer les plaques de marbre du lambris.

La planche XXVI offre une peinture murale trouvée dans une maison de ce quartier. Sir William Gell, qui la copie sans la colorier et en y faisant quelques changements, licence que nous nous sommes gardé d'imiter, s'exprime ainsi : « On donne ici ce dessin à cause de son « application facile à la décoration moderne. On pourrait établir sur ce plan une belle biblio- « thèque, etc (1). »

Cette décoration simple et symétrique nous paraît en effet de fort bon goût, quant au dessin et à l'assortiment des couleurs. Ces deux colonnettes, supportant un entablement et dont l'une est censée de ce côté d'une cloison, l'autre de l'autre côté, dégagent bien la cloison de la muraille : on regrette seulement qu'il n'y ait point une ombre portée pour rendre l'illusion plus complète. La claire-voie, peinte en travers d'une espèce de porte, a quelques rapports avec les barreaux des thermes d'Antonin (2). Les pointes dont la partie supérieure de la grille est hérissée, font voir que les anciens avaient adopté avant nous cette manière de défendre l'accès de leurs propriétés (3).

(1) Pompeiana, 1832, p. 7, pl. V.

(2) Voyez Real Museo borbonico, vol. IV, frontisp.

(3) CONCLUSION. On a déjà trouvé, dans la troisième partie de cet ouvrage, les dessins et la description de deux édifices de Pompéi auxquels on peut assigner une destination religieuse. Nous voulons parler du temple de Jupiter auquel se rapportent les planches XXX et suivantes, et du *Panthéon* ou *Hospitium* dont le plan se trouve à la planche XLIII, édifice dont quelques savants ont voulu faire un temple d'Auguste, et d'autres un *Sérapéon*. En joignant ces deux notices à celles que nous avons réunies dans ce 4ᵉ volume, on pourra passer en revue tous les édifices sacrés découverts jusqu'ici à Pompéi. Ils sont au nombre de huit. Les fouilles à venir en révèleront sans doute un plus grand nombre; mais il est probable que ceux que nous avons pu décrire sont les plus considérables, et ils offrent toutes les dispositions dans lesquelles les autres rentreront nécessairement. Ce seront, par exemple, ou des péribôles, comme le temple d'Isis et celui de Vénus, ou des périptères, comme ce même temple de Vénus, ou des pseudo-périptères, ou enfin des prostyles, comme nous en avons vu plusieurs. Sous un certain point de vue donc, bien que les fouilles de Pompéi puissent se continuer pendant un siècle, notre travail offre dès à présent un ensemble complet.

CONSIDÉRATIONS

SUR LA FORME ET LA DISTRIBUTION

DES

THÉATRES ANTIQUES,

Par feu M. MAZOIS (1).

En lisant ce qui nous reste des poëtes tragiques et comiques de l'antiquité, l'imagination se reporte à ces représentations théâtrales où un peuple entier venait, à la suite des solennités les plus saintes, au milieu des fêtes de la patrie, donner des larmes aux douleurs d'OEdipe et d'Antigone, ou se livrer avec Aristophane et Plaute à toute l'hilarité que peut inspirer la peinture maligne ou naïve des ridicules et des vices. On cherche à se figurer ces vastes enceintes décorées de marbres précieux, de colonnes, de bas-reliefs, de bronzes, de statues, et dont les gradins nombreux, couverts de milliers de spectateurs, devaient offrir un coup d'œil si imposant, si différent de celui qu'offrent nos salles modernes.

Plusieurs auteurs, livrés à l'étude des monuments antiques, et entre autres Palladio, ont cherché, à l'aide des descriptions de Vitruve et de quelques ruines trop dégradées, à reproduire l'ensemble des théâtres anciens; mais la révélation complète de cette espèce de mystère archéologique était réservée à notre siècle : nous n'avons plus besoin d'interroger des débris épars, d'interpréter des vestiges douteux; plusieurs théâtres nous ont été enfin rendus tels qu'ils existaient, il y a dix-huit cents ans, au moment où les cendres du Vésuve les ensevelirent. Les marbres, les bronzes, les peintures, les bois carbonisés, les indices des machines existent encore, et tel est l'effet que produit cette conservation miraculeuse, qu'en se trouvant au milieu de ces théâtres où rien ne semble manquer que les spectateurs, on écoute si l'écho n'a pas conservé quelques sons des derniers accents de l'acteur.

C'est donc principalement à l'aide des théâtres d'Herculanum et de Pompéi que nous allons donner la description des théâtres des anciens. Nous ne citerons point ceux qui existent ailleurs, parce que ceux-ci sont les plus complets, et qu'ils sont tellement conformes aux descriptions

---

(1) En lisant les comédies et les tragédies tant grecques que latines qui sont parvenues jusqu'à nous, il n'est personne qui ne sente très-souvent que, pour en comprendre plusieurs scènes et situations, il faudrait mieux connaître les formes des théâtres sur lesquels elles étaient représentées. Je désirais donc mettre à la tête du Théâtre des Latins une dissertation qui eût contenu des recherches sur la forme et la distribution de ces monuments. Mais bien que j'eusse autrefois visité les théâtres d'Herculanum et de Pompéi; bien que j'eusse lu avec attention les ouvrages des savants qui, tels que Boulanger et Boindin, ont longuement disserté sur les jeux scéniques des anciens, je n'avais pu encore résoudre plusieurs questions relatives aux décorations de la scène, au jeu des machines, etc. J'appris alors que M. Mazois, jeune artiste dont je connaissais les talents et l'érudition, était de retour de l'Italie, où il a passé plusieurs années, uniquement occupé de l'étude des monuments antiques. Je le consultai, et il voulut bien, non-seulement tracer le plan d'un théâtre antique d'après ceux qu'il venait d'étudier, mais rédiger la notice que nous offrons ici au lecteur. Elle m'a paru résoudre en grande partie les difficultés qui m'arrêtaient dans mon travail, et atteindre le but que je m'étais proposé.   Am. D.

Telle est la note par laquelle M. Amaury Duval, membre de l'Académie des inscriptions et belles-lettres, chargé de rédiger les dissertations qui devaient faire partie de la collection du Théâtre des Latins, annonça le travail de Mazois qu'il substituait au sien. Il fut tellement satisfait de ces *Considérations*, qu'il renonça à traiter lui-même les questions que le jeune architecte avait abordées et résolues, la plupart d'une manière neuve et avec une grande sagacité.

de Vitruve, qu'ils peuvent servir à expliquer tous les autres édifices de ce genre, sans avoir besoin d'être expliqués par eux.

Les théâtres, chez les Grecs et les Romains, ne furent construits dans l'origine qu'en charpente. Leur durée n'excédait point celle des fêtes, dont les jeux scéniques faisaient partie, et ces constructions, élevées avec précipitation, pour quelques jours seulement, ne devaient avoir rien de bien remarquable; mais le luxe ayant fait de rapides progrès, leur conséquence naturelle fut la corruption des mœurs; et le premier symptôme de cette décadence morale se manifeste toujours chez les nations par le goût immodéré des plaisirs, et principalement des spectacles. Aussi, à ces édifices misérables, succédèrent bientôt des monuments où le marbre et le bronze éblouirent les yeux.

Les Athéniens furent les premiers qui renoncèrent aux théâtres en bois; ils construisirent en marbre le théâtre de Bacchus, situé sur la pente de l'acropolis, et ce magnifique monument, dont les ruines font encore aujourd'hui l'admiration des voyageurs, servit de modèle à tous ceux du même genre.

Rome existait depuis six siècles, qu'elle n'avait point encore de théâtre permanent, quoique, dès l'an 559, des consuls eussent voulu en construire un; mais Scipion Nasica, par respect pour les bonnes mœurs, le fit détruire. Pompée fut le premier qui donna aux Romains, en l'an 699, un théâtre en pierre, orné de statues, et où quarante mille personnes pouvaient à la fois assister aux représentations. En 740, Cornelius Balbus en fit élever un en marbre, orné de colonnes précieuses. Celui de Marcellus, dont il reste encore des ruines, était extérieurement en pierre et orné à l'intérieur des dépouilles de la Grèce et de l'Asie.

Les théâtres antiques étaient découverts, et n'avaient d'autre abri contre l'ardeur du soleil et les intempéries des saisons qu'une toile tendue avec force au-dessus du théâtre, au moyen de cordages placés dans des poulies attachées à des pièces de bois qui pénétraient profondément dans la maçonnerie des murs extérieurs.

La partie consacrée aux spectateurs était en forme d'hémicycle, et presque toujours adossée contre une colline, pour éviter d'y faire des substructions dispendieuses. Ce demi-cercle était couvert de gradins divisés en plusieurs étages, appelés précinctions, sur lesquels les spectateurs s'asseyaient suivant leur rang. Les places réservées aux simples citoyens étaient indiquées par de légères lignes gravées sur les gradins et numérotées; en sorte que chacun prenait celle qui correspondait au numéro de la *tessera* qui lui avait été donnée d'avance. Comme ce gradin était ordinairement de pierre ou de marbre, on le recouvrait avec des coussins de jonc, que les *locarii* (1) louaient aux spectateurs, et lorsqu'il faisait froid, ou qu'il neigeait, on portait un manteau de laine, à long poil, auquel tenait un capuchon.

On parvenait facilement de toutes parts aux gradins, par les passages et les montées pratiqués au pourtour circulaire du théâtre, et au moyen des escaliers qui, partant de l'orchestre, s'élevaient au sommet des gradins; en sorte qu'ils formaient des divisions dont les sections tendaient au centre, et qu'on appelait *cunei*. Les gradins inférieurs étaient réservés aux chevaliers; les places de la dernière galerie appartenaient aux matrônes; les deux loges de l'avant-scène, pratiquées au-dessus des entrées latérales de l'orchestre, étaient des places d'honneur pour les principaux magistrats.

On voit, par la description que je viens de donner de la partie du théâtre consacrée aux spectateurs, qu'il devait rester, entre la ligne droite de la scène et la ligne circulaire du der-

---

(1) On appelait ainsi ceux qui s'emparaient de bonne heure des places, pour les revendre aux spectateurs opulents. Voyez plus loin, dans l'explication de la planche XXVIII, une note qui éclaircit cette contradiction apparente, entre l'usage de la *tessera* et l'emploi des *locarii*.

nier gradin, un espace vide : c'est ce qu'on appelait l'orchestre. Chez les Grecs, il n'était pas permis d'y rester pendant la représentation, l'expérience ayant appris que s'il ne demeurait pas entièrement vide, la voix absorbée perdait de sa force, et parvenait difficilement à l'oreille des spectateurs éloignés : d'ailleurs, c'était dans l'orchestre que les chœurs exécutaient les danses. Mais, malgré l'observation précédente, cet espace, dans les théâtres romains, servait, selon Vitruve, à placer des siéges réservés aux sénateurs. L'orchestre était donc, d'un côté, ceint par les gradins, et de l'autre, borné par le *pulpitum*, c'est-à-dire, par le mur qui soutenait la scène. Il était d'une médiocre hauteur, toujours revêtu en marbre, avec deux escaliers pour monter sur la scène ; il présentait de petites niches où l'on plaçait des autels, et c'était aux extrémités du *pulpitum* que se tenaient les joueurs de flûte et de lyre. Le sol de la scène était de bois, comme les théâtres de Pompéi et d'Herculanum nous l'ont prouvé. Il y avait en dessous un espace ménagé pour le jeu des machines et celui de la toile. Ces machines consistaient, pour les décorations, en treuils et cabestans qui faisaient mouvoir sur le théâtre, par un mouvement de rotation, des châssis formant chacun un prisme triangulaire, sur lesquels étaient peintes trois scènes diverses, savoir : la scène tragique, la scène comique et la scène champêtre. Le rideau d'avant-scène ne se manœuvrait pas comme le nôtre : derrière le mur du *pulpitum* était un contre-mur, et c'est dans l'espace vide qu'ils laissaient entre eux, que la toile descendait durant la représentation. Dans les entr'actes, elle en sortait et s'élevait au moyen de supports à coulisse que l'on faisait monter par une corde attachée à un treuil. Ce mécanisme est parfaitement visible à Pompéi ; les crapaudines et les points d'appui des cabestans et des treuils existent encore (1). Cette manière de faire mouvoir la toile, si différente de celle que l'on emploie aujourd'hui, étonnera moins, lorsqu'on réfléchira que les théâtres étaient entièrement découverts, et que l'on ne pouvait faire descendre aucune machine par les moyens dont on use de nos jours. Le même système de treuils et de cabestans servait à faire mouvoir, sur des cordes tendues, le char aérien de Médée, ou le monstre marin sur lequel l'Océan venait visiter le malheureux Prométhée.

Lorsque des furies ou des ombres sortaient des enfers, une trappe s'ouvrait, et, au moyen d'un marchepied, le terrible acteur apparaissait sur la scène. Si, au contraire, il s'agissait de faire descendre quelque divinité du haut des cieux, un long levier placé dans la partie latérale du théâtre, derrière les décorations, et couvert sans doute de nuages peints, supportait à son extrémité le dieu nécessaire au dénoûment. Ce levier, en s'inclinant vers la terre, traçait un arc de cercle qui projetait l'extrémité de la machine au delà des décorations ; alors Jupiter, ou les interlocuteurs ailés d'Aristophane, se montraient aux spectateurs. Quand le levier se relevait, le mouvement inverse faisait disparaître son extrémité et le personnage qui y était attaché, derrière la partie supérieure des décorations (2).

Telle était la simplicité des machines dont les anciens se servaient dans leurs théâtres. Elles étaient placées sur les côtés de la scène : Vitruve appelle cet endroit *periactus*. C'était aussi de là qu'on faisait entendre aux spectateurs le bruit du tonnerre. A l'extrémité du grand axe de la scène, étaient deux grandes portes : c'est par là que les chœurs entraient et sortaient, pendant les évolutions qu'ils exécutaient en chantant, et qui formaient les intermèdes.

On aurait une fausse idée des décorations scéniques des anciens, si l'on voulait en juger par les nôtres. Quoique Vitruve parle de la magnificence de la scène tragique, des édifices privés ornés de fenêtres et de portiques qui composaient les décorations comiques, et des bois, des

---

(1) Voyez les détails de ce mécanisme dans l'explication de la planche XXXIV.
(2) J'ai vu souvent employer les mêmes moyens sur le grand théâtre de Naples, avant qu'on y eût fait des dessous assez profonds pour établir les contre-poids.

grottes et des montagnes que l'on voyait dans les pièces satiriques; quoique le témoignage des poëtes confirme cette description, et que Démocrite, Anaxagore et Agatarchus eussent écrit sur la perspective théâtrale, les décorations devaient être peu de chose, puisque Vitruve lui-même, nonobstant ce qu'il a dit plus haut, semble les borner à ces châssis triangulaires qu'il place sur les côtés de la scène. Pollux semble indiquer quelques autres décorations portatives; mais malgré tous ces témoignages, on ne peut concevoir qu'une fort médiocre idée de l'effet que le décorateur pouvait produire en plein jour, sur un théâtre de quinze à dix-huit pieds de profondeur.

J'ajouterai que le fond de la scène offrait une décoration réelle en marbre, et j'ai peine à croire qu'elle fût jamais recouverte en entier par des toiles de fond; les anciens ne se seraient pas donné la peine d'orner à grands frais une surface qui devait être continuellement cachée : d'ailleurs, ne connaissant pas l'illusion théâtrale, tout était chez eux de convention, comme j'aurai soin de le faire remarquer plus bas. Dans les jours de représentations tragiques, les portes étaient ornées de riches draperies; des festons de fleurs et de verdure étaient suspendus de toutes parts, autour de la scène, et l'encens fumait sur les autels. Mais pour les représentations comiques et satiriques, je crois que les décorations mobiles n'offraient guère que les tableaux des châssis latéraux, peut-être quelques arbres plantés vers le fond du théâtre, et les toiles de fond, qu'on plaçait derrière le mur de la scène dans le *post-scenium*.

La décoration réelle de la scène était de la plus grande majesté; des marbres précieux, des colonnes, des niches profondes, des statues, présentaient tout ce que l'architecture a de plus noble et de plus riche. Ce fond était percé de trois portes : celle du milieu, qu'on appelait la porte Royale, était la plus ornée; les deux portes latérales étaient réservées pour les étrangers.

Derrière la scène, était le *post-scenium*, lieu où se tenaient les acteurs, en attendant leur tour de paraître. C'était là aussi que l'on plaçait des toiles de fond, qui étaient aperçues à travers les portes. Cette partie servait encore pour les scènes doubles, quoiqu'on pût facilement les obtenir en divisant la scène comme chez nous. De chaque côté du *post-scenium*, il y avait des pièces destinées à servir de vestiaires.

Vitruve recommande de construire derrière le théâtre, ou à sa proximité, des portiques assez vastes pour recevoir les spectateurs, lorsque tout à coup le spectacle venait à être interrompu par quelque orage, ou par la pluie. On ne doit pas s'étonner du peu de recherche apportée à mettre les théâtres à l'abri de l'intempérie des saisons : les spectacles n'étaient pas alors, comme aujourd'hui, un asile ouvert chaque soir à l'oisiveté, pour échapper à l'ennui : les représentations théâtrales faisaient partie des grandes solennités; elles étaient rares, et avaient lieu en plein jour, sous un ciel moins inclément que le nôtre, et à des époques choisies. D'ailleurs, les anciens, en tout ce qui tenait aux monuments publics, avaient une autre manière de voir que la nôtre : ils cherchaient les grands effets, les grands résultats, et ne trébuchaient pas comme nous, à chaque instant, contre les petites considérations. Leurs représentations théâtrales étaient des jeux publics, des fêtes nationales; ils voulaient leur imprimer un grand caractère, et y réunir des peuples entiers : dès lors, l'enceinte de leur théâtre dut se déployer sur une ligne plus étendue; tout le luxe des arts y fut prodigué, et le soleil put seul éclairer la majesté de leurs spectacles.

On ne saurait se faire une idée de la profusion avec laquelle les théâtres furent quelquefois décorés. Marcus Scaurus, pendant son édilité, en fit élever un pour quatre-vingt mille spectateurs; et quoique cet édifice ne dût exister que quelques jours seulement, il y employa trois cent soixante colonnes de marbre, de verre et de bois doré : entre les colonnes, on comptait trois cents statues de bronze. Curion surpassa Scaurus d'autant que le génie surpasse l'opulence : il fit construire deux théâtres contigus en charpente, et lorsque le spectacle fut terminé, il les fit mouvoir sur un pivot commun, de manière à rapprocher les extrémités de l'hémicycle de chacun d'eux, si bien qu'ils ne formaient plus qu'un seul amphithéâtre où furent donnés des combats de gladiateurs. Les toiles tendues au-dessus des spectateurs devinrent aussi un sujet de dépenses excessives : on les teignit en pourpre ; il y en eut qui furent brodées d'or et de soie ; on en fit même des étoffes les plus précieuses qui répandaient sur les spectateurs et sur les marbres un reflet mobile et coloré dont l'effet devait être des plus agréables.

Durant les chaleurs de l'été, on arrosait les siéges avec des eaux parfumées, qui, au moyen de pompes pneumatiques, étaient lancées dans les airs, d'où elles retombaient en pluie fine et odorante. Mais si les anciens nous ont surpassés de beaucoup, en tout ce qui tient à la magnificence de ces sortes de spectacles, nous leur sommes bien supérieurs sous le rapport de l'illusion théâtrale.

Les représentations en plein jour ne laissent aucun moyen de disposer la lumière de manière à éclairer favorablement les décorations, qui dès lors ne trompent plus l'œil, et ne paraissent jamais que des toiles peintes. Tous les objets interposés entre le spectateur et la scène sont plus éclairés, ont plus de valeur que ceux que le théâtre même peut offrir. Enfin les acteurs paraissent plus petits que les spectateurs, et les physionomies des personnes dont on est entouré ont plus de trait, plus d'expression que celles qu'on aperçoit sur le théâtre. Telles sont les observations que j'ai faites, en voyant, en Italie, de semblables représentations.

C'est pour cette raison que les anciens semblaient dédaigner l'illusion théâtrale : tout était chez eux de convention. Au lieu de nos décorations mobiles, ils enrichissaient le fond et les devants de la scène, de décorations en marbre et en bronze, exécutées sur une échelle assez grande pour qu'il n'y eût, entre le spectateur et elles, rien qui pût nuire à leur effet. Quelques toiles peintes, placées sur des châssis dans les bas-côtés du théâtre, comme je l'ai déjà dit, servaient, non à donner l'image parfaite d'un palais, d'une place publique ou d'une campagne, mais seulement à indiquer que le lieu de la scène devait représenter ou la demeure des rois, ou le *forum*, ou un site champêtre. Selon ce système, chaque partie du théâtre avait une désignation particulière, qui avertissait des circonstances de lieux relatives à l'action. Quand un acteur arrivait par les portes latérales de la scène, il était censé venir du *forum* ou de la campagne; la porte du milieu était réservée au héros de la pièce, lorsqu'il ne venait pas d'un pays éloigné. Mais si Hercule arrivait chez Admète, il devait, comme tous les étrangers, entrer par une des portes placées à droite et à gauche de la porte royale; alors on reconnaissait qu'il venait d'une contrée lointaine. La taille et la voix même étaient soumises à des règles prescrites : le principal personnage devait avoir au moins quatre coudées, près de six pieds; les autres devaient être d'une taille moins élevée, et ils étaient obligés de modérer leur voix de manière à laisser dominer celle du protagoniste. Enfin, loin d'attacher, comme nous, un grand prix à l'expression de la physionomie, dont le jeu ne pouvait être suffisamment distingué sur leurs théâtres, les anciens permettaient aux acteurs de se couvrir le visage d'un masque qui exprimait fortement le caractère de leur rôle; ils en changeaient selon la situation morale dans laquelle ils se trouvaient, durant l'action de la pièce, et ces masques étaient faits de manière à donner à la voix plus de force et plus d'étendue. C'est encore un problème que je n'oserais résoudre, de savoir si ce qu'on perdait alors du côté de l'illusion, n'était pas racheté du côté de l'effet théâtral. Ces personnages qui, élevés sur de hauts cothurnes, se montraient avec une stature et des formes colossales, ces physionomies fortement contractées, où les passions se dessinaient d'une manière immobile et terrible, devaient être, pour le spectateur, comme une espèce d'apparition, une sorte de fantômes qui, pour me servir des expressions d'Eschyle, faisaient marcher l'épouvante devant eux, et leurs accents plus qu'humains, retentissant sur les marbres et dans le fond des urnes de bronze placées à cet effet sous les gradins du théâtre, devaient donner une force d'expression toute-puissante à ces vers, qui, à peine compris par nous, n'en sont pas moins encore ce que nous possédons de plus éminemment tragique.

La comédie était privée d'une partie de ces moyens auxiliaires : chez elle, les costumes n'avaient plus rien d'imposant; le masque immobile ne pouvait plus rendre les impressions variées et rapides des personnages; la voix forte et sépulcrale de l'acteur ne correspondait plus au ton plaisant de la pièce; le rire rauque et étouffé sous le masque n'appelait point celui du spectateur, et le charme des décorations n'ajoutait aucun intérêt à la représentation. Mais les habitudes et la licence des mœurs de ces temps suppléaient à l'absence de ces moyens de séduction.

Comme les spectacles n'avaient lieu qu'à certaines époques, le peuple n'était point blasé sur cette sorte de plaisir; ce sentiment, émoussé parmi nous, était chez les anciens d'une vivacité qu'on retrouve encore dans les mêmes climats, et à laquelle la privation donnait un plus grand degré d'énergie. La liberté de mœurs et de discours qu'affectaient les poëtes mettait la comédie à la portée du peuple. Elle parlait rarement ce langage épuré et finement railleur dont se piquent les hautes classes de la société; elle ne peignait guère ces mœurs polies, fausses et brillantes, ces sentiments contenus, ces nuances de caractère qu'on ne pouvait observer chez des peuples où les familles vivaient isolées et les sexes séparés. Mais Thalie, toujours sûre d'entraîner tant qu'elle était inspirée par une gaieté maligne, crayonnait avec feu des tableaux copiés d'après les mœurs du temps. Elle avait les habitudes, et parlait le langage de tout le monde : aussi était-elle comprise de chacun; ce n'était pas seulement pour la bonne compagnie que s'ouvrait le théâtre, le peuple y courait en foule; il ne perdait aucun des traits du poëte; il écoutait avec avidité, applaudissait avec transport, riait aux éclats, et lorsque, abusant de la licence de cette époque, un personnage grotesque et obscène prodiguait dans ses plaisanteries tout ce que le sel attique a de plus libre et de plus piquant, les spectateurs de toutes conditions, saisis d'un rire inextinguible, manifestaient leur joie par de bruyantes acclamations, sans s'inquiéter, ni des invraisemblances que pouvait offrir l'action dramatique, ni de l'absence de l'illusion théâtrale.

Tels étaient les théâtres des anciens. Élevés par des peuples qui mêlaient toujours la religion à leurs fêtes, et la gloire à leurs plaisirs, ils devinrent des monuments sacrés et nationaux : leur décoration était triomphale, leurs formes d'une simplicité majestueuse. Le mécanisme de la scène n'offrait aucune ressource à l'illusion, mais la disposition de ces édifices était d'une admirable commodité, et parfaitement combinée sous le rapport de l'optique et de l'acoustique; de toutes les places on entendait et l'on voyait également. Rien, chez les nations modernes, ne saurait égaler ni la richesse des matériaux employés à l'embellissement de ces théâtres, ni la grâce de leurs ornements, ni la magnificence du coup d'œil qu'ils devaient offrir; et de même que les poëtes comiques de nos jours ne sauraient connaître tous les secrets de leur art, sans méditer les chefs-d'œuvre de la comédie grecque et latine, nos artistes modernes ne sauraient construire une salle bien combinée, sous le double rapport de l'art et des convenances, sans étudier avec soin les ruines des théâtres antiques.

EXPLICATION DES PLANCHES
DE LA QUATRIÈME PARTIE.

PLANCHES XXVII, XXVIII ET XXIX.

PETIT THÉATRE.

Le quartier où l'on a trouvé le temple grec et le temple d'Isis a été fécond en découvertes, et le dispute en importance à celui du Forum. C'est le quartier des théâtres (1).

En suivant la rue par laquelle on pénètre dans le temple d'Isis, et tournant ensuite à droite, on trouve bientôt l'entrée du petit théâtre dont nous parlerons d'abord.

Cette rue, que l'on peut appeler la rue du petit théâtre, est celle par laquelle on entre à Pompéi en venant de la *Strada-Nova* : jadis elle conduisait du port à la rue du temple d'Isis. En la suivant, on monte presque toujours : elle est pavée de grands quartiers de lave, bordée de trottoirs, et traversée en deux endroits par de grosses pierres à l'aide desquelles, en temps de pluie, on passait d'un côté à l'autre de la rue sans se mouiller les pieds : les roues des chars passaient dans les intervalles laissés à dessein entre ces pierres. En s'avançant toujours dans ce même sens, on laisse à sa gauche le passage, autrefois fermé par une porte, qui conduisait au quartier des soldats, et de cet endroit à la rampe des étages supérieurs du grand théâtre ; on trouve encore à gauche le petit théâtre lui-même, puis des maisons particulières, puis enfin le temple de Neptune (2). A droite, on voit un grand nombre de boutiques avec leurs comptoirs bien conservés. Quelques-uns de ces comptoirs, comme celui que l'on voit au plan (3), avaient de grandes amphores incrustées dans la pierre : ces boutiques se fermaient avec des planches à coulisses ; mais la dernière planche qui assujettissait toutes les autres était fixée sur un pivot, comme une porte. Arrivé à l'extrémité de cette rue, en entrant dans celle du temple d'Isis, on voit sur la gauche un fragment d'une ancienne porte de ville. Cette porte, qui se fermait par une herse, servait à séparer le faubourg d'Auguste-Félix, du centre de Pompéi : elle était d'une construction postérieure aux murailles, et bâtie en pierres carrées de très-petite dimension. Revenons maintenant à l'entrée du petit théâtre.

Cette entrée est représentée à la planche XXVII. Une allée voûtée conduit de plain-pied dans l'orchestre : à droite, on voit les gradins, qui se terminent du côté du théâtre par un retour arrondi ; à gauche, sont les murs qui soutenaient le plancher du *Proscénium* ; en face, une voûte, pareille à celle par laquelle on est entré, conduit à l'*Area*, entourée de portiques, qui s'étend derrière le grand théâtre. L'espèce de fenêtre carrée qui donne sur le proscénium, prend jour sur le même endroit. Les voûtes latérales servaient sans doute d'entrées pour les siéges privilégiés, c'est-à-dire pour les quatre gradins de la *Cavea infima*. C'est aussi par là que l'on parvenait aux deux vomitoires des côtés, en montant les petits escaliers qui forment une saillie circulaire.

---
(1) Voyez tom. 1ᵉʳ, pl. II de l'Introduction historique. — Les fouilles de ce quartier datent de l'année 1769.
(2) Voyez ci-dessus, pl. IV, V et VI.
(3) Planche XXVIII.

Toutes les parties de l'édifice sont assez bien conservées pour causer au voyageur une illusion complète. Le silence et la solitude qui règnent dans un lieu tant de fois fréquenté par une nombreuse et bruyante multitude, l'étonnent encore plus au premier abord, que s'il voyait tous les siéges remplis, et l'artisan de Mycènes s'avancer sur le proscénium en s'écriant :

« O ville antique d'Argos! ô flots de l'Inachus! »

Puis bientôt, Électre de son côté :

« O nuit sombre, mère des astres d'or(1)! »

Cette illusion cesse bientôt. Mais on peut la ramener, et la fixer, pour ainsi dire, en prenant place sur les gradins si bien conservés, derrière la balustrade qui séparait les chevaliers du reste du peuple; et là, il faut s'oublier soi-même, s'absorber dans la lecture d'un des chefs-d'œuvre des anciens. Une pareille situation est peut-être la seule où l'on puisse sentir ces grands génies dramatiques; et de même leur lecture fait seule comprendre l'édifice scénique. Étrange situation que celle d'un fils des barbares, membre d'une civilisation née d'hier, faisant retentir de nouveau, sur un théâtre qui date de dix-huit siècles, des vers vieux eux-mêmes de deux mille trois cents années!

Devant le théâtre, sur le pavé, qui est encore entier et qui est formé de morceaux de marbres de couleurs variées, on lit cette inscription en lettres onciales de bronze, d'une assez mauvaise forme :

M . OCVLATIVS . M . F. VERVS . IIVIR . PRO . LVDIS. (2)

C'est-à-dire « Marcus Oculatius Verus, fils de Marcus, duumvir, a été chargé des jeux.» C'était ce duumvir, chargé des jeux, qui indiquait aux *locarii* (3), ou plutôt aux *designatores* (4), la place qu'ils devaient assigner à chacun : il enjoignait même à ces derniers de chasser ceux qui usurpaient la place d'autrui.

---

(1) Euripide, Électre, v. 1 et v. 54.

On jouait alors, dans toute l'Italie, des ouvrages grecs, surtout pour la tragédie : faute de meilleures preuves, une découverte de Pompéi le démontrerait, selon nous. En déblayant les théâtres, immédiatement après les premières fouilles, on trouva deux cachets d'entrée : ils étaient d'os, taillé en forme de disque. L'un portait cette inscription : ΧΙ ΗΜΙΚΥΚΛΙΑ ΙΑ (le nombre onze répété en lettres grecques); l'autre celle-ci : ΧΙΙ ΑΙΣΧΥΛΟΥ ΙΒ (le nombre douze répété). On a fait remarquer que le premier cachet indiquait une place dans un des rangs voisins de l'orchestre, selon l'Onomasticon de Pollux; et que, par conséquent, il n'était point probable que le second portât le nom de l'auteur de la tragédie représentée. On a ajouté que, dès les premiers temps de l'empire romain, les tragédies d'Eschyle étaient négligées, même dans Athènes. En conséquence, on a cherché à faire du mot inscrit sur le deuxième cachet le nom d'une classe de siéges, comme est le mot πρωτόξυλα qu'on lit dans Aristophane (Acharn. 25). Nous avouons qu'aucune de ces objections ne peut nous empêcher de lire sur ce cachet le nom du poëte Eschyle au génitif, tandis que le mot hémicycles est au nominatif pluriel, sur l'autre. Mais ne serait-il pas possible que le théâtre eût été décoré des statues ou des bustes des auteurs dramatiques les plus célèbres, ainsi que cela s'est pratiqué plusieurs fois chez les modernes, et que l'on eût appelé *siéges d'Eschyle* ceux qui étaient voisins de l'image de ce poëte?—Quoi qu'il en soit de cette conjecture, l'inscription prouve toujours que le grec était la langue du théâtre de Pompéi, et qu'on devait y jouer des pièces grecques, soit d'Eschyle, soit de ses successeurs.

(2) Cette inscription a été endommagée en 1820, dit Mazois, par les soldats autrichiens.

(3) Les *locarii* étaient des gens qui venaient occuper les places dès l'ouverture du théâtre, pour céder ensuite chaque place, moyennant une rétribution, mais à ceux-là seulement qui avaient le droit de siéger au rang dont cette place faisait partie. C'est un genre de commerce qui se retrouve à Paris et dans nos autres grandes villes. Martial (V, 24), appelle *divitiæ locariorum*, la richesse des *locarii*, un certain gladiateur, nommé Hermès, qui attirait beaucoup de monde à l'amphithéâtre.

(4) Les *designatores*, ou mieux *dissignatores*, étaient des employés du théâtre qui conduisaient chaque spectateur au rang qui lui était dû. On voit en quoi ils différaient des *locarii*. Plaute, dans le prologue de son Pœnulus, v. 19, les engage à ne point passer devant l'acteur qui est en scène. Il y avait à Rome un *dissignator Cæsaris* qui conduisait à leur place les amis et les affranchis de l'empereur. Inscript. Gruter. 601, 1.

EXPLICATION DES PLANCHES.

Une autre inscription était gravée au-dessus de la porte et se trouvait répétée sur le mur intérieur; elle est ainsi conçue :

C . QVINCTIVS . C . F . VALG.
M . PORCIVS . M . F
DVOVIR . DEC . DECR
THEATRVM . TECTVM
FAC . LOCAR . EIDEMQVE . PROBAR

C'est-à-dire : « Caius Quinctius Valgus (1), fils de Caïus, et Marcus Porcius, fils de Marcus, « duumvirs, d'après un décret des décurions, ont adjugé la construction du théâtre couvert « (*faciendum locárunt*), et ont approuvé les travaux. »

On voit encore, sur les murs d'enceinte, la place des petites colonnes qui soutenaient le toit : il paraît que les intervalles étaient ouverts, afin de laisser accès au jour et à l'air.

Ce qui prouve de plus que l'intérieur de cet édifice devait être abrité par un toit, c'est qu'on n'y trouve aucune pente ni aucun conduit pour l'écoulement des eaux, genre de précaution que les anciens ne négligeaient jamais (2).

Le petit théâtre étant couvert, cette circonstance l'a fait prendre par beaucoup de voyageurs pour un odéum du genre de celui qui fut construit à Athènes par Thémistocle, et dont la charpente était faite avec les mâts et les antennes des vaisseaux perses pris à Salamine (3). Cet édifice fut ensuite embelli par Périclès et restauré par Ariobarzane, roi de Cappadoce : selon Pausanias (4), le toit qui le couvrait était construit sur le modèle de la tente de Xerxès. Ce qui distinguait l'odéum des théâtres, c'est qu'il ne pouvait servir qu'à des répétitions ou à des luttes musicales. Dans l'odéum, la place du *proscénium* était occupée par un mur, au pied duquel se trouvait le *thymélé*, espèce de pupitre des musiciens nommés *thymelici* (5). Mais ici, nous avons un théâtre, avec sa scène ou ses décorations, et avec le *proscénium* ou *pulpitum* : cette dernière partie devait être garnie d'un plancher; elle correspond à ce que les modernes appellent proprement le théâtre, comprenant la scène et l'avant-scène. A la vérité, la scène du petit théâtre de Pompéi n'était pas décorée au moyen d'un ensemble d'architecture en relief comme dans le grand théâtre. Mais le mur du fond, percé de trois portes, était décoré de peintures : on en voit encore des traces aux deux angles. Il est donc certain que cet édifice servait à des représentations dramatiques. Peut-être s'en servait-on quand il pleuvait ou quand on ne voulait admettre qu'un public peu nombreux. Cela

---

(1) On remarque qu'une inscription, trouvée en 1811 dans les ruines de l'ancienne *Æclanum*, porte le nom de ce même C. Quinctius Valgus, fils de Caïus, comme étant alors *quattuorvir* avec Marcus Magius Surus, fils de Minatius. Or Minatius Magius d'Æclanum se distingua dans la guerre sociale, ainsi que l'atteste son petit-fils Velléius Paterculus. Il s'ensuivrait que le théâtre de Pompéi aurait été construit peu de temps après cette même guerre sociale, qui se termina en l'an 88 av. J. C. Quelques antiquaires conservent cependant des doutes sur cette date, et pensent que le genre de matériaux de cette construction (la piperne), et quelques autres circonstances que nous ferons remarquer, doivent la faire reporter à une époque plus reculée, et parmi les plus anciens monuments de Pompéi. La prétendue construction des duumvirs ne serait-elle qu'une réparation? Ælanum ou Æculanum était une ville du Samnium, appartenant aux Hirpiniens, et dont on voit les ruines près de Mirabella. C'est la patrie du jurisconsulte Neratius Proculus, du poëte Barbrius et de l'historien Velleius Paterculus.

(2) Les tranchées que l'on voit dans le sol, le long du pulpitum, ont été creusées récemment par don Pasquale Segniamiglio. (*Note de Mazois.*)

(3) Voyez Vitruve, liv. V, 9.

(4) Pausan., Achaic. XX. En parlant de l'odéum de Patras, cet écrivain mentionne les édifices de ce genre qui se trouvent dans Athènes. Il n'a pu parler, dit-il, de l'odéum bâti par Hérode Atticus en l'honneur de sa femme Regilla, parce que cet édifice n'a été construit que depuis l'époque où lui-même écrivait son livre de l'Attique.

(5) Isidor. Origin. XVIII, 48. — Selon Suidas, le *thymélé* était l'autel même de Bacchus, placé dans l'orchestre; et il était ainsi appelé de θύειν, sacrifier. Mais cette notion se rapporte probablement à des usages plus anciens que l'institution de l'odéum.

n'empêchait pas, du reste, qu'il servît d'odéum au besoin, c'est-à-dire, qu'on y fît les répétitions, qu'on y donnât des concerts, et que, sous ce point de vue, on le désignât quelquefois par le nom grec (1).

Il paraît que le petit théâtre était généralement réuni de la sorte à l'ancien, ainsi que l'indique Vitruve (2), et comme le prouve surtout ce vers de Stace :

Et geminam molem nudi tectique theatri (3).

Nous ne comprenons pas, du reste, sur quoi s'appuient les antiquaires qui prétendent que le petit théâtre de Pompéi était consacré à la comédie, et le grand à la tragédie. Les deux vers de Stace qui suivent celui que nous venons de citer, ne disent absolument rien qui indique cette division des genres, et c'est pourtant de là seulement que l'abbé Romanelli (4) paraît la tirer. Il nous est impossible d'établir une discussion, là où nous ne trouvons aucun argument.

Passons à l'explication du plan, pl. XXVIII.

A. Entrée par laquelle on pénètre dans les couloirs et jusqu'aux escaliers qui conduisent aux vomitoires du centre. Il y avait là, comme à tous les débouchés extérieurs, une porte qui se fermait.

B. Escaliers que l'on trouve à droite et à gauche, en entrant par les deux portes donnant dans le passage A.

LL. Vomitoires par où l'on descend sur les gradins (5).

CC. Deux portes carrées qui servaient à éclairer le proscénium. L'une donne sur la rue et le portique M, l'autre sur le portique du grand théâtre.

DD. Portes du postscénium. L'une donne sur la rue et le portique M, l'autre sous un petit portique qui conduit à l'édifice appelé le Camp des Soldats (6).

E. Gradins au-dessus de la précinction : ils sont au nombre de dix-sept (7), et sont divisés par six escaliers en cinq cunéi ou *kerkides* (8).

(1) *Odéum* est la forme latine du mot ὠδεῖον, dérivé de ὠδή, chant.

(2) *Exeuntibus e theatro, sinistra parte odeum.* (Lib. V, cap. 9.)

(3) Et la double masse du théâtre découvert et du théâtre couvert. Silv. III, 5, 91. On peut encore citer, quant aux théâtres couverts, ce passage de Tertullien : *Video et theatra nec singula satis esse nec nuda*, Apol. 6. med. Je vois qu'un seul théâtre, un théâtre découvert, ne suffit plus aujourd'hui.

(4) *Voyage à Pompéi*, p. 240.

(5) Il y a deux vomitoires, et non six, comme le veut M. Gaspard Vinci. Il est vrai qu'il y a six escaliers ; mais quatre ne correspondent à aucun *vomitorium*, et ne servent qu'à parvenir aux gradins, en venant du bas. Du reste, l'usage vulgaire applique assez ordinairement aux escaliers le mot *vomitorium*, qui, chez les anciens, ne se disait que des portes des corridors donnant sur les escaliers mêmes : ceux-ci s'appelaient *scalæ*.

(6) Voyez IIIe partie, pl. II et suiv.

(7) MM. Gaspard Vinci et Romanelli ont vu là dix-huit gradins, sans doute parce qu'ils ont pris pour un gradin la marche inférieure sur laquelle il est impossible de s'asseoir, vu son peu de largeur, et qui ne pouvait servir que de marchepied pour les spectateurs du premier rang ; ce que l'on voit très-clairement sur la coupe, pl. XXIX. En outre, M. Vinci attribue les quatorze degrés des *cunei* des côtés à l'ordre équestre, probablement parce qu'à Rome il y avait quatorze gradins du premier rang, au lieu de quatre que l'on trouve dans ce petit théâtre (Suet. in Jul. 39). Mais ces deux choses n'ont aucun rapport l'une avec l'autre. Troisièmement, nous ne comprenons en aucune manière ce que M. Romanelli veut dire par cette phrase : « Dix-huit autres gradins « étaient établis dans un tel ordre, que chaque gradin s'élargit davantage sur les côtés, pour former le diamètre de l'hémicycle « profond, dans le fond de la salle, et se rétrécit en approchant de l'orchestre. » La même phrase se trouve presque textuellement dans l'ouvrage de M. Vinci, où nous ne la comprenons pas davantage. Enfin, nous ne voyons nulle part une deuxième précinction, ou un *diazoma*, que ces MM. établissent pour séparer le rang moyen, et les secondes places, des dernières. Si une pareille cloison existait, elle était certainement mobile, et l'on n'en aperçoit aucune trace. Voilà quatre points essentiels qui demandaient une rectification. On voit que les antiquaires et les voyageurs, malgré leurs efforts, toujours estimables et souvent heureux, ont laissé quelque chose à faire après eux.

(8) Du grec Κερκίς, κερκίδος, galerie circulaire.

EXPLICATION DES PLANCHES.

F. Quatre gradins inférieurs, plus larges et plus commodes que les autres, et réservés sans doute pour l'ordre équestre. Tous ces gradins sont faits d'une lave appelée *piperne* : c'est une pierre grise dont l'aspect est fort triste.

G. Le pavé de l'orchestre. On voit, sur la ligne même qui forme le diamètre de ce demi-cercle, l'inscription que nous avons rapportée plus haut, et, entre cette inscription et le théâtre, le dallage de marbre que nous avons mentionné. Le reste de l'orchestre est également dallé en marbre débité fort mince.

H. La place du proscénium, ou pulpitum, plancher supporté par un mur à hauteur d'appui. Ce mur était revêtu de marbre blanc.

I. Postscénium, d'où l'on arrivait sur la scène par trois portes principales. Celle du milieu était la porte *royale*; les deux autres, appelées portes *hospitales*, étaient destinées aux personnages d'un rang inférieur, et à ceux qui étaient censés venir des pays étrangers. On voit, en outre, deux petites portes aux deux extrémités du fond de la scène. Leur usage est d'autant plus difficile à déterminer, qu'elles ne se trouvent dans aucun autre théâtre. Peut-être étaient-elles destinées à l'arrangement du théâtre et cachées par quelque décoration.

K. Deux espèces de tribunes, pareilles à nos loges d'avant-scène. Elles sont garnies, l'une de deux gradins et l'autre de trois. On y montait par un petit escalier donnant sur l'avant-scène. C'était une place réservée, d'un côté au préteur, aux duumvirs, et de l'autre aux vestales (1).

LL. Les deux *vomitoires* dont nous avons déjà parlé plus haut.

M. Un portique donnant sur la rue et servant probablement d'abri pour ceux qui attendaient l'heure de l'ouverture des portes. Ce portique devait avoir été détruit par le tremblement de terre de 63, ainsi qu'une grande partie de l'édifice. Lors des fouilles, on n'a trouvé debout qu'une seule colonne d'une proportion assez courte. Elle était peinte de manière que sa surface paraissait couverte d'écailles comme un tronc de palmier, fait important pour la question qui s'agite aujourd'hui relativement à l'architecture peinte. Il résulte des notes de Mazois qu'il a vu lui-même le tronçon de colonne, revêtu des ornements dont nous venons de faire mention. Du reste, on apercevait encore le petit mur qui soutenait les autres colonnes; et dans le mur même du théâtre, on reconnaissait les trous des solives du toit. On a déterré dans le proscénium des fragments de colonnes et statues; mais c'est à tort que M. Lavega les a pris pour des ornements de la scène : ce sont des fragments des colonnes du portique, ou d'autres parties de l'édifice, ou même du Camp des soldats, qui doivent avoir été placés dans cet endroit pour les conserver provisoirement. Lors de la dernière catastrophe, le petit théâtre devait être en réparation, comme les autres édifices de la ville, ébranlés par le tremblement de terre de 63. On a trouvé en différents endroits des amas considérables de matériaux; et particulièrement, lors des fouilles faites pour déblayer la scène du petit théâtre, on y a découvert une grande quantité de tuiles neuves, rangées en ordre et numérotées avec du charbon. En admettant même que ces tuiles dussent servir pour les édifices voisins, il est évident qu'elles n'eussent point été déposées dans ce théâtre, s'il avait été lui-même en état de recevoir des spectateurs.

Le plan et la coupe transversale que l'on voit à la partie supérieure de la planche XXVIII, sont les dessins du petit théâtre ou de l'odéum d'Anemurium (2). Nous les donnons comme points de comparaison avec le petit théâtre de Pompéi. Les dimensions du théâtre d'Anemurium sont doubles de celles du nôtre; mais ils se ressemblent en ce que leur forme extérieure est un

---

(1) Suétone, August. cap. 14.

(2) *Anemurium* était situé sur le rivage de la Cilicie. Cette ville occupait un promontoire qui portait le même nom, et que l'on considère comme le point le plus méridional de cette côte. Plin. V, 22, 27. Tit. Liv. XXXIII, 20. Pompon. Mela. I, 13. On l'appelle aujourd'hui *Scalamura* ou *Anamura*.

carré. On remarquera le corridor voûté qui règne sous les degrés, et la pente douce par laquelle on arrivait à l'étage supérieur. Le postscénium était également voûté. On n'aperçoit nulle trace des gradins, ce qui fait supposer qu'ils étaient de bois. Telle est du moins l'opinion de M. Coquerell. Mais ne se pourrait-il pas que ces degrés fussent de marbre, et que l'on eût tout à fait nivelé le sol à mesure qu'on les enlevait pour les faire servir à d'autres constructions? Les fenêtres dont le mur est percé indiquent que le théâtre était couvert. Cet édifice se trouve devant le grand théâtre, à la distance de cent pieds. La construction est romaine, aussi bien que celle des autres édifices de cette ville, qui était une colonie romaine, comme le prouvent plusieurs inscriptions (1).

La figure 1re de la planche XXIX offre une coupe longitudinale du petit théâtre; les différentes parties de cet édifice y sont marquées des mêmes lettres que sur le plan, sauf la lettre X qui indique la porte d'entrée de l'orchestre. On y voit distinctement la disposition de l'avenue A et des deux escaliers B.

La figure 2e offre la moitié de la coupe transversale prise sous la loge K, du côté de la rue. On y reconnaît la disposition du passage voûté qui mène à l'orchestre, la pente du terrain X et les trois marches par lesquelles on y descend à l'intérieur; ce qui est encore une preuve de l'ancienneté de l'édifice : en effet, les monuments qui remontent à la date la plus reculée, ont toujours leur rez-de-chaussée au-dessous du sol (2). On remarque encore, à l'entrée du proscénium, entre les deux petits murs à hauteur d'appui, la cavité dans laquelle descendait le rideau d'avant-scène. On le levait par des moyens que nous indiquerons en parlant du grand théâtre.

La figure 3e est le profil de deux gradins consécutifs. Les dimensions y sont marquées. On y remarque un creux à l'endroit où les spectateurs du rang supérieur posaient leurs pieds; grâce à cette disposition, ils ne salissaient point les vêtements de ceux qui étaient au-dessous.

On voit enfin aux figures 4 et 5, sous les lettres X et Z, la patte de lion qui termine la balustrade entre le 4e et 5e gradin, et l'espèce d'atlas ou de *telamone* qui soutient la rampe, entre les gradins et l'avant-scène. Ces deux sculptures sont d'un ciseau sévère et hardi.

(1) M. Coquerell, à l'obligeance duquel M. Mazois devait ces détails, et le dessin même du théâtre d'Anemurium, assure, dans une lettre adressée à l'artiste qu'il honorait du nom d'ami, que les théâtres de l'Ionie et de l'Asie Mineure, tels que ceux d'Hiéropolis, d'Éphèse, de Patara, de Myra et de Sydé, ressemblent beaucoup plus à ceux de Pompéi que les édifices du même genre que l'on trouve dans le Péloponèse, l'Attique ou l'Épire.

(2) Voyez plus haut, p. 57, ce qui a été dit de l'ancienneté du petit théâtre, et d'une inscription qu'on y a trouvée.

GRAND THÉATRE.

PLANCHES XXX, XXXI, XXXII, XXXIII ET XXXIV.

Le grand théâtre de Pompéi est situé à la droite du petit, comme on l'a vu sur les plans. On y arrive par le propylée et le grand portique du temple grec, entrée qui est représentée à la figure 2' de la planche XXXII. Alors, on se trouve de plain-pied à la hauteur de la seconde précinction, au point marqué G sur le plan (planche XXXI), ayant à droite les débris de l'escalier qui conduit à l'étage supérieur, et devant soi un des vomitoires par lesquels on descendait aux gradins. Cette situation du théâtre, qui est adossé à un terre-plein, offre de grands avantages sous le rapport de la solidité et de l'économie : de plus, elle ajoute à la beauté de l'entrée. Les Grecs ont toujours recherché pour la construction de leurs théâtres un pareil emplacement (1), tandis que les Romains s'y sont rarement astreints : s'ils l'ont fait dans l'édifice dont il s'agit, c'est qu'ils n'ont opéré sans doute qu'une reconstruction, en profitant des substructions primitives.

C'est à ce point G du plan que le spectateur est placé dans la belle gravure de la planche XXX, qui représente fidèlement l'aspect général des ruines du grand théâtre de Pompéi. Il n'y a nulle comparaison à faire entre ce théâtre et celui que nous avons déjà vu. Si l'autre est mieux conservé, plus entier dans ses parties, il y a ici une grandeur que rien ne peut compenser. Accessible par la partie la plus élevée de la ville, le grand théâtre a été dépouillé, du temps même de l'empire romain et peu d'années sans doute après la grande catastrophe, de la plupart des marbres qui le décoraient; et l'aspect ruiné de l'hémicycle contribue peut-être à le faire paraître plus étendu.

Le mur du proscénium, avec ses niches et ses escaliers, et la partie inférieure de ce que Vitruve appelle la *scène-stable*, sont mieux conservés, parce qu'ils étaient ensevelis plus profondément sous les cendres. Aussi peut-on facilement, d'après notre dessin, se faire une idée nette de la scène antique, si peu semblable à celle des modernes. Au delà du postscénium, on voit le portique appelé le quartier des soldats, et la vue se repose au loin sur le mont Lactarius (2), au pied duquel était la malheureuse Stabia (3), réduite en village par Sylla, puis effacée par le Vésuve de la carte de l'Italie. Au-dessus de l'emplacement de Stabia, a été bâtie la riante Castellamare. Ce bourg, dont on aperçoit confusément les édifices, doit être Gragnano. Galien parle de la douceur et de la salubrité de l'air que l'on respire sur ces belles montagnes; et Cassiodore (4) fait mention des malades qui allaient demander à leurs génisses un régime réparateur : de là vient sans doute le doux nom de *mons Lactarius*.

L'explication du plan (pl. XXXI) nous fournira l'occasion d'insister sur ce que les différentes parties de l'édifice offrent de remarquable. Ce plan, partagé en deux parties, montre à droite

---

(1) Voyez le théâtre de Bacchus, dans les Antiquités d'Athènes, par Stuart.
(2) C'est par une méprise du graveur que, sur la carte qui se trouve en tête de la 1re partie, pl. Ire de l'Introduction historique, cette montagne est appelée mons *Latiarius*.
(3) *In villam abiit.* Plin., III, 9.
(4) *Varia*, XI, 10.

l'édifice, qui est censé avoir toute son élévation, et le proscénium recouvert de son plancher; tandis qu'à gauche la partie supérieure est enlevée à partir de la première précinction, de manière à découvrir les substructions.

A. Portique qui règne sur tout un côté de la cour derrière le grand théâtre : c'est là qu'aboutissent plusieurs issues du petit théâtre, ainsi que le passage E qui vient de la rue, et que nous avons déjà mentionné. Cette cour était peut-être plantée d'arbres; et Mazois pense qu'elle devait se couvrir d'une tente dans l'occasion. C'était là qu'on arrangeait les chœurs, lesquels montaient par la rampe douce H, pour entrer majestueusement en scène.

B. Petits appartements du quartier des soldats.

C. Escalier qui conduisait du quartier des soldats, et de la cour dont il vient d'être question, au terrain plus élevé du portique triangulaire qui entourait le temple grec, et qui était de plain-pied avec la deuxième précinction.

DD. Portique triangulaire du temple grec.

EE. Corridors voûtés, par lesquels on avait accès à l'orchestre et aux gradins inférieurs. Celui qui est à la gauche du plan donnait, au dehors, dans la cour située derrière le théâtre; celui de la droite débouchait, par deux portes, dans le portique de cette cour, et par une autre, dans l'allée qui régnait derrière les gradins du petit théâtre, et qui est marquée A au plan de ce dernier édifice. Une seconde allée, que l'on voit derrière ce passage, était en pente douce et s'élevait, par quelques degrés, à la hauteur de la première précinction : Mazois pense que cette allée devait être voûtée, parce que les eaux pluviales l'auraient rendue trop glissante. Les deux corridors EE avaient chacun un embranchement qui, toujours voûté et passant sous les gradins, conduisait, en montant six degrés, du niveau de l'orchestre à celui de la première précinction.

F. Petite porte et petit escalier, conduisant à un vomitorium de la troisième précinction.

G. Escalier qui menait du plain-pied de la deuxième précinction à un vomitorium de la troisième, et ensuite à la plate-forme supérieure. Toute cette partie du théâtre a été réparée et presque reconstruite depuis la découverte des ruines.

H. Nous revenons derrière le théâtre, à la rampe en pente douce dont nous avons déjà parlé.

I. Ouverture par laquelle le proscénium prenait jour sur le portique de la cour de derrière.

KK. Corridor voûté, de plain-pied avec le portique du temple grec et avec la deuxième précinction : il circulait derrière tout l'hémicycle des gradins et conduisait aux six vomitoires.

L. L'orchestre qui, comme on le voit, n'est tracé ni d'après les préceptes que donne Vitruve, quant à la construction romaine, ni d'après les règles du même auteur, touchant la construction grecque. Celui-ci est en fer à cheval. On remarque sur l'axe de l'édifice, à la rencontre de la ligne qui termine les degrés, un piédestal qui portait sans doute quelque statue.

M. Le mur de l'avant-scène : on y voit une niche ronde entre deux niches carrées : c'est là que se plaçaient sans doute les musiciens, quand ils n'étaient pas sur les côtés du pulpitum. On y voit aussi deux escaliers par lesquels les chœurs pouvaient descendre du pulpitum dans l'orchestre. Pour que l'explication que nous devons donner de cette lettre et des suivantes paraisse suffisamment claire, il faut que le lecteur veuille bien jeter les yeux, en même temps, sur la 1" figure de la planche XXXIV, parce que celle-ci indique différents détails qu'il n'a point été possible de faire entrer dans le plan général. Dans cette figure, l'escalier dont nous venons de parler est marqué *e* : on en voit un autre *f*, qui est pris sur l'épaisseur du mur du pulpitum, et qui correspond au point marqué P sur le grand plan.

N. Espace compris entre le mur M et un second mur un peu plus bas qui soutenait le plancher du proscénium.

Dans cet intervalle on voit d'abord des espèces de contre-forts du mur M sur lesquels le

EXPLICATION DES PLANCHES.

plancher devait porter; puis des ouvertures carrées, renfermant les machines qui servaient pour lever le rideau; puis ensuite une ligne noire, qui figure l'ouverture de la voûte sous laquelle le rideau se repliait tout entier. A la figure première, pl. XXXIV, ces ouvertures sont marquées *c*, et l'on voit un escalier par lequel on descendait dans l'espace vide entre les deux petits murs.

O. L'espace vide qui régnait sous le plancher; c'est de là que venaient les furies ou les fantômes qui sortaient par les trappes pour paraître sur la scène. Ces personnages descendaient dans ces lieux souterrains par les petits escaliers qu'on aperçoit sur les côtés du proscénium. L'une de ces trappes ou l'échelle par où l'on y montait s'appelait l'escalier de Caron, Χαρώνιος κλίμαξ.

P. Petit escalier par lequel on montait du corridor voûté jusque sur le proscénium.

Q. Le proscénium, recouvert de son plancher. Il était appuyé sur la scène stable, au bord de laquelle on voit les creux qui devaient recevoir les solives. Ces creux sont marqués *a* au plan de la fig. 1re, pl. XXXIV. Le plancher portait en outre sur le contre-mur du proscénium, sur de petits murs transversaux que l'on voit figurés au petit plan détaillé, et même sur les contre-forts de l'avant-mur. Il devait être ouvert pour laisser passer la toile, à peu près comme le plancher de nos théâtres modernes s'ouvre pour les lumières de la rampe. Mais il est probable que cette ouverture se refermait aussitôt que la toile était tout à fait tombée : sans cela, comment l'acteur se serait-il avancé sur le bord du pulpitum? comment les chœurs auraient-ils communiqué de la scène à l'orchestre, et à quoi auraient servi les petits escaliers?

La partie la plus avancée de ce plancher, et peut-être le plancher tout entier, s'appelait le *Pulpitum*. En effet, le *pulpitum* était assez étendu, puisqu'il est question des évolutions qu'y faisaient des acteurs, ou même le joueur de flûte à la tête des chœurs (1).

Il ne reste là aucune trace d'une partie plus élevée, d'une espèce de tribune, comme quelques antiquaires voudraient en voir une dans le *pulpitum*. Il n'existait évidemment rien de pareil. C'est encore une erreur que de confondre le *pulpitum* avec le *thymelé*, qui, étant originairement l'autel, ne peut être établi que dans l'orchestre, et à la place assignée aux musiciens : là, en effet, peut seulement se trouver une espèce d'estrade, occupée par les musiciens, nommés *Thymelici* (2). C'était en particulier la place de ceux qui, tout en frappant des cymbales avec les mains, ou en jouant de la flûte, battaient la mesure du pied sur le *scabillum* (3), espèce d'escabeau creux que l'on faisait résonner en le frappant avec une semelle de bois ou de fer. Isidore dit formellement que le *thymelé* était dans l'orchestre (4). Enfin, quoique, d'après Vitruve, les Romains aient fait moins d'usage de l'orchestre que les Grecs, il ne s'ensuit pas que les musiciens n'aient pas été placés dans celui-ci, ou plutôt au pied de la scène, quand ils ne faisaient pas d'évolutions sur le pulpitum. S'il en eût été autrement, à quoi auraient servi les escaliers qui communiquaient de l'un à l'autre?

On a trouvé sous ce plancher des traces de décorations, ou plutôt des machines qui les faisaient mouvoir (pl. XXXIV, fig. I, *bb*). Ce sont des pierres garnies de fer, percées de trous, dans lesquels on a vu des pivots de fer, supportant encore les restes d'une poutre. C'était sans doute sur ces pivots que l'on appuyait et que l'on manœuvrait la *scena versilis* ou les *trigones* mobiles, représentant

---

(1) *Traxitque vagus per pulpita vestem.* Hor., de Art. poet., 215. « Et le joueur de flûte, errant sur l'avant-scène, y traîna les replis de sa robe. »

(2) Vitruv., V, 8.

(3) Suet., Cal., 54.—August., de Musica, 3.

(4) Isid. Or. XVIII, 47 : *Thymelici erant musici scenici qui in organis et lyris et citharis præcinebant. Et dicti Thymelici quod olim in orchestra stantes cantabant super pulpitum quod thymele vocabatur.* « Les *Thymelici* étaient des musiciens attachés au théâtre, qui jouaient sur leurs instruments, leurs lyres et leurs cythares. On les nommait *Thymelici* parce qu'autrefois, debout dans l'orchestre, ils chantaient au pupitre appelé *Thymélé.* » Ici *pulpitum* est pris dans son sens générique, et ne désigne nullement le *proscénium*, le plancher de la scène.

sur une face l'architecture d'un palais, pour la tragédie; sur l'autre, des édifices privés, pour la comédie; sur la troisième enfin, des arbres et des rochers, pour les satires ou les pièces pastorales. Ces trigones étaient placés sur les côtés de la scène, et il y en avait trois de chaque côté. Quant aux *versuræ* ou παρασκήνια, espèces de coulisses dont l'une marquait l'entrée du forum et l'autre l'issue vers la campagne, ou peut-être d'autres accessoires, ce ne pouvaient être que des châssis glissant dans de simples rainures, et il était impossible que l'on en rencontrât les vestiges. Il en était de même de la *scena ductilis* qui cachait souvent la décoration architecturale de la scène ou seulement le fond du proscénium, vu à travers les portes. Elle consistait, soit en une toile qui tombait d'en haut (καταβλημα), soit en deux tableaux que l'on tirait de droite et de gauche (1). Ni l'une ni l'autre de ces dépendances de la scène n'a laissé le moindre débris pour attester son existence; quoique nous ne puissions douter que l'on ait employé à Pompéi, comme sur tous les autres théâtres antiques, ces moyens indispensables, non pour l'illusion scénique, puisque les anciens ne la connaissaient pas, mais au moins pour la désignation claire et précise du lieu de la scène.

Il nous reste à parler de la manière dont on manœuvrait le rideau. Mazois a laissé à ce sujet une note assez détaillée. Il a recréé la machine dont les anciens se servaient pour cet usage ; et sa description nous paraît aussi certaine que s'il avait vu les débris de cet engin. Chacune des ouvertures que l'on voit en N (elles sont marquées *c* au petit plan, pl. XXXIV) renfermait un poteau creux qui descendait depuis le niveau du pulpitum jusqu'au fond du petit caveau où se repliait la toile. Il avait donc à peu près 12 pieds de profondeur, 7 pour le caveau et 5 pour la hauteur du mur d'appui. Ce poteau creux en renfermait un autre en bois, également creux; et celui-ci en contenait un troisième, lequel servait peut-être encore d'étui à un quatrième : mais le dernier pouvait être solide. Ces supports, enchâssés les uns dans les autres, pouvaient se désemboîter et se lever au moyen de cordages attachés à la base de chacun d'eux, passant sur une poulie à la partie supérieure de chaque étui, se coudant encore sur une poulie de renvoi au bas de l'appareil, et allant s'enrouler sur un treuil placé à l'extrémité du petit caveau. Le rideau était attaché à des tringles de fer qui joignaient deux à deux les extrémités supérieures de ces piliers. On sent qu'alors il ne fallait qu'une manœuvre fort simple, soit pour abaisser le rideau et découvrir la scène, soit pour le relever de deux ou trois fois la longueur d'un des emboîtements, c'est-à-dire de 24 ou de 36 pieds, lorsqu'il était descendu dans le petit caveau. Il est bon d'ajouter une remarque pour compléter ce système : c'est que l'*aulæum* n'était pas le seul voile qui dérobât la scène aux yeux des spectateurs avant ou après la représentation. Il y avait en outre des *siparia*, espèces de rideaux que l'on peut comparer au manteau d'arlequin de notre avant-scène, à cela près qu'ils n'étaient point imités en décoration, mais formés d'une étoffe à plis réels, qu'ils se retiraient à droite et à gauche, et qu'ils s'employaient, soit seuls, dans les petits théâtres; soit, dans les plus grands, concurremment avec l'aulæum, auquel ils ajoutaient alors une espèce d'accompagnement et de garniture (2).

---

(1) La distinction entre la *Scena versilis* et la *Scena ductilis* se trouve établie par Servius qui, commentant ce vers de Virgile : *Vel scena ut versis discedat frontibus*, Georg. III, 24, s'exprime ainsi : VERSILIS *tunc erat cùm subito tota machinis quibusdam convertebatur et aliam picturæ faciem ostendebat;* DUCTILIS *autem, cùm, tractis tabulatis hac atque illac, species picturæ nudabatur interior.* « La scène s'appelait *versilis* lorsque, par l'effet de certaines machines, toutes les décorations se retournaient soudain et se montraient sous une autre face. On la nommait *ductilis*, lorsque, en tirant de droite et de gauche les tableaux qui l'ornaient, on découvrait de nouvelles peintures cachées sous les premières. »

(2) Appul. Met. 10 : AULEO *subducto et complicitis* SIPARIIS, *scena disponitur.* Id. ibid. : AULÆUM *tragicum dimoveto et* SIPARIUM *scenicum complicato.* « L'*aulæum* étant abaissé et les *siparia* repliés, la scène commence. — Abaissez l'*aulæum* tragique et repliez le *siparium* de la scène. » Ces deux passages indiquent suffisamment que l'*aulæum* s'abaissait et que le *siparium* se repliait. Il est vrai que plusieurs passages de différents auteurs indiquent, les uns, que le *siparium* voilait la scène pendant les entr'actes, les autres que l'*aulæum* était plus en usage dans les théâtres tragiques, et le *siparium* dans ceux où l'on jouait la comédie. Mais ces explications ne détruisent pas la première.

EXPLICATION DES PLANCHES.

Cette description répond d'avance à l'objection que l'on pourrait opposer au système de Mazois en faisant remarquer qu'il n'élève l'aulæum qu'à une trentaine de pieds et qu'il y avait des spectateurs placés à 45 pieds au-dessus de la scène. On sait d'ailleurs que les anciens ne recherchaient pas dans leurs dispositions scéniques cette exactitude dont nous sommes si préoccupés. Le bas de la scène était caché, ou bien on le supposait caché. Cela revenait au même pour des esprits dociles à un genre d'illusion qui était toute conventionnelle.

Terminons l'examen du plan.

R. Porte Royale : celle par laquelle entraient les princes et les protagonistes du drame. Elle était plus richement décorée que les deux autres; et, comme à celles-ci, on y descendait deux degrés pour entrer sur la scène.

SS. Deux portes latérales dites *hospitales* et qui servaient d'entrée aux étrangers, aux voyageurs et aux personnages d'une condition inférieure. Toute cette décoration à trois étages était autrefois ornée de colonnes et de marbres précieux; et les niches renfermaient des statues. Telle était la véritable décoration, la seule digne des tragédies simples et régulières des beaux temps de la littérature grecque. On voit encore la place de ces ornements; mais il ne reste que les massifs de briques.

TT. Postscénium : c'était là que les acteurs attendaient le moment d'entrer en scène, ou qu'ils se reposaient après en être sortis. Les deux petites portes qui sont marquées vers les angles ont été anciennement condamnées, sans doute parce qu'elles nuisaient à la solidité de l'édifice; il ne restait d'issue de ce côté que par la rampe H.

U. Grande salle dont le sol devait être plus élevé que celui de la cour. Il serait difficile d'assigner l'usage de cet appartement; il reste même si peu de traces du mur XX qu'il ne figure dans aucun des plans qui ont été levés jusqu'ici.

V. Espèce de tour, carrée à l'extérieur, ronde en dedans, qui servait de citerne ou de réservoir et qui pouvait fournir au théâtre l'eau dont on avait besoin pour les arrosements. Placé sur ce lieu élevé, ce réservoir, où l'on faisait peut-être monter les eaux du Sarno, pouvait alimenter aussi une partie des fontaines de la ville. C'est peut-être la crypte dont il est question dans l'inscription d'Holconius.

XX. Le mur dont nous avons parlé plus haut.

Dans la coupe transversale, fig. 1re de la planche XXXII, on retrouve à peu près les mêmes lettres et les mêmes objets qui viennent d'être signalés, expliqués dans le plan.

Y. Plate-forme supérieure au niveau des murailles.

Z. Escalier qui conduit à la 3e précinction.

N. Quatre gradins de la 3e précinction.

K. Corridor voûté qui fait le tour de la *cavea*.

I. Passage voûté par lequel on arrive à l'orchestre.

R. Porte royale de la scène.

S. Porte hospitale.

Les détails de l'architecture scénique sont ce qu'il y a de plus remarquable dans cette figure. La figure 2e de cette planche XXXII représente l'entrée du côté du portique du temple grec. On remarque que la porte est maintenant murée et qu'il faut faire un circuit pour arriver au point de l'intérieur qui correspond à celui-ci, et qui est le point de vue de la planche XXX.

La coupe longitudinale, représentée à la planche XXXIII et prise selon l'axe de l'édifice, va nous fournir l'occasion d'insister encore sur quelques points importants.

Plusieurs lettres de cette coupe répondent à celles du plan : nous n'expliquerons que celles qui diffèrent en quelque chose ou qui peuvent amener quelques observations.

M. Porte figurée de l'édifice. Comme le théâtre n'avait, de ce côté, accès sur aucune rue, cette arcade n'était qu'une fausse porte condamnée par un mur qui s'élève environ à hauteur d'homme.

N. Quatre gradins au-dessus de la deuxième précinction. Cette partie de l'édifice a été réparée depuis sa découverte; et dans cette coupe, on a supposé ces réparations poussées jusqu'à l'axe de l'édifice, afin d'en faire comprendre les détails. Une balustrade en fer, scellée dans la pierre à l'aide du plomb, régnait le long de cette précinction. Ces quatre gradins étaient ceux où siégeaient les femmes et les prolétaires que l'on désignait sous le nom de *gens pullata*, la race habillée de gris, par opposition aux autres spectateurs, qui étaient tous en robe blanche : c'est du moins ce qu'indiquent ces vers de Calpurnius.

> Venimus ad sedes, ubi pullâ sordida veste
> Inter femineas spectabat turba cathedras;
> Nam quæcumque patent sub aperto libera cœlo
> Aut eques, aut nivei loca densavere tribuni (1).

« Nous arrivâmes aux siéges où les prolétaires, en habits de couleur sombre, regardaient le « spectacle sous les portiques destinés aux femmes. Car toutes les parties du théâtre qui sont à « ciel découvert étaient occupées par les chevaliers ou par les tribuns vêtus de blanc (2). »

Ce passage nous donne, sur les spectacles antiques, un renseignement plus essentiel, à savoir que les rangs supérieurs étaient ordinairement recouverts d'un portique, ce qui ne paraît pas avoir eu lieu à Pompéi, ni, comme nous le verrons tout à l'heure, à Herculanum, à moins que ce portique ne fût en bois et mobile. Peut-être, cependant, y avait-il encore des rangs supérieurs à ceux de cette troisième précinction : la plate-forme qui se trouve à la hauteur du sommet du mur était assez large pour recevoir deux siéges de bois; et c'est peut-être là ce que l'on appelait les *mœniana* (3).

Il paraît qu'avant les temps de l'empire, le peuple romain assistait aux spectacles sans être divisé en catégories : les premiers venus prenaient les meilleures places; sauf néanmoins les siéges réservés aux magistrats près de l'orchestre. Mais quelques désordres ayant eu lieu au théâtre de Pouzzole, sous le règne d'Auguste, cet empereur assigna des places séparées aux mili-

---

(1) Calpurn. Ecl. VII, 26.

(2) Cette coutume de venir au spectacle en habits blancs nous est encore attestée par l'épigramme suivante de Martial :

> Spectabat modo solus inter omnes
> Nigris unus Horatius lacernis,
> Cùm plebs et minor ordo, maximusque
> Sancto cum duce candidus sederet.
> Toto nix cecidit repente cœlo :
> Albis spectat Horatius lacernis.
>
> MARTIAL, IV, 2.

« Seul parmi tous les rangs, Horace assistait au spectacle en manteau noir, tandis que tout le peuple et les chevaliers, et le « sénat et la personne sacrée du prince lui-même, étaient vêtus de blanc. Mais tout à coup une neige abondante vint à tomber « du ciel; et Horace se trouva vêtu de blanc comme les autres. »

On peut citer encore du même auteur l'épigramme intitulée *Lacernæ albæ*.

> Amphitheatrales nos commendamur in usus
> Cum tegit algentes nostra lacerna togas.
>
> MARTIAL, XIV, 137.

« On nous recommande comme un costume propre au théâtre, où nous couvrons les toges glaciales. » (Ce sont les manteaux blancs qui parlent.)

(3) Marin. Frat. arv., p. 224, sqq.

taires, aux hommes mariés, aux jeunes gens, aux femmes, etc. (1). A Rome les quatorze premiers gradins étaient réservés aux chevaliers : de là l'expression *sedere in quatuordecim*, pour faire partie de l'ordre équestre (2).

K. Comme dans le plan, le corridor voûté qui règne derrière la deuxième précinction. On y remarque à droite, au pied du mur, une rigole conduisant les eaux pluviales et les immondices, jusque dans un canal qui allait à la mer et qui passe sous le camp des soldats.

O. L'un des six vomitoires par lesquels on descendait du corridor K sur les gradins. Les *scalæ* ou *itinera* qui y répondent sont assez bien conservés, jusqu'en Z. Les marches des escaliers étaient formées par une entaille dans chaque gradin, de manière que le nombre des degrés était double de celui des sièges. Il y avait dans ce deuxième ordre vingt gradins : car la zone un peu plus large que les autres que l'on voit sur le plan appartient à l'ordre supérieur composé de quatre gradins et d'une plate-forme. Il y avait, disons-nous, vingt gradins et un petit degré pour appuyer les pieds des spectateurs placés au rang le plus bas : cela devait faire quarante marches à chacun des six escaliers. Mais on peut remarquer, sur la coupe, un détail qui n'est pas assez visible sur le plan : les deux gradins d'en haut, étant supérieurs au sol du corridor et au seuil des portes, sont entièrement entaillés, et ne fournissent point de marches d'escalier, ce qui réduit à trente-six le nombre de celles-ci. Or, ces vingt gradins forment cinq larges *cunei*, et même sept si l'on compte les fractions des deux côtés; tout cela était de beau marbre blanc, magnificence qui est peut-être à regretter; car si les sièges eussent été de simple pierre de lave, tous seraient restés à leur place.

E. On voit très-distinctement l'effet des trois voûtes de ce corridor dont l'une débouche dans l'orchestre, l'autre à la hauteur de la première précinction et la troisième enfin sur le côté de l'avant-scène. Au-dessus de ces voûtes étaient les places d'honneur dans une espèce de tribune. On ne doit pas réserver exclusivement pour ces espèces de loges d'avant-scène le nom de *podium* par lequel on les trouve cependant désignées dans quelques auteurs (3); ce terme générique s'employait collectivement pour toutes les places des gradins inférieurs qui étaient les plus honorables ; il désignait particulièrement dans l'amphithéâtre, un petit mur qui séparait ces places de l'arène (4) : Vitruve l'emploie même pour indiquer la partie inférieure de la décoration architecturale de la scène (5).

Q. Le petit caveau qui s'étendait dans toute la largeur de la scène et dans lequel s'abîmait le rideau.

I. Le dessous de la scène. On y voit un petit canal voûté qui se trouve au milieu et qui suit l'axe de la scène (6); il servait sans doute à quelque jeu de machines.

Y. Un des mâts qui servaient à élever les voiles que l'on étendait au-dessus du théâtre afin de mettre les spectateurs à l'abri de la pluie, et surtout des rayons du soleil. Ce mât a été rétabli récemment dans l'anneau de pierre et dans les trous qui avaient servi pour une des anciennes poutres.

Pour examiner la manière dont fonctionnait cet appareil, passons aux détails de la pl. XXXIV.

La figure 3ᵉ représente le mât D engagé dans son anneau ou sa coulisse de marbre C, laquelle est adhérente au mur A. Ce mât interrompt, par le haut, la continuité de la corniche A; par

---

(1) Suet. August., 14 et 44.
(2) Cic. Phil., 11, 18.
(3) Juvenal., II, 145. — Suet. Ner., 12.
(4) Pline, XXXVII, 3, 11, in fine.
(5) Lib. V, cap. 6.
(6) Comparez le petit plan de la pl. XXXIV, fig. 1. Cette voûte y est indiquée en *d*.

le bas, il traverse le massif B des quatre gradins de la troisième précinction, endroit où, à la vérité, il diminue de moitié de sa grosseur, pour aller s'appuyer ensuite sur le sol du corridor voûté K. Cette longueur a été donnée à la partie inférieure de cette poutre, engagée dans les œuvres de maçonnerie, sans doute à cause de la force de traction à laquelle elle devait résister, et afin de fatiguer d'autant moins l'anneau de pierre qui la maintenait plus haut.

Il est à remarquer cependant que le mât voisin de la scène est le seul qui paraisse avoir traversé la voûte du corridor : les autres ne s'enfoncent dans le massif que de 25 centimètres environ; c'est qu'ils ne supportaient pas autant que les premiers le poids de tout le voile.

Mazois pense que la partie supérieure de chacun des mâts semblables, placés de distance en distance sur toute la demi-circonférence du théâtre, soutenait une poulie, ou peut-être un appareil de moufles plus compliqué, propre à gagner de la force aux dépens de la vitesse. Chacun des câbles qui passaient par ces appareils était manœuvré, peut-être au moyen d'un cabestan, par plusieurs hommes placés sur les gradins ou sur la plate-forme supérieure : on attachait l'autre extrémité à un des angles du rideau bordé lui-même et traversé diagonalement par des câbles très-solides : il avait la forme d'un demi-polygone régulier, et se trouvait déployé préalablement en partie dans l'orchestre (1). A un signal donné, tous les travailleurs tiraient avec ensemble, et le voile s'élevait lentement jusqu'à ce qu'il formât une demi-calotte sphérique renversée, à peu près au niveau du sommet des murailles (2).

On ne peut se dissimuler que cette manœuvre devait être pénible; le poids de câbles aussi longs et d'une toile aussi étendue était sans doute énorme. Les frémissements de cette toile immense devaient avoir quelque chose de gigantesque, soit pendant les efforts que l'on faisait pour l'étendre, soit lorsque le vent venait l'agiter et menaçait de l'emporter dans les airs. Lucrèce a parfaitement décrit ces effets dans ces deux beaux vers :

Carbasus ut quondam magnis intenta theatris
Dat crepitum malos inter jactata trabesque (3).

Aussi ne plaçait-on les voiles que quand la température brûlante ou humide exigeait cette précaution. On avait soin alors de l'annoncer sur l'affiche : *Vela erunt* (4). En effet, il était impossible de dresser les voiles lorsque le vent était violent; et les spectateurs se munissaient alors de leurs grands chapeaux et de leurs casaques blanches, comme l'indique cette épigramme de Martial :

In Pompeiano tectus spectabo theatro ;
Nam ventus populo vela negare solet (5).

« Je me placerai bien couvert au théâtre de Pompée, car ordinairement le vent empêche de « tendre les voiles. »

---

(1) L'espèce de réseau de cordes qui soutenait le *velum* formait un tout inséparable; mais il est probable que la toile elle-même se divisait en plusieurs rideaux et pouvait se replier partiellement en glissant le long des câbles, au moyen de cordons, d'anneaux et de poulies. En effet, nous lisons dans Suétone que Caligula s'amusait quelquefois à faire replier tout à coup les voiles par un soleil très-ardent, en ordonnant que personne ne quittât sa place.

(2) Cette manœuvre était exécutée à Rome par un corps de marins : nous lisons dans Lampridius qu'un jour Commode, se croyant insulté par les spectateurs qui, dans leur empressement servile, allaient jusqu'à le saluer comme un dieu, ordonna aux marins qui faisaient mouvoir le *velum*, de massacrer cette vile populace.

(3) Lucret., VI, 108. « Tel le voile étendu sur les grands théâtres frémit quelquefois, ballotté entre les mâts et les poutres qui « le soutiennent. »

(4) Voyez deux inscriptions, III⁰ partie, frontispice et page 46.

(5) La même idée se trouve indiquée trois fois par Martial, VI, 9; XIV, 29, et XI, 21.

EXPLICATION DES PLANCHES. 69

Cet usage était d'ailleurs plus ancien dans les villes de l'Italie qu'à Rome même. Ammien Marcellin en attribue l'invention aux Campaniens, et dit que Catulus les introduisit le premier à Rome pendant son édilité (1). Selon Pline, Lentulus Spinther aurait importé les voiles de lin (2). Quoi qu'il en soit, le luxe ajouta bientôt d'autres perfectionnements à cet objet nouveau de commodité; car Lucrèce parle déjà de voiles jaunes et rouges, et couleur de rouille (3); et Pline en décrit qui sont de la couleur du ciel, avec des étoiles brodées (4).

La figure 2ᵉ de la planche XXXIV représente le plan et la coupe de la partie des gradins qui se trouve au milieu de la première précinction. Elle offre différentes particularités curieuses, mais que nous regrettons de ne pouvoir expliquer entièrement.

Au-dessus des deux degrés H G, qui sont les deux gradins les plus élevés de la première *cavea*, se trouvent deux marches qui conduisent à la précinction supérieure, et là devait être établie une balustrade I en marbre, qui séparait la *cavea* inférieure de la moyenne. Au-dessus était un couloir ou chemin circulaire F, plus large qu'un gradin : c'était la précinction proprement dite, ou le *diazoma*. Là, en face de l'escalier, au bas du marchepied du premier gradin, se trouve d'abord une dalle de marbre carrée E; et, en dessus, sur le marbre même du gradin C, on lit une inscription disposée de la manière suivante :

```
         O                O
      M. HOLCO         NIO . M . F . RVFO
      II VI . R . I. D.    QVINQVIENS
      ITER . QVINQ.    TRIB . MIL . A . P .
         O                O
      FLAMINI . AVG . PATR . COLO . D . D
```

M. Letronne la lit ainsi :

Marco . HOLCONIO . *Marci* . *Filio* . RVFO. IIVIRo . *Iuri Dicundo* . QVINQVIENS. ITERum (*duumviro*). QVINQuennali . TRIBuno . MILitum . A . Populo . FLAMINI . AVGusti . PATRono . COLoniæ . Decreto Decurionum.

C'est-à-dire : « A Marcus Holconius Rufus, fils de Marcus, cinq fois duumvir chargé de la

---

(1) *Nonnulli velabris umbraculorum theatralium latent, quæ, campanam imitatus lasciviam, Catulus in ædilitate sua suspendit omnium primus.* Amm. Marcell., XIV, 6.

« Quelques-uns se réfugient à l'ombre des voiles des théâtres, voiles que Catulus introduisit le premier pendant son édilité, « imitant en cela la mollesse campanienne. »

(2) *Carbasina vela primus in theatro duxisse traditur Lentulus Spinther apollinaribus ludis. Mox Cæsar dictator totum forum romanum intexit, viamque Sacram ab domo sua ad clivum Capitolinum.* Plin., XIX, 1, 6.

« On dit que Lentulus Spinther étendit le premier des voiles de lin au-dessus du théâtre, pendant les jeux apollinaires. Bientôt « César, nommé dictateur, couvrit tout le forum romain et la voie Sacrée, depuis sa demeure jusqu'à la colline du Capitole. »

(3)   Et volgo faciunt id lutea russaque vela -
      Et ferrugina, cùm, magnis intenta theatris,
      Per malos volgata trabesque, trementia fluctant.
                                    Lucret., IV, 73.

« Tel est l'effet que produisent ordinairement les voiles jaunâtres, rouges ou couleur de rouille, lorsque, tendus sur les « grands théâtres, ils flottent frémissant au haut des mâts et des poutres. »

(4) *Vela nuper colore cœli stellata, per rudes iere etiam in amphitheatro principis Neronis.* Plin., loco citat.

« Dernièrement, dans l'amphithéâtre de Néron, des voiles de la couleur du ciel et parsemés d'étoiles s'élevèrent le long des « cordages. »

« justice, et de nouveau duumvir quinquennal, tribun des soldats, nommé par le peuple (1),
« flamine d'Auguste, patron de la colonie, par décret des décurions. »

Ce Marcus Holconius, envers qui les Pompéiens se montraient justement reconnaissants, est le premier des deux Holconius cités dans l'inscription dont le *fac-simile* a été rapporté en tête de la préface du IIIe volume de cet ouvrage. C'est à lui qu'on devait la crypta, le tribunal et le théâtre lui-même. Mais quelle était la marque d'honneur qui lui avait été décernée et dont les trous rangés en carré au milieu de l'inscription indiquent l'emplacement? Une statue, selon les uns, un *bisellium*, suivant les autres; peut-être les deux à la fois. Il nous semble probable qu'une statue était scellée par des barres de fer sur le carré A, dont les dimensions conviennent à un pareil usage; et qu'un bisellium était placé au point B, soit pour ce même Holconius, soit pour un membre de sa famille. C'est du moins ce qu'indique la disposition des quatre trous en B : ils ne forment pas un carré, mais une sorte de trapèze régulier. Le second gradin de la 2e cavea D était interrompu en cet endroit, et élevé sur les côtés au niveau du troisième gradin C. Il était construit en moellon et privé de son revêtement de marbre. Peut-être y avait-il là quelque autre construction, comme une niche, des colonnes supportant un fronton. On a trouvé tout à côté la statue de Néron enfant et celle d'Agrippine. Mais est-il probable que ces demi-dieux du monde romain servissent de cortége au magistrat de Pompéi, quelque haut placé que fût celui-ci dans l'estime publique? nous ne saurions l'admettre. Ces deux statues venaient nécessairement de quelque autre endroit difficile à déterminer.

On voit aux figures 4, 5 et 6, le profil de la corniche du mur qui soutenait la troisième *cavea* : cette corniche était de marbre, et le mur était revêtu de plaques de la même matière. On remarque la queue d'aronde A, employée pour joindre ensemble les différentes parties de cette corniche, et les traces B des barres de métal scellées, qui servaient apparemment de balustrade à cet endroit.

La figure 6 donne, avec ses principales dimensions, une des portes ou vomitoires de la deuxième *cavea*. Cette porte est marquée O à la coupe de la planche XXXIII. On voit au point A des débris du chambranle de marbre qui l'ornait; la maçonnerie du bas est cachée de ce côté par les deux gradins coupés, mais on l'aperçoit dans l'intérieur du corridor voûté.

La figure 7 offre le profil du chambranle marqué à la figure précédente, profil pris par une coupe horizontale. L'agrafe Y indique comment les deux morceaux du chambranle sont attachés à la surface du mur. Le revêtement de celui-ci est retenu par le chambranle lui-même, dont la saillie le recouvre par le bord. Cette disposition est remarquable à la fois par sa solidité et par l'élégance qui résulte de l'absence de crampons apparents.

On voit aux figures 8, 9, 10, 11, 12 et 13 trois corniches avec leurs profils, deux soubassements et un dessous de corniche, dont des fragments ont été trouvés dans les fouilles de la scène. On ne sait malheureusement rien de positif sur leur emplacement. Néanmoins on peut conjecturer que la corniche ionique (fig. 9) appartenait au rez-de-chaussée de la décoration de la scène; la corinthienne, la plus forte (fig. 8), au premier étage, et la corinthienne, la plus légère (fig. 10), à la partie la plus élevée de l'édifice. Peut-être cette dernière se trouvait-elle également au-dessus des loges de côté marquées E au plan et à la coupe. La figure 13 en indique le plafond. Quant aux figures 11 et 12, ce sont les bases des piédestaux de la scène. La richesse et l'élégance de ces rares fragments fait sentir vivement la perte de tout le reste.

---

(1) Les tribuns militaires, qui avaient été nommés par les consuls commandant les armées, furent dans la suite nommés par le peuple; puis leur élection revint aux empereurs. Les premiers étaient appelés *rufuli* ou *rutuli*, du nom de Rutilius Rufus, auteur de la loi qui les concernait; les seconds recevaient le nom de *comitiati*. Ascon. in Cic. Verr., I, 10.

THÉATRE D'HERCULANUM.

PLANCHES XXXV, XXXVI, XXXVII, XXXVIII, XXXIX, XL ET XLI.

La ville d'Herculanum ne fut pas, comme celle de Pompéi, ensevelie sous des monceaux de cendres volcaniques, mais sous des flots de lave brûlante. En se refroidissant, cette lave a formé un énorme rocher qui écrase de son poids les restes des édifices antiques, et sur lequel les modernes ont bâti un bourg et un palais, Resina et Portici. Ces circonstances ont dû amener une grande différence dans la conduite des fouilles des deux villes. — A Pompéi, tout se fait à ciel découvert : la cité entière sort du fond de son tombeau pour revivre, pour ainsi dire, sous la brillante lumière et à l'air pur de l'Italie. — Herculanum reste enseveli dans ses catacombes ; ses rues deviennent les cryptes d'un immense souterrain; les monuments qu'on y explore sont traversés, en tout sens, par un labyrinthe d'allées ténébreuses, où, sans un guide intelligent, le voyageur inexpérimenté s'égarerait et trouverait la mort.

Quoique notre sujet et les promesses faites au début de cet ouvrage ne nous entraînent point à décrire les monuments d'Herculanum, cependant nous croyons utile de donner ici le beau travail de restauration qui a été exécuté par Mazois pour le grand théâtre de cette ville. La comparaison de cet édifice avec celui de Pompéi complétera nos études sur les théâtres antiques. Mais, ayant déjà épuisé presque toutes les notions qu'il était nécessaire de rassembler dans le texte, nous joindrons peu de digressions à l'explication des planches. Nous laissons la parole aux dessins de notre savant maître : ils ne manquent ni d'éloquence pour séduire, ni de science pour enseigner.

PLANCHE XXXV. — *Plan du théâtre d'Herculanum.*

La partie de droite offre un plan avec section horizontale à la hauteur du 4e gradin de la 2e *cavea*; la gauche, une section à la hauteur des vomitoires de cette même *cavea*.

A. Corridor voûté qui règne au rez-de-chaussée de l'hémicycle. Il n'en existe pas de pareil à Pompéi, parce que l'hémicycle est appuyé sur le flanc d'une colline.

B. Avenue de l'orchestre, d'une construction beaucoup moins compliquée que celle de Pompéi.

C. Escalier qui conduit à l'étage supérieur.

D. Chambres sous les gradins. On pourrait supposer que là étaient placés les vases d'airain, si on leur voyait un jour sur l'intérieur de l'hémicycle; mais la seule existence de ces cavités dans les massifs suffisait déjà pour rendre la salle plus sonore (1).

(1) On assure que M. Bankes a trouvé, dans le théâtre de Scythopolis, en Syrie, des chambres qui ne peuvent avoir servi qu'à placer ces vases à échos dont on n'avait trouvé aucun exemple jusqu'ici, et que l'on soupçonnait n'être qu'un raffinement imaginé par Vitruve.

M. Ambroise Firmin Didot nous apprend, dans l'intéressant ouvrage qu'il a publié sous le titre de *Notes d'un voyage fait au Levant en 1816 et 1817*, qu'un usage semblable s'est conservé, sans doute par tradition, dans la ville de Cydonie, en Asie

EXPLICATION DES PLANCHES.

EE. Portique couvert qui embrasse tout le derrière de la scène.

FF. Chambres où les acteurs se préparaient à entrer en scène. Elles pouvaient répondre à ce que nous appelons les foyers.

G. L'orchestre, qui avait la figure d'un hémicycle parfait.

H. Le mur du pulpitum. La disposition des niches diffère de celles de Pompéi.

I. L'intervalle entre le mur et le contre-mur qui soutenait le plancher. Le contre-mur est ici séparé en deux parties; et la disposition de la petite voûte est telle que l'appareil pour lever la toile décrit par Mazois, ne peut avoir été placé devant le rideau, comme à Pompéi, mais derrière; ce qui, si notre conjecture est juste, devait être plus élégant et plus analogue à nos usages modernes.

K. Le dessous du plancher du proscénium.

L. Endroit où commence la scène stable : on y voit les places des solives du plancher.

M. Pièce de dégagement qui sert à passer du foyer à la scène, soit directement, soit en suivant un corridor qui conduit au postscénium.

N. Plancher du théâtre.

O. Porte royale.

PP. Portes hospitales.

QQ. Postscénium.

RR. Petits escaliers dont on ignore l'usage, ainsi que celui des deux petits murs qui se trouvent auprès.

SS. Escaliers qui conduisent au-dessus des pièces de dégagement M, et de là, en descendant quatre marches, à la tribune T.

VV. Corridor voûté, à la hauteur des vomitoires de la 2ᵉ *cavea* et sous la 3ᵉ.

XX. Petits escaliers conduisant à la *summa cavea*.

On remarquera, en comparant les dimensions des deux théâtres, que leur largeur est à peu près la même, mais que celui de Pompéi, ayant la forme d'un fer à cheval et non d'un hémicycle parfait, son axe est plus allongé d'environ dix mètres ou un quart de l'axe total de celui d'*Herculanum*.

PLANCHE XXXVI. — *Coupe selon l'axe du théâtre d'Herculanum.*

Les lettres sont les mêmes qu'au plan, sauf les suivantes :

X. *Scalæ* ou *itinera* qui vont des vomitoires au bas de la 2ᵉ *cavea*. Ils sont au nombre de sept et partagent la cavea en six *cunei*. Il y en a un au milieu, tandis qu'à Pompéi on n'en trouve que six, trois de chaque côté, et cinq *cunei* par conséquent. Les gradins de la 2ᵉ *cavea* ne sont qu'au nombre de seize au lieu de vingt; et la place d'honneur ne semble offrir que trois rangs, au lieu de quatre et cinq.

V. Mur qui soutient la *summa cavea*. Il est en *opus reticulatum* recouvert de plaques de marbre.

Z. Vomitoire de la *summa cavea*.

Mineure, où il séjourna longtemps dans le célèbre Gymnase, qui fut détruit peu de temps après ainsi que la ville, lors de l'insurrection grecque.

« En assistant au sermon que prononça le professeur Grégoire dans la grande église de Cydonie, je fus très-surpris d'avoir
« pu entendre aussi distinctement son discours, malgré la faiblesse de sa voix et l'éloignement où j'étais placé. Lorsque je lui en
« témoignai mon étonnement, il m'apprit que cet effet était produit par la manière dont l'église avait été construite, et il me
« fit remarquer le grand nombre de vases en terre cuite engagés dans la muraille, dans lesquels on avait pratiqué extérieurement
« une petite ouverture, afin que le son pût y entrer et sortir ensuite plus retentissant. » (P. 402.)

EXPLICATION DES PLANCHES.

PLANCHE XXXVII. — *Coupe transversale du théâtre, et restauration de la scène.*

L'art du décorateur moderne, si libre et si hardi dans ses compositions, disposant si magnifiquement, à l'aide de son pinceau, des marbres, des colonnes, des statues et même des métaux précieux, cet art ne saurait rien inventer de plus riche, de plus noble et de plus harmonieux que la façade de la scène restaurée. On y trouve la richesse sans profusion, l'unité et la variété réunies. Le même ordre répété avec deux proportions différentes, deux entablements presque semblables, des niches carrées ornées de statues toutes de la même grandeur : quelle simplicité de moyens! mais aussi quelle habileté dans leur combinaison, quelle pureté, quel fini dans l'exécution des détails! Cette fabrique est, par toutes ces qualités, un frappant emblème de la tragédie antique à laquelle elle était consacrée. C'est le véritable temple de la Melpomène grecque.

On remarquera, sur les côtés de l'édifice, l'élévation du portique dont on a déjà vu le plan assez bizarre; on verra peut-être avec étonnement ce corinthien de fantaisie, un peu écrasé, et ces colonnes accouplées à l'aile gauche, tandis qu'à droite elles sont simples et engagées dans un mur. Nous ne savons quelles convenances pouvaient avoir déterminé ces arrangements. Ce qu'il y a d'évident, et nous avons trouvé plus d'une preuve de ce principe, c'est que les anciens ne se permettaient jamais de pareilles licences que dans certaines dépendances secondaires d'un édifice : ils semblaient même ne pas dédaigner de faire ressortir la simplicité, le grandiose des parties capitales, à l'aide de la bizarrerie et de la recherche de quelques constructions subordonnées.

PLANCHE XXXVIII. — *Coupe transversale du théâtre, et restauration de l'hémicycle.*

La partie la plus intéressante de cette restauration de Mazois consiste dans l'espèce de petit temple qui se trouve indiqué au sommet de l'escalier du milieu et sur l'axe de l'édifice. M. le chanoine Andrea de Jorio raconte par quelle suite de travaux pénibles notre savant maître, vingt années avant l'époque où il écrivait, parvint à s'assurer de l'existence de cette petite fabrique (1). Mazois en trouva encore les bases, et les petites colonnes cannelées revêtues de stuc, et colorées d'un rouge très-vif. M. Jorio parle d'un Bacchus (2) qui fut trouvé au pied du *pulpitum;* et ignorant si cette statue avait sa base dans cet endroit, il se demande si elle n'a pas pu être apportée là, précipitée par la violence des vagues et des torrents de lave, de la place qu'elle occupait au milieu du petit temple, comme représentant la divinité protectrice de ce théâtre, et de l'art dramatique en général. Mazois ne semble pas avoir partagé cet avis, puisqu'il a dessiné sur le piédestal une statue, tenant une Victoire, qui paraît être celle d'Auguste.

Ce petit temple est flanqué de deux longs piédestaux, et l'on en trouve deux autres pareils de chaque côté de l'hémicycle, vers ses extrémités. Mazois a dessiné, sur chacun d'eux, un cheval, et il a pensé, avec raison, que c'était là qu'étaient placées ces statues équestres de bronze doré dont on a trouvé des fragments. Il ne faut pas cependant les confondre avec les deux statues équestres de marbre, dont l'une représente M. Nonius Balbus, et que l'on a trouvées sous le portique d'un des temples ou de la basilique d'Herculanum (3).

---

(1) Notizie su gli scavi di Ercolano del canonico Andrea de Jorio, membro onorario dell' academia delle belle arti. Napoli, dalla stamperia francese, 1827, p. 121.
(2) Id., ibid., p. 113.
(3) Cette méprise a été faite par M. Romanelli et relevée par M. Finali. (Real museo borbonico, tom. I, p. 46.)

74 EXPLICATION DES PLANCHES.

On remarquera les pentes du terrain disposé de telle sorte que les eaux pluviales se réunissaient dans l'espèce d'égout qui est au milieu de l'orchestre.

La planche XXXIX représente, avec une imitation exacte des couleurs, la fresque qui décore une des niches formées en dehors par les arcades de l'étage inférieur du théâtre. Le pilastre est semblable aux colonnes du portique marqué E au plan. Quelques personnes ont cru que c'était en cet endroit que l'on avait déterré le quadrige de bronze de la basilique (1) ; mais il est positif que sur les trois piédestaux, figurés au plan, on a seulement trouvé trois statues consulaires de marbre. La fresque est assez légère; mais ce qu'elle offre de plus remarquable, ce sont les caissons peints de la voûte de la niche : on les voit sur la gauche de notre dessin.

La planche XL donne des détails de l'architecture du théâtre, et principalement de celle de la scène. On y voit, *Figure 1re*, le délicieux chapiteau semi-corinthien et l'entablement élégant du rez-de-chaussée de la scène, avec le plafond assez original de la corniche. Ce plafond se compose de fleurs parfaitement dessinées et très-variées. La frise est entièrement nue, ce qui donne beaucoup de simplicité à cette composition. Plusieurs de ces chapiteaux ne sont que dégrossis par derrière.

Figure 2e. Corniche de l'entablement de l'ordre supérieur de la scène.

Figure 3e. Corniche de l'attique.

Figure 4e. Imposte du petit escalier marqué X au plan, et conduisant aux gradins supérieurs. Cet imposte est en stuc.

Figure 5e. Profil du chambranle des portes hospitales de la scène.

Figure 6e. Imposte du corridor voûté, qui est marqué V sur le plan et la coupe. Il est en stuc.

Figure 7e. Corniche du 2e étage extérieur du théâtre. Le profil de cette corniche et les ornements dont elle est revêtue sont également neufs et bien appropriés à la place qu'elle occupe; la saillie est considérable, et la partie inférieure ornée, parce qu'étant placée à une certaine élévation, elle devait être vue de dessous.

Le masque représenté à la *Figure 8e* était placé à quelque fontaine, ou simplement comme ornement : si c'était une plaste ou antéfixe, il serait moulé en terre.

Figure 9e. Corniche de l'entablement du petit temple placé au-dessus des gradins et à l'extrémité de l'axe de l'hémicycle.

Enfin, on lit au bas de la planche une inscription qui signifie : « A Appius Claudius Pulcher, « fils de Caïus, consul et général, les habitants d'Herculanum, après sa mort... (2). » Cette inscription est encore placée à l'extrême droite du proscénium, sur un piédestal dont la statue n'a pas été trouvée.

La planche XLI continue les mêmes détails : on y voit, *Figure 1re*, l'un des piédestaux qui se trouvent sous l'arcade extérieure, avec l'inscription qu'il porte, et que l'on peut traduire : « A Marcus Nonius Balbus, préteur et proconsul, les habitants d'Herculanum (3). »

(1) Ce quadrige est trop grand pour avoir jamais été placé dans la niche en question. Voyez l'ouvrage déjà cité de M. Jorio, p. 103 et 116.

(2) Caïus Claudius Pulcher, père de celui-ci, étant consul avec Titus Sempronius Gracchus en l'an de Rome 577, fit passer une loi qui rétablissait les alliés dans leurs villes. Tite-Liv., XLI, 9. Il y avait à Rome des Claudius patriciens et plébéiens. Les premiers se divisaient en trois branches : les Pulcher, les Néron et les Centron; les seconds comprenaient les Marcellus.

(3) Tel est le renseignement que nous avons extrait d'une note de Mazois. Cependant un autre avis placé sur ses esquisses semblerait indiquer que cette inscription est à la gauche de la scène et comme en regard de la précédente. On pourrait aussi induire de l'ordre dans lequel Mazois a rangé ses indications, que le masque, *Figure 8e*, devrait être rapproché de la 1re de ces inscriptions.

EXPLICATION DES PLANCHES.

La *figure* 2 donne le plan de la colonne de briques qui se trouve au coin du portique, à gauche de la scène, avec le petit mur angulaire qui la lie à une autre colonne, et la rigole qui passe à leur pied. Ces colonnes sont de stuc, rouge vers la base, et blanc dans la partie supérieure du fût.

On voit, à la *figure* 3, le soubassement et le piédestal de l'une des colonnes de brèche violette, à base attique, du rez-de-chaussée de la scène, avec le bas du mur qui est derrière. Nous avons indiqué, à la gauche du dessin, comment le soubassement se rattache au mur.

Ce détail se trouve à l'angle de la scène, près de la loge des consuls, et l'on en peut conclure les proportions et l'agencement de tout le reste de la décoration. Le mur qui se trouve derrière les colonnes est revêtu de brèche jaune encadrée de rose.

L'un des piédestaux qui portent les statues équestres se voit à la *figure* 4, avec le couronnement du mur en avant duquel il est placé.

Ce piédestal est revêtu de trois plaques de marbre noir mélangé : son soubassement est composé de marbre blanc, pour la partie supérieure, puis d'un bloc de marbre noir. Quant au petit mur, sa surface principale est blanc veiné; l'entablement se compose de blanc à veines noires, blanc pur, et rouge; le soubassement est tout entier de marbre blanc pur.

Figure 5. Archivolte au fond du petit escalier.

Figure 6. Moulure de la corniche d'un des étages.

Figure 7. Profil de l'archivolte de la porte royale.

Figure 8. Profil de la corniche du piédestal des colonnes de la scène, telle qu'elle se dessine à l'angle du demi-cercle rentrant, au fond duquel s'ouvre la porte royale.

Figure 9. Corniche de la loge du préteur. Sa forte saillie est semblable à celle de la corniche placée au même endroit dans le théâtre de Pompéi.

Figure 10. Base du pulpitum, dont le mur, sans la corniche, n'a que trois pieds.

Figure 11. Corniche de la première enceinte au-dessus des gradins (1).

Tels sont les documents que les fouilles de Pompéi et d'Herculanum fournissent pour l'histoire de l'architecture scénique. Quoiqu'ils forment un ensemble satisfaisant, on voit que, sur quelques accessoires du moins, tels que les vases acoustiques, l'existence des arcades à la summa cavea, etc., etc., on désirerait des exemples plus concluants. L'archéologie, comme toutes les autres sciences, a pris de nos jours une marche positive, et ne se contente point de conjectures et de faits isolés, qui peuvent être des exceptions. Peut-être l'exploration des ruines de l'Asie Mineure, par M. Texier, viendra-t-elle confirmer ou détruire quelques-uns de nos doutes. La relation de ce jeune et savant voyageur est attendue avec impatience par la portion du public qui s'intéresse aux progrès de l'art ou aux souvenirs de l'antiquité.

Pour compléter, autant qu'il est en nous, notre travail sur les théâtres, et donner une idée des matériaux que la relation de M. Texier promet à l'archéologie, nous en transcrirons ici un extrait contenant la description du théâtre d'Aspendus (2):

« Rien ne manque absolument au théâtre d'Aspendus, excepté les battants des portes, le plancher et les décorations mobiles de la scène, et ce public vif, spirituel, des Grecs asiatiques, applaudissant une tragédie d'*Euripide*, une comédie de *Philémon* ou de *Ménandre*, charmant le loisir de l'intervalle de deux pièces par le récit d'une fable milésienne, par l'éloge ou la critique de la dernière déclamation du rhéteur en vogue, par quelques dictons moqueurs sur les peu-

---

(1) On ne rend point compte ici de la planche XLII, qui se rapporte au temple de Vénus. —Voyez ci-dessus, page 39.

(2) Aspendus était une ville de Pamphylie fondée par les Argiens. Voyez Pomp. Mela, I, 14, et Tite-Live, XXXVII, 23.

ples des provinces voisines, tels que les habitants de Soles en Cilicie, qui, par leur mauvaise prononciation du grec, avaient fourni l'étymologie du mot *solécisme*. L'imagination peut facilement replacer cette assemblée brillante dans le vaste hémicycle, composé de deux précinctions et de vingt-neuf gradins; la première précinction entourée d'une galerie, et l'édifice couronné d'un portique de cinquante arcades. Mais c'est toute la partie de la scène qui, conservée intacte, donne l'importance d'un événement archéologique à cette découverte.

« La scène est ornée de deux ordres de colonnes, ionique et corinthien. Le rang inférieur a douze colonnes de face : elles sont en marbre blanc veiné de rouge. L'entablement est orné de la plus riche sculpture; dans la frise sont des têtes de victimes couronnées de guirlandes; entre les entre-colonnements, de petites niches ornées de frontons d'une extrême délicatesse de sculpture et dont la conservation a lieu d'étonner. Cinq portes conduisent de la salle des mimes sur la scène; elles étaient décorées de chambranles à consoles, qui ont été enlevés. L'ordre supérieur est supporté sur des piédestaux très-bas; chaque couple de colonnes soutient un fronton. Celui du milieu est orné dans son tympan d'une statue de femme nue, qui tient des rinceaux de feuillage. La pose de cette figure est très-gracieuse. Nous dirons tout à l'heure quel effet cette statue a produit sur l'imagination des Turcomans.

« La scène était couverte par une toiture en charpente, dont l'inclinaison était dirigée vers le mur. Le vide qui existait entre le toit et le plafond de la scène servait pour quelques machines : cette espèce de comble communique de plain-pied avec la salle supérieure. On voit encore les attaches des solives et la trace de la pente du toit qui indiquent parfaitement cette disposition. Tout le reste du mur de la scène était couvert par des peintures et des placages de marbre. La scène sur laquelle les acteurs se tenaient était aussi en bois, et s'étendait jusqu'aux deux vomitoires latéraux.

« Pour que rien ne manque à ce monument des arts de la Pamphylie sous la domination romaine, tous les renseignements sur sa fondation se trouvent dans des inscriptions qui, transcrites sur place, deviendront elles-mêmes des monuments intéressants de l'épigraphie.

« Deux grandes portes latérales conduisent dans les galeries intérieures; elles portent des inscriptions qui nous apprennent que ce monument est dû à la munificence d'Aulus Curtius Crispinus, qui légua par testament les sommes nécessaires à sa construction. Titianus et Arruntianus furent les exécuteurs testamentaires. Une autre inscription, placée sur un piédestal, dans l'intérieur du théâtre, fait connaître que Zénon fut l'architecte. Il était en même temps directeur des travaux de la ville. La même inscription apprend que ce chef-d'œuvre lui mérita les suffrages de ses concitoyens, au point qu'ils lui élevèrent une statue dans le théâtre, et lui firent présent d'un jardin près de l'hippodrome.

« Ce furent les récits des Turcomans qui firent connaître à M. Texier qu'il existait, non loin du fleuve Manurgat et à six lieues de la mer, de vastes ruines qu'ils appellent Balgis-Seraï (le palais de la fille du miel). Ils content, à ce sujet, une histoire digne des Mille et une nuits : « Ce
« palais, disent-ils, fut bâti par le roi des serpents pour la reine du miel, qui régnait dans a
« forêt voisine. Les malheurs de cette pauvre reine font frémir. Vaincue et prise par le roi des
« serpents, elle mourut en laissant au monde une fille d'une grande beauté. Le prince lui fit cons-
« truire le palais que vous voyez : le portrait de la jeune princesse est sculpté sur le fronton qui
« le domine. »

« Ce palais est le théâtre d'Aspendus, dont la grandeur et la richesse surprennent les sauvages habitants de cette contrée, au point qu'ils ne peuvent en attribuer la construction qu'aux Fées. Ils regardent généralement les autres ruines comme des constructions génoises. »

AMPHITHÉATRE.

PLANCHES XLIII, XLIV, XLV, XLVI, XLVII ET XLVIII.

Dès l'an 490 de Rome, l'usage de faire combattre des hommes entre eux pour le divertissement des spectateurs s'était introduit dans la ville éternelle; et, chose étrange, c'est aux Campaniens, peuple de mœurs très-douces en apparence, que cet usage avait été emprunté. Ceux-ci portèrent plus tard la fureur de ce genre de spectacles jusqu'à introduire des gladiateurs dans les salles où ils donnaient des festins (1) : croyant se venger ainsi de leurs voisins et de leurs implacables ennemis, ils faisaient prendre aux combattants l'armure des Samnites et les désignaient sous ce nom (2).

Les gladiateurs furent d'abord employés à Rome pour honorer les funérailles des citoyens les plus distingués, dont on croyait apaiser les mânes par cette espèce de sacrifice. C'était comme une réminiscence de l'usage barbare d'immoler des captifs sur la tombe des chefs qui avaient péri dans le combat. Ainsi, dans l'Iliade, Achille immole douze jeunes Troyens aux mânes de Patrocle (3). Cette coutume atroce existait également chez les Celtes nos aïeux; elle se retrouve parmi les peuplades de l'Amérique du Nord. Plus tard, soit par un commencement d'humanité, soit par une cruauté plus raffinée encore, on eut l'idée de mettre une arme dans la main du captif pour défendre sa vie : telle est l'origine des jeux sanglants de l'arène. Nous avons vu dans la première partie de cet ouvrage, qui concerne les tombeaux, les détails de plusieurs représentations de cette espèce (4). Les premiers combats de gladiateurs furent donnés à Rome sous le consulat d'Appius Claudius et de M. Fulvius, en l'an 488 de la fondation de la ville, par M. et D. Brutus, qui prétendaient honorer ainsi la mémoire de leur père (5). Ils ne firent paraître que trois couples de gladiateurs. Mais en l'an 537, les trois fils de M. Æmilius Lepidus donnèrent au peuple, dans le forum, le spectacle de onze combats singuliers, spectacle qui dura trois jours. Enfin, en l'an 552, les trois fils de Valérius Lævinus fournirent vingt-cinq couples de combattants. Le peuple romain prit peu à peu tant de goût à ces spectacles, que les magistrats qui voulaient lui être agréables lui en offrirent à l'occasion de leur avénement; on célébra des jeux dans les triomphes et lors de la dédicace des édifices publics; on leur assigna enfin des époques régulières, sous les noms de jeux quinquennaux, décennaux, etc., etc. Il y

---

(1)   Quin etiam, exhilarare viris convivia cæde
       Mos olim, et miscere epulis spectacula dira
       Certantum ferro, et sæpe super ipsa cadentum
       Pocula, respersis non parco sanguine mensis.

« Bien plus, c'était autrefois leur coutume d'égayer les festins par le carnage et de mêler aux repas le spectacle atroce d'hommes « combattant le fer à la main, tombant quelquefois parmi les coupes des convives et arrosant la table des flots de leur sang. » Sil. Ital., XI, 51.

(2) T.-Liv., IX, 40; Strab., V, p. 250.
(3) Homer., Iliad. XXIII, 175.
(4) Voyez t. I, p. 46 et suiv., et pl. XXX, XXXI et XXXII.—Mazois promet de donner, en parlant de l'amphithéâtre, tous les détails qui concernent les jeux publics en général. Nous nous croyons obligé de nous étendre un peu sur ce sujet, pour faire honneur aux promesses de notre maître.
(5) Valer.-Maxim., II, 4, 7.

avait des gladiateurs de deux espèces. Les uns étaient forcés à embrasser cette profession : c'étaient des captifs étrangers et des condamnés, la plupart esclaves. Ceux-là obtenaient quelquefois la faculté de ne plus combattre dans l'arène, ou même leur affranchissement, quand ils avaient déployé un courage et une adresse remarquables. Les autres étaient volontaires et se vouaient à cet état, soit par cupidité, soit par amour de la renommée. Ce dernier motif, et quelquefois le désespoir causé par les revers politiques, fit descendre dans l'arène les plus illustres citoyens et jusqu'à des femmes (1). Les gladiateurs combattaient par couples et quelquefois en plus grand nombre, en formant une mêlée. Au commencement du combat, ils se servaient d'armes émoussées; mais bientôt, animés par le bruit du fer et le son de la trompette, ils prenaient des glaives aiguisés et pointus, soit en gardant leurs cuirasses et leurs boucliers, soit pour combattre sans aucune armure défensive. Les uns n'avaient d'arme offensive qu'une épée; d'autres en tenaient une de chaque main, et on les appelait *dimachœri* (2). Il y avait les *secutores* qui, outre l'épée, portaient une massue garnie de plomb : quelques archéologues les ont confondus avec les mirmillons, Thraces ou Gaulois. Ceux-ci portaient une épée, un bouclier et un casque sur lequel était représenté un poisson, nommé, dit-on, *Mormyros*. C'est à cause de ce dernier emblème que le rétiaire, armé d'un filet et d'un trident, chantait en attaquant le mirmillon : « Je ne t'en veux pas, je n'en veux qu'à ton poisson : Gaulois, pourquoi « me fuis-tu ? » (3) Ils combattaient quelquefois *au premier sang;* mais, le plus souvent, comme s'exprime Tite-Live, *sine missione* (4), jusqu'à la mort d'un des deux adversaires. Les gladiateurs vivaient en général par *familles*, comme on l'a vu lorsqu'il s'est agi d'Ampliatus (5), et se trouvaient sous la conduite d'un *lanista* qui les faisait instruire dans l'art de manier les armes. Souvent des hommes puissants avaient de ces familles à leurs ordres, et l'on sait dans quel péril elles mirent la république lors de la révolte de Spartacus et de la conjuration de Catilina. Auguste se vit un jour sur le point d'être enlevé par un parti de gladiateurs qui étaient sortis de la ville; et sous l'empereur Probus, en l'an de J. C. 281, environ quatre-vingts de ces hommes intrépides, au lieu de verser leur sang pour l'amusement d'une vile populace, massacrèrent leurs chefs, remplirent les rues de Rome de terreur et de carnage, et furent enfin taillés en pièces par les troupes régulières, auxquelles ils opposèrent une résistance désespérée.

Mais les gladiateurs n'étaient pas les seuls *arenarii* ou combattants de l'arène. Pour une autre espèce de jeux non moins cruels, il y avait encore les bestiaires, parmi lesquels les *venatores* ou chasseurs, soit volontaires, soit contraints, qui combattaient les bêtes féroces à main armée. Les autres malheureux condamnés, des chrétiens sous les premiers empereurs, étaient livrés, nus et sans armes, quelquefois même les pieds et les mains liés, à la fureur des animaux qu'on lâchait dans l'arène (6).

Primitivement, les combats de gladiateurs et les *venationes* se donnaient sur la tombe même des morts en l'honneur desquels on célébrait les jeux. Bientôt, les premiers eurent lieu dans le forum, et les seconds dans le cirque. C'est dans le cirque en effet que, pendant les jeux offerts par Pompée, des éléphants furieux brisèrent les barrières qui les séparaient des spectateurs. Cet accident, joint à l'incommodité d'un local tel que le cirque, qui était très-allongé et séparé en deux

---

(1) Suet., Dom., 4; Stat., Sylv. I, 6, 53.
(2) Inscr. Apud. Mur. 613, 3. — Voyez aussi quatre statues, provenant de la *casa farnese*, dont le dessin se trouve dans le *Real museo borbonico*, t. V, pl. 6 et 7; t. VIII, pl. 7 et 8.
(3) Festus, sub verbo Retiarius.
(4) T.-Liv. XLI, 20.
(5) Tom. I, p. 46 et suiv.
(6) Cic. ad Q. fratr. II, 6. — Tert., Apol. 9.

EXPLICATION DES PLANCHES.

parties dans sa longueur par la *spina* (1), engagea Jules-César, durant sa dictature, à construire dans le Champ de Mars une enceinte de bois pour donner une *venatio*. Ce θέατρον κυνηγετικὸν, dont sans doute le double théâtre de Curion avait donné l'idée (2), fut appelé amphithéâtre, parce qu'il était tout entouré de siéges, aucun côté n'étant réservé pour la scène (3). Le premier amphithéâtre permanent fut construit partie en pierres, partie en bois, par Statilius Taurus. On dit que cette entreprise fut provoquée par Auguste, qui aimait passionnément les combats d'animaux. Cet édifice fut brûlé sous le règne de Néron et restauré par cet empereur : mais Vespasien ne le trouvant pas assez magnifique, entreprit la construction de l'amphithéâtre de Flavien, appelé Colossée, parce qu'il était placé près du colosse de Néron, et par corruption Colisée. Commencé par Vespasien, il ne fut terminé que par son fils Titus. On dit que les sommes qu'il coûta auraient suffi à la construction d'une capitale entière. Douze mille Juifs y travaillèrent après la destruction de Jérusalem. Neuf mille animaux sauvages, si l'on en croit Dion Cassius, et cinq mille seulement, si l'on en croit Eutrope, y furent tués lors de sa dédicace. Après cette chasse colossale, l'arène fut transformée en un lac, et une naumachie, l'image d'un combat naval, y fut offerte aux spectateurs. L'eau était amenée par des canaux souterrains (4) qui ont été découverts en 1813, ainsi que les loges où l'on gardait les bêtes féroces en attendant la représentation; mais ces excavations devenant un cloaque fangeux, on a été obligé de les combler. Le Colisée est le monument le plus imposant que nous a laissé la grandeur romaine : les pyramides l'emportent par la masse seule des rochers entassés qui les composent, mais non certes par le génie de l'architecte. Six siècles et les efforts des barbares de plusieurs âges ont éprouvé sa solidité, qui a suggéré à Beda cette espèce de prophétie : « Tant que le Colisée sera debout, Rome « durera comme lui; quand le Colisée tombera, Rome tombera aussi; et quand Rome aura « tombé, le monde sera près de sa fin. »

Revenons à Pompéi et à son amphithéâtre, dont la description nous fournira l'occasion de rappeler quelques détails propres à compléter les généralités qui précèdent.

Nous avons déjà parlé du goût des Campaniens pour les jeux de l'arène. Une anecdote de Tacite, rapportée par Mazois, dans l'introduction du premier volume (5), avait révélé l'existence d'un amphithéâtre à Pompéi, et l'espérance de le découvrir avait été confirmée par les affiches inscrites sur l'album et à la basilique (6). Cette espérance fut réalisée dès 1813, époque de la découverte de l'amphithéâtre qui nous reste à décrire. Mais auparavant tirons encore une conclusion du récit de Tacite; c'est que, si l'amphithéâtre, comme on le pense, pouvait contenir au moins vingt mille hommes, une partie de ces spectateurs appartenait aux villes et aux bourgades voisines.

Si l'on suit la rue qui conduit à la porte du Sarno, et que tournant à droite derrière le palais de Julia Félix, on se dirige vers l'angle que forme en cet endroit le mur de la ville, on découvre devant soi l'amphithéâtre tel qu'il est représenté à la planche XLIII. A gauche, après une petite rue, se trouve une fabrique que quelques voyageurs prennent pour l'entrée du forum boarium, mais dont nous verrons plus loin la destination véritable. A droite, des ruines qui ne sont point encore déblayées; en face, un double escalier, soutenu par six arcades, et condui-

---

(1) La *spina*, ou l'*agger*, était un mur fort bas qui supportait des obélisques, des piliers, des statues et d'autres ornements, et qui régnait dans toute la longueur du cirque.
(2) Voyez les considérations sur le Théâtre des anciens, par Mazois.
(3) Dion. Cass., XLIII.
(4) Fulvius, De mirabilibus Urbis, liv. I.
(5) Tom. I, p. 11 et 12. — Tacit., Annal. XIV.
(6) Tom. III, frontispice, et p. 46.

sant à la plate-forme qui règne sur les deux tiers de la circonférence de l'édifice, tandis que le troisième côté s'appuie sur la terrasse des remparts. Cet escalier est celui qu'on voit à gauche et au bas du plan, planche XLV. L'aspect extérieur de l'édifice est froid et sévère; point d'ornements, point de colonnes, pas même de corniches. Tous ces accessoires auraient-ils été enlevés? Il est plus probable qu'ils n'ont jamais existé. Placé près des remparts, l'amphithéâtre pouvait au besoin servir de lieu de retraite pour la garnison, de citadelle à la ville; sa construction devait avoir toute la simplicité et la solidité de l'architecture militaire.

La vue intérieure de l'arène, pl. XLIV, produit une impression toute différente. Après avoir traversé le corridor long et obscur qui s'ouvre à l'ouest et qui est marqué B au plan, pl. XLV, on arrive tout à coup à un détour, et l'on voit à gauche la porte qui s'ouvre au midi de l'arène. C'est à l'entrée de celle-ci que le spectateur est censé s'être arrêté. L'enceinte elliptique, que l'on peut comparer à un cratère de volcan, offre un coup d'œil étrange et grandiose. C'est ici seulement que l'on voit l'amphithéâtre dans toute sa hauteur; car l'arène est creusée d'autant au-dessous du sol, que les parois s'élèvent au-dessus. En outre, l'espace plus resserré fait ressortir les proportions de l'édifice qui, dans une espèce de plaine, comme on l'a vu tout à l'heure, s'effaçait en partie. Le mur et presque tous les gradins sont parfaitement conservés. Le soleil napolitain, qui déjà penche vers l'ouest, éclaire vivement ces vieux murs, et leur rend un air de jeunesse. Au nord, le Vésuve, témoin muet de toutes les scènes de cruelle joie, de courageuse résignation, qui se sont passées dans cette enceinte, domine de loin cette colline bâtie de main d'homme; et dans un ciel d'azur il balance au gré de la brise occidentale son noir panache de fumée.

Hesperiæ letalis apex! (1).....

Ici le Germain et le Gaulois, nos ancêtres, se sont entr'égorgés pour le plaisir des esclaves de Rome; ici encore, les premiers confesseurs de nos saintes croyances ont été déchirés sous les yeux des prêtres des idoles. Telles sont les réflexions du voyageur, et quelque amères qu'elles soient en elles-mêmes, elles font pourtant diversion à d'autres regrets.

Le sol est uni, quoiqu'on n'y trouve plus ce lit de sable d'où l'arène tirait son nom, et qui était destiné à absorber les ruisseaux de sang. Au pied du podium, on ne voit pas de traces de ce canal nommé *Euripe* qui, dans les grands amphithéâtres, servait à retenir dans l'arène les animaux qu'on y avait lâchés, et particulièrement les éléphants qui, croyait-on, redoutaient beaucoup l'eau (2). Plus haut, on ne voit plus le filet qui devait arrêter les bonds des tigres ou des panthères, filet dont Néron, à Rome, faisait orner chaque maille d'un morceau d'ambre (3), et dont Carinus voulut que les cordes fussent d'or. On ne le voit plus, mais on aperçoit les trous dans lesquels étaient scellés les barreaux d'une grille. On trouve encore sur le mur des traces de peintures qui s'effacent de jour en jour, mais dont quelques-unes sont encore assez bien conservées. Ce sont des sujets de chasse, tels que celui de la planche XLVII : une tigresse combattant contre un sanglier; un cerf poursuivi par une lionne; un ours attaché par une longue corde à un taureau, ou enfin, sujet moins sérieux, un tigre qui lutte avec un singe. Les peintures de cette espèce sont séparées entre elles par des cartouches dont le fond est peint de manière à imiter des espèces de mailles ou d'écailles; et, entre ceux-ci et les sujets de chasse, se trouvent encore des dessins plus petits représentant des trophées et des palmes.

(1) Stat., Sylv. IV, 8, 5.
(2) Plin., lib. VIII.
(3) Plin., lib. XXXV.

EXPLICATION DES PLANCHES.

L'amphithéâtre est riche en inscriptions. Des deux côtés de l'entrée du nord, on voit deux niches qui paraissent avoir abrité des statues : sur le piédestal de celle de gauche on lit :

C . CVSPIVS . C . F . PANSA . PATER . D . V . ID
IIII QVINQ . PRAEF . ID . EX . D . D
LEGE . PETRON.

c'est-à-dire : « Caius Cuspius Pansa père, fils de Caius, duumvir pour rendre la justice, quatre « fois quinquennal, préfet chargé par un décret des décurions de faire observer la loi Petronia (1). »

Cette loi, qui est de l'an 64 de J. C., défendait aux maîtres de faire combattre leurs esclaves dans l'arène, à moins qu'ils n'y fussent condamnés par un jugement : indice d'humanité trop rare dans les lois de Rome.

Sur le piédestal à droite, on lit :

C . CVSPIVS . C . F . F . PANSA
PONTIF . D . VIR . I . D

c'est-à-dire : « Caius Cuspius Pansa fils, fils de Caius, pontife et duumvir pour la justice. »

Sur le mur même qui fait le tour de l'arène, à gauche en entrant par le nord :

MAG . PAG . AVG . F . S . PRO . LVD . EX . D . D.

T . ATVLLIVS . G . F . CELER . II . V . PRO . LVD
LV . CVN . F . C . EX . D . D.

L . SAGINIVS . II . VIR . I . D . PR . LV . LV . EX
D . D . CVN.

N . ISTACINIVS . N . F . CIN . II . VIR . PRO
LVD . LVM.

A . AVDIVS . A . F . RVFVS . II . VIR . PRO . LVD
P . CAESETIVS . SEX . F . CAPITO . II . VIR
PRO . LVD . LVM.

M . CANTRIVS . M . F . MARCELLVS . II
VIR . PRO . LVD . LVM . CVNEOS . III
F . C . EX . D . D.

« Les magistrats du bourg suburbain d'Auguste-Félix, chargés de présider aux jeux par un « décret des décurions :

« Titus Atullius Celer, fils de Gaius, duumvir pour les jeux, a fait faire des jours (2) et un cu- « neus, d'après le décret des décurions ;

« Lucius Saginius, duumvir chargé de la justice et des jeux, a fait faire des jours et un cu- « neus, d'après le décret des décurions ;

« Numérius Istacinius Cinicius, fils de Numérius, duumvir pour les jeux, a fait faire des jours ;

« Aulus Audius Rufus, fils d'Aulus, duumvir pour les jeux, et Publius Cæsetius Capito, fils « de Sextus, duumvir pour les jeux, ont fait faire des jours ;

---

(1) Nous lisons ID comme s'il y avait I . D . *Juri dicendo*. Nous nous y croyons autorisé par les inscriptions connues. Gruter. 404, 6; 195, 4; 1093, 9; 555, 2.

(2) Dans toute cette inscription, il faut entendre par *lumina*, des jours, c'est-à-dire les portes donnant dans les corridors, et les vomitoires, qui servaient à la fois à établir les communications, et à éclairer les souterrains.

« Marcus Cantrius Marcellus, fils de Marcus, duumvir pour les jeux, a fait faire des jours et « trois cunei (1), d'après le décret des décurions. »

Des deux côtés de la porte du nord, on lisait, sur une table de marbre, cette inscription, maintenant déposée au musée royal :

C . QVINCTIVS . C . F . VALG
M . PORCIVS . M . F . DVO . VIR
QVINQ . COLONIAI . HONORIS
CAVSSA . SPECTACVLA . DE
SVA . PEQ . FAC . COER . ET COLO
NEIS . LOCVM . IN . PERPETVOM
DEDER.

« Caius Quinctius Valgus, fils de Caius, et Marcus Porcius, fils de Marcus, duumvirs quin- « quennaux, pour l'honneur de la colonie, lui ont procuré des spectacles à leurs propres frais, « et ont donné ce lieu à perpétuité aux colons (2). »

Il est bon de remarquer que ces inscriptions mentionnent, comme fondateurs et réparateurs du théâtre, non les magistrats de l'ancienne cité de Pompéi, mais ceux du bourg d'Auguste-Félix, qui était séparé de la ville par une porte, et habité par les colons. Tel fut peut-être le principe de la contestation entre les citoyens et les colons dont nous avons déjà parlé.

Tous ces personnages contribuèrent de leurs deniers à l'établissement de quelques parties de l'amphithéâtre, ou à sa restauration après le tremblement de terre. On voit, sous les voûtes des corridors, des arceaux plus bas, dont la construction doit leur être attribuée. Aussi leur consacra-t-on dans l'arène les inscriptions dont il s'agit, et il paraît en outre que des places d'honneur leur furent réservées dans les parties de la première *cavea* qui étaient séparées du reste, comme on le voit au plan de la planche XLV.

L'explication de ce plan nous fournira l'occasion de compléter cette notice.

On remarquera d'abord que le plan est divisé en deux hémicycles : l'un, au bas de la planche, indique les substructions de l'édifice; l'autre fait voir les parties les plus élevées, avec une section prise seulement au pied du mur qui supporte la *summa cavea*.

AA. Grande avenue voûtée qui forme l'entrée de l'arène du côté du nord. Cette entrée est la plus belle, vu qu'elle est directe; on remarque sur les côtés un canal pour l'écoulement des eaux; puis des arceaux qui laissent entre eux un certain espace.

B. Seconde entrée voûtée. Comme on ne pouvait percer la colline et le rempart pour faire une porte diamétralement opposée à celle du nord, la voûte B prend à l'est, puis en rejoignant le grand axe de l'ellipse, elle tourne brusquement pour ouvrir un accès au midi de l'arène. Cette allée en voûte a six arceaux plus étroits, dont les pieds sont défendus par des bornes; elle est bordée de deux rigoles. Le pavé des deux entrées est semblable à celui des rues de la ville.

Les deux avenues, A et B, descendent par une pente assez rapide, puisqu'elles partent du

---

(1) Telle est la leçon proposée par M. Orelli, n° 2539; et c'est à cause du mot CVNEOS, écrit ici en toutes lettres, que nous lisons et traduisons plus haut CVN, *cuneum*, un cuneus. — La pierre elle-même semblerait présenter plutôt CVN . COS . III . « Il a fait des cuneus (ou un cuneus). » Mais le nom de Cantrius est bien peu connu pour un homme qui aurait été trois fois consul, même *suffectus*; et ce titre serait bien singulièrement séparé de tous les autres. On remarque en outre que le collègue de ce consul ne serait pas nommé dans l'inscription : ce qui serait insolite.

(2) Outre ces inscriptions gravées, on en trouve d'autres tracées au pinceau sur les murs des corridors. Ce sont des louanges ou des sarcasmes qui ont pour objet les athlètes et les gladiateurs, les donateurs des jeux : *Magna munera vicisti*, Tu as mérité de grandes récompenses; *Barca, tabescas,* Crève, Barca; etc., etc.

niveau du sol, qui est à la hauteur de la deuxième précinction, pour déboucher dans l'arène, creusée beaucoup plus bas.

CC. Entrées conduisant au corridor elliptique DD.

DD. Corridor qui fait, sauf une courte interruption, le tour de l'hémicycle, et qui conduit aux escaliers par lesquels on parvient à tous les gradins des *caveæ* inférieures.

EE. Petits escaliers donnant dans le corridor DD, par lesquels, en montant trois marches, traversant un palier et montant encore trois autres marches, on se trouve à la hauteur des deuxièmes gradins de la première cavea.

F. Escaliers donnant dans le même corridor, et par lesquels, en montant deux marches, et tournant à droite ou à gauche sur un palier pour en monter encore dix, on se trouve au niveau de la première précinction et au bas de la deuxième cavea.

G. Paliers au sommet des escaliers F, sur lesquels se trouve la dernière marche inférieure des *itinera* ou *scalæ* qui, de cette première précinction, remontent jusqu'à la deuxième en traversant la balustrade, traversant également la troisième cavea, et atteignant jusqu'aux *vomitoria* de celle-ci. Ces vomitoires mettent en communication les deux routes qui conduisent chacune de leur côté au sommet de l'édifice.

Les coupes de la planche XLVI présentent d'une manière encore plus claire ces ingénieuses dispositions. Il était impossible de mieux coordonner les avenues d'un si vaste édifice, de les multiplier davantage, et en même temps de les mieux distinguer entre elles, de manière que les spectateurs ne se confondissent pas en sortant des différentes places : précaution que Vitruve recommande à l'architecte.

HH. Gradins ou places d'honneur, assez larges pour placer les *bisellium* ou toute autre espèce de siéges ou de coussins : ils sont séparés en différentes loges, comme nous l'avons fait remarquer plus haut.

II. Gradins de la troisième cavea, au nombre de dix-huit, tandis que la seconde cavea n'en a que douze. La troisième cavea est partagée par les scalæ en quarante cunei pour toute l'ellipse; et la deuxième, en vingt. Tous ces gradins, admirablement conservés, sont partagés en siéges numérotés, de sorte qu'il ne pouvait y avoir ni erreur, ni discussion sur la place destinée au porteur de chaque billet : disposition qu'il serait bien à propos d'imiter dans nos théâtres.

Il est à remarquer qu'on arrivait du dehors aux quarante vomitoires de la troisième cavea, soit par la terrasse sur les deux tiers de l'ellipse, soit de plain-pied par le rempart sur l'autre tiers. Un calcul assez simple ferait voir que, dans tout l'édifice, il y avait presque autant de terrain destiné aux communications qu'aux siéges des spectateurs : de sorte que l'assemblée entière aurait pu se lever et sortir en même temps, sans qu'il en résultât la moindre confusion. Nos théâtres modernes et nos édifices de tout genre, que dis-je? nos promenades publiques même, sont loin d'offrir de pareils dégagements; et les accidents les plus funestes signalent notre imprévoyance à cet égard.

L. Petit couloir souterrain en pente, qui va de l'arène au dehors, et par lequel on faisait entrer peut-être certaines bêtes féroces : les antiquaires font observer que ce passage était fort étroit, afin que l'animal ne pût se retourner (1). Pour nous, nous admettons plus volontiers, avec MM. Romanelli (2) et Vinci (3), que cette issue était ce que les anciens appelaient

---

(1) Pompei descritta da Carlo Bonducci, 1827, p. 196.
(2) Voyage à Pompéi, p. 301.
(3) Descrizione delle ruine, etc., p. 144.

porta libitinensis (1). Par là, on enlevait les cadavres des gladiateurs morts, et on les traînait avec un crochet jusqu'au *spoliarium*, lieu où on les dépouillait (2). Ce lieu pourrait être ici une petite chambre ronde qui se trouve sur la droite, et à laquelle conduit un escalier.

MM. Petites chambres souterraines carrées, communiquant à la fois avec le corridor D et avec les entrées A et B : elles étaient fermées des deux côtés par de fortes grilles, dont il reste des traces dans les seuils et dans le mur. C'est là, sans doute, que les bêtes féroces étaient renfermées en attendant qu'on les lançât dans l'arène : ce qui pouvait se faire au moyen de cages à coulisses et de guichets étroits pratiqués dans les grilles.

N. Cette lettre a été employée pour indiquer deux escaliers différents. Vers le bas de la planche, elle désigne celui par lequel on monte sur la plate-forme qui est de niveau avec les vomitoires de la troisième cavea. Il y a encore un double escalier semblable qui ne porte pas de lettre, dans le coin en bas et à gauche de la planche : c'est celui que l'on aperçoit au dehors dans la vue de la planche XLIII. Il y en a enfin un troisième, dans l'angle gauche et supérieur de la planche : celui-là mène au terre-plein du rempart, à côté d'une tour carrée dont on voit le plan ; et ce terre-plein lui-même est au niveau de la terrasse et des vomitoires. Mais la lettre N est employée dans la partie supérieure de la planche pour désigner les doubles escaliers qui conduisent de la terrasse ou du rempart à la *summa cavea*, espèce de portique couvert où se tenaient les prolétaires et les femmes.

Passons aux coupes, planche XLVI. La *figure* 1 offre une coupe de l'amphithéâtre prise selon le petit axe de l'ellipse. Les lettres A, D, sont comme au plan. La lettre O remplace la lettre N pour l'escalier de la terrasse : celle-ci est réservée pour l'escalier du portique, qui était probablement recouvert en bois, et où l'on voit quelques trous pour les mâts et les cordages qui servaient à manœuvrer les voiles. Mais ces objets y sont moins distincts qu'au théâtre.

Dans cette coupe, on voit très-clairement, en D, la disposition des escaliers qui conduisaient du corridor voûté à la deuxième précinction.

On trouve à la *figure* 2 une coupe de l'avenue du nord A, prise suivant le grand axe de l'ellipse. On y remarque les arceaux qui renforcent la voûte ; en H, l'*infima cavea* ; en Y, le mur de l'arène dont les pierres solides se distinguent de l'*incertum opus* qui forme la masse de l'édifice ; en X, la niche où se trouvait la statue de Pansa, et au bas de laquelle se lit l'inscription ; en K, l'entrée d'un vomitoire de la troisième cavea ; en L, le corridor des *cathedræ*, ou loges de la *summa cavea*.

La *figure* 3 est une coupe de cette même *summa cavea*, prise au bas d'un des escaliers qui y conduisent.

Enfin, la *figure* 4 représente une coupe de l'*infima cavea* H, avec le mur Y, le corridor elliptique D et l'escalier F : ce sont les mêmes lettres qu'au plan.

On trouve à la planche XLVII, *figure* 1, le détail des gradins avec la balustrade qui sépare la deuxième cavea de la troisième. On remarquera que les gradins supérieurs avaient été réparés récemment lors de la catastrophe, et garnis d'une pierre bien plus belle que celle des gradins inférieurs. Le marchepied du gradin inférieur de chaque cavea, le creux pour les pieds, là seulement où il est nécessaire, sont des particularités que nous avons déjà remarquées au théâtre.

La *figure* 2 offre les impostes qui supportent les architraves des deux portes cintrées du nord et du midi : on remarque dans les deux profils une légère différence.

---

(1) Lamprid. Comm., XVI, XVIII et XIX.
(2) Senec., Ep. 93.

EXPLICATION DES PLANCHES. 85

Nous avons déjà parlé de la peinture dont on voit un dessin à la *figure* 3, et qui est une de celles du mur de l'arène (1).

La *figure* 4 représente la disposition d'un pavé composé de différents marbres. Le milieu est rouge; les carrés sont jaunes; les losanges, bleus; et les triangles, verts. Peut-être ce pavé était-il placé au centre de l'arène : c'est là, sans doute, que l'on plaçait l'autel d'Hécate ou de Pluton, et plus souvent celui de Jupiter Latiaris, protecteur du Latium. Et sur cet autel, si l'on en croit Juste Lipse, qui a rassemblé à l'appui de ce fait des autorités imposantes, et qui fait autorité lui-même (2), on immolait une victime humaine, un malheureux *bestiarius*, pour consacrer l'ouverture des jeux. Réminiscence atroce de l'origine de ces horribles spectacles! le massacre n'avait pas su s'ennoblir en se déguisant en combat; le couteau du prêtre avait conservé sa part dans l'œuvre sanglante qu'il avait transmise à l'épée du gladiateur. Prêtres, sicaires, spectateurs, tout était à l'unisson de cruauté et d'infamie; et l'on ne voit que les tigres et les lions, contre lesquels il n'y ait point lieu de s'indigner.

Il reste encore quelque chose de plus odieux, s'il est possible. En sortant de l'arène par la porte septentrionale, on trouve en face de soi une petite arcade en briques, précédée de deux colonnes ruinées : cette entrée conduit à un *triclinium*, représenté en plan et en élévation à la *figure* 5. Là, on offrait, à ceux qui allaient mourir, le prétendu *repas libre*, si vivement décrit et flétri si énergiquement par l'auteur des Martyrs (3). Voulait-on réconcilier les malheureux avec la vie, au moment où ils devaient la quitter? Voulait-on leur faire comprendre la vanité des plaisirs sensuels, en leur offrant ces délices alors qu'ils ne pouvaient en jouir, et quand pour eux le pain devait se changer en cendres, le vin en absinthe?... Dans le génie antique, si beau quand il est simple et vrai, on trouve quelquefois des raffinements hideux et des abîmes de perversité qui confondent à la fois le goût et la raison.

Nous avons dit que la plupart des peintures de la muraille de l'arène s'effaçaient peu à peu. Il en est même qui ont disparu peu de temps après le déblaiement, et presque au premier contact de l'air. M. le chevalier Arditi, directeur général des fouilles, a rendu un grand service à l'archéologie en faisant copier sur-le-champ, par le pinceau habile de M. Morelli, les plus intéressants de ces tableaux. Nous en reproduisons un à la planche XLVIII, *figure* 1. Un héraut, vêtu d'une robe blanche, et sa baguette à la main, semble indiquer les lois d'un combat, ou décider un différend. Près de lui est le *Tubicen* qui fait entendre un signal.

Et tuba commissos medio canit aggere ludos (4).

La forme de son instrument et son costume, ses espèces de jambières, l'armure de son bras gauche, offrent des particularités curieuses. L'un des deux combattants est seul sur la scène. Il a la jambière et le bouclier du mirmillon. Les autres personnages semblent des hérauts ou des appariteurs : celui-ci porte l'épée, celui-là le casque du gladiateur; d'autres, tenant un bouclier rond, semblent attendre l'adversaire pour l'armer également : dans le lointain, de chaque côté, on aperçoit une Victoire. Certes, ce n'est point comme œuvre d'art que nous recom-

---

(1) Voyez ci-dessus, p. 80.
(2) De Amphitheatro, cap. IV.
(3) Châteaubriand, Martyrs, livre XXII. — M. Romanelli, p. 303, n'a vu dans ce repas que le festin funèbre, le *silicernium*, que l'on célébrait en l'honneur des gladiateurs d'un rang distingué qui succombaient dans l'arène. Nous ne saurions croire qu'un édifice fût construit exprès pour un si petit nombre de cas, et nous nous rangeons de l'avis de M. Bonducci, p. 197.
(4) « Et au milieu de l'arène, la trompette annonce les jeux commencés. » Virg. Æn., V, 113.

mandons cette peinture, mais comme offrant à l'archéologue un sujet de recherches et d'inductions intéressantes.

Les deux gladiateurs que représente la *figure* 2, sont tirés d'une autre peinture du même mur de l'amphithéâtre. L'un des deux est blessé au bras, et la lame de son épée s'est faussée : il fait le geste par lequel ceux qui se voyaient sur le point de succomber demandaient grâce au peuple. Son adversaire le presse et semble prêt à l'immoler, sans attendre que l'arrêt soit prononcé. Il y a du mouvement dans l'attitude de ce personnage. Le motif de cette peinture ressemble beaucoup à celui de plusieurs des bas-reliefs du tombeau de Scaurus, et c'est uniquement pour faire ressortir cette ressemblance que l'on a mis ici cette copie. Les peintres et sculpteurs décorateurs, comme les modeleurs, se répétaient-ils donc sans scrupule, et sans autre motif que celui de gagner du temps en employant des espèces de calques ou de ponsifs; ou bien, y avait-il pour ces jeux funèbres, tenant de si près à la religion, quelques figures, quelques attitudes convenues et solennelles qu'il était de règle de reproduire dans toutes les occasions semblables? Nous pencherions assez vers cette dernière conjecture, qui nous paraît dans le véritable esprit de l'antiquité.

Nous avons terminé ce qui concerne les jeux publics des anciens, leur scène et leur amphithéâtre : un objet analogue resterait encore à traiter; ce seraient les courses et les jeux du cirque. Mais le cirque de Pompéi, s'il en existait un, n'a point encore été découvert, et bien des années s'écouleront peut-être avant que les fouilles le rencontrent. Puisse le voyageur ou l'artiste qui rendra compte de cette découverte, et qui publiera cette espèce de complément de notre Pompéi, plus heureux que l'architecte Mazois, vivre pour achever lui-même son ouvrage! Il saura lui donner ce caractère d'unité que nous nous sommes efforcé, peut-être en vain, de conserver au nôtre, à travers tant d'obstacles douloureux et de retards involontaires!

DISSERTATION
SUR LA MOSAÏQUE
DITE D'ALEXANDRE A ARBELLES,

Par M. QUATREMÈRE DE QUINCY,

SECRÉTAIRE PERPÉTUEL DE L'ACADÉMIE DES BEAUX-ARTS, MEMBRE DE L'ACADÉMIE DES INSCRIPTIONS ET BELLES-LETTRES.

En 1830, dans la rue de Pompéi, qui, du temple de la Fortune et de l'arc triomphal de Tibère, s'étendait jusqu'à la porte d'Isis, fut découverte, et en partie déblayée, une des plus belles habitations de cette ville. Cependant, ce ne fut qu'en 1831 que l'on vit les opérations plus ou moins lentes du déblayement mettre au jour la totalité d'un superbe pavé en mosaïque, qui décorait une des salles de cette maison.

Cette salle, située entre cour et jardin, est de forme quadrangulaire, et n'avait de murs que sur ses deux petits côtés. Ouverte sur les deux grands, elle était décorée, à l'entrée donnant sur la cour, de deux colonnes corinthiennes coloriées en cinabre. Quant à la partie qui regardait le jardin, elle n'en était séparée que par un petit mur à hauteur d'appui, suffisant pour interrompre, par en bas, la communication, par conséquent sans ôter la vue des arbres ou des fleurs du jardin.

Il ne reste plus aujourd'hui que les vestiges de la disposition générale des bâtiments, avec quelques éléments architectoniques, d'après lesquels il est permis seulement de deviner ce que l'éruption du volcan a détruit.

Mais ce qui peut consoler ou dédommager de cette perte, c'est le grand tableau en mosaïque qui se déployait, comme un brillant tapis, sur toute l'étendue du sol de cette salle, et lui servait de pavement.

Cet ouvrage, sans aucun doute, n'a pu être exécuté par le mosaïste, que d'après un véritable tableau, ou une composition peinte qui ne doit pas avoir été d'une moindre dimension. Dès lors, la conjecture la plus probable est que ce qui aura servi de modèle au travail de la mosaïque, aura dû être une copie faite exprès, dans la mesure prescrite, et d'après quelque original, peut-être beaucoup plus grand, soit pour l'étendue, soit pour la dimension des figures, dimension qui, comme on le verra, se trouve ici rapetissée à peu près d'un tiers de la proportion naturelle (1), évaluée de cinq pieds et demi à six pieds.

Toujours peut-on dire, d'après l'étendue de cette composition, longue de 19 palmes 1/2 sur 10 et 1/4 de hauteur, que l'on possède l'ensemble d'un ouvrage qui, surtout en le supposant rapetissé par le fait de son nouvel emploi, aura dû être compté autrefois parmi les grands ouvrages de la peinture.

Si ensuite on prend en considération le sujet qui s'y trouve développé, il faudra convenir que jusque-là nous ne possédions rien qui pût donner une idée positive de l'étendue des

(1) Selon M. Bonucci, quelques-unes des figures ont environ deux tiers de grandeur naturelle. La planche n° 49 offre l'exacte représentation de l'une des principales têtes, sur l'échelle même de la mosaïque.

grandes compositions que la peinture antique a traitées, surtout en fait de batailles. A en croire les notices de Pline, la peinture aurait, chez les Grecs, réalisé, en ce genre, des entreprises de la plus vaste étendue : témoin la bataille contre les Perses, du peintre Aristide de Thèbes, où l'on comptait jusqu'à cent personnages (1).

Rien, on doit le dire, n'est plus difficile pour le peintre que l'obligation d'exprimer, dans l'espace borné d'un tableau proprement dit, ou autrement dans un espace soumis à l'unité physique d'un point de vue, et à l'unité d'action, les scènes variées d'un conflit entre deux armées, c'est-à-dire deux multitudes. L'art doit consister alors dans le choix d'un petit nombre d'incidents, de traits ou d'actes significatifs sur les plans antérieurs de la scène. Là seulement, et de cette seule manière, peut être rendu clair aux yeux et intelligible à l'esprit, par un petit nombre de faits caractéristiques, le résultat d'une vaste scène, dont la seule multiplicité d'acteurs ferait une foule, au milieu de laquelle le spectateur ne saurait reconnaître ni le moteur, ni le résultat de l'action qu'on lui voudrait représenter.

Ici donc, c'est-à-dire dans le sujet de sa grande composition, le peintre, d'après les bornes affectées à la nature de son art, a dû chercher à en restreindre l'image dans un petit nombre de circonstances les plus propres à l'expliquer aux yeux. Il nous paraît l'avoir fait avec autant de justesse que de clarté par les traits qui, sur les premiers plans, en résument l'ensemble.

Effectivement, le sujet se divise d'abord, avec la plus grande clarté pour les yeux et l'esprit, en deux principales parties, et d'une dimension égale.

L'une est celle de l'armée grecque, dont le général, suivi de nombreux combattants, vient de percer de sa lance et de renverser avec son cheval le chef présumé de l'armée barbare.

L'autre partie, ou celle de l'armée asiatique, se fait clairement distinguer, outre la différence de costume, par le personnage principal porté dans le char dont le conducteur pousse hors du champ de bataille, et dans un mouvement évidemment de fuite ou de retraite, les quatre chevaux qui y sont attelés. Le même mouvement est encore rendu visible par l'action et l'expression de ce cavalier qu'on voit à pied, sur le premier plan, s'efforcer de faire retourner son cheval, vu par derrière et en raccourci.

Telles sont les principales masses de cette composition, à laquelle manquent toutefois les détails que le temps a détruits du côté gauche, qui est celui de l'armée grecque, et dont il ne reste que des indications de fragments, qu'il ne serait pas très-difficile de restaurer, en complétant la composition.

Pour en juger, avec le discernement convenable, l'ensemble et les détails, il y a donc deux observations à faire et qu'il ne faut pas perdre de vue : l'une, que ce n'est qu'une répétition, probablement réduite et modifiée d'après une copie (modifiée peut-être elle-même) d'un tableau très-probablement original; l'autre que le nouvel emploi, auquel le travail du mosaïste dut l'affecter, put exiger des concessions, surtout dans la dimension de la scène générale, comme dans la proportion des personnages, pour s'assortir aux mesures d'un local donné.

Nous ne prétendons pas que jamais peintre n'aurait produit une composition originale pour être transformée ou copiée en mosaïque. Cependant, lorsqu'on sait (par Pline) à quelle époque l'usage des pavements en mosaïque fut introduit en Italie, lorsqu'on pense que ce genre de travail dut s'exercer uniquement sur des espaces soumis à des mesures prescrites par la diversité des locaux et des habitations, on est tenu de reconnaître que de véritables originaux, surtout en grand, et ouvrages des plus célèbres peintres de la Grèce, n'auraient pu être employés à ce genre de copie, que d'après d'autres copies, déjà subordonnées à de nouvelles exigences.

---

(1) *Prœlium cum Persis centum homines in tabulâ complexus.* Pline, l. 35, p. 138.

SUR LA MOSAIQUE.

On ne saurait donc se permettre de croire que la mosaïque de Pompéi, qui est le sujet de notre dissertation, ait été exécutée immédiatement et rigoureusement d'après l'original identique d'un peintre célèbre de la Grèce. Il serait en effet difficile d'admettre qu'en un sujet d'une telle importance, l'artiste original n'aurait donné à ses personnages que les deux tiers (1) ou un peu plus de la grandeur naturelle. Rien au contraire de plus admissible à l'égard du mosaïquiste soumis à une dimension forcée. La copie d'après laquelle il eut à travailler, aura dû se conformer à l'étendue de la salle. Qui sait même si d'autres réductions ou modifications n'auront pas eu lieu en d'autres genres? Ainsi, l'on a vu que les mosaïquistes modernes, qui ont orné les grands maîtres-autels de Saint-Pierre, se sont trouvés dans un cas tout contraire, obligés, vu la hauteur de leurs retables, d'opérer sur des copies augmentées en dimension, d'après leurs originaux. Qui sait encore, en supposant que la mosaïque de Pompéi ait été copiée d'après un ancien tableau, quelles autres réductions ou modifications son exécution aurait pu commander?

Quoi qu'il en ait pu être, il faut dire que, dans la composition, telle que la mosaïque actuelle nous la présente, l'idée essentielle du sujet est rendue avec autant de clarté et de justesse que l'art pouvait le faire, resserré qu'il était dans un espace aussi étroit. Difficilement on imaginerait une meilleure manière de rendre sensibles, et de mettre sous les yeux du spectateurs, les points essentiels et principaux d'une action aussi étendue, aussi multiple que l'est celle d'une bataille.

On ne pouvait donc pas faire voir avec une plus grande clarté, ni resserrer dans un moindre espace, les résultats opposés de chacune des deux armées. Généralement on doit dire de cette composition, que ses masses et ses détails s'enchaînent et se développent avec beaucoup d'art, dans un espace qui, bien que grand, doit toujours être fort resserré, si on le mesure par l'étendue naturelle du sujet. On peut dire encore que, d'une part, il n'y a rien de rédondant, et que, de l'autre, rien de nécessaire n'y manque.

Ce grand ouvrage antique, et unique jusqu'à présent dans son genre, nous offre donc une de ces compositions qui manquaient à nos connaissances de l'art antique, et ce sujet abonderait en considérations de tous genres, tant sur la nature de son sujet historiquement considéré, que sur les variétés de détail dont l'art et la critique de l'art pourraient faire leur profit.

Il faut présumer que ce tableau en mosaïque, d'une composition si remarquable, d'un artifice si soigné et d'une dimension si considérable, a dû dériver de quelque peinture beaucoup plus antique, et dont il faut faire remonter la date à une époque de l'art de peindre où la décadence du talent et du goût n'avait pas encore fait les progrès que la critique est forcée de reconnaître dans ceux des ouvrages qui constatent, aux yeux du connaisseur, la dernière période des monuments et des peintures de la ville de Pompéi.

Au mérite que cette copie nous découvre dans le tableau original, dont elle n'est probablement, comme on l'a fait observer, qu'une répétition soumise à une mesure réduite, il faut encore ajouter celui de l'exécution technique. Rien de plus précieux que le choix des matériaux employés dans l'exécution de l'ouvrage. La mosaïque est formée, non de pâtes de verre, mais de marbres rares, taillés en petits cubes d'une singulière exiguïté, et assemblés avec une finesse parfaite. On pourra juger jusqu'à quel point ce double mérite a été porté dans cette partie, en considérant que la célèbre mosaïque des colombes au Capitole, la plus fine que l'on connaisse, renferme, en un fort petit sujet, cent soixante cubes dans chaque once du palme romain, et que, dans le même espace, mais pour un sujet d'une immense étendue comparative, la mosaïque de Pompéi en renferme cent vingt-cinq.

(1) C. Bonucci, p. 21.

Nous avons déjà fait observer que cette mosaïque n'est parvenue jusqu'à nous qu'avec un vide assez considérable dans le côté qui, pour le spectateur, est le côté gauche, et avec des restaurations assez maladroites en quelques parties. Probablement le tremblement de terre qui précéda de quelques années l'ensevelissement de la ville, l'an 78, avait endommagé ce pavement, surtout dans l'ensemble des figures qui accompagnaient le héros grec. Presque toute cette partie avait disparu. Il paraît que dans l'espace de temps dont on a parlé, on n'avait fait que remplir provisoirement cette lacune par un simple enduit de stuc. Les restaurations partielles qu'on observe en d'autres endroits, où le dégât avait été moins grave, furent exécutées dans un travail de mosaïque beaucoup moins fine. Ce travail ne fait aujourd'hui que mieux ressortir la finesse de tout le reste.

Il est bien probable que dans l'état premier de son exécution complète, cette grande scène en mosaïque, répétition de quelque original célèbre, avait dû reproduire pour les yeux l'image de quelque victoire éclatante d'un héros grec, que toutes les vraisemblances autorisent à croire être Alexandre.

Les exploits du héros macédonien durent, et pendant son siècle, et encore longtemps après, exercer les pinceaux les plus habiles. Ainsi, quoique les notices de Pline ne fassent nominativement mention d'aucune des batailles d'Alexandre contre les Perses, il doit suffire du simple et bref énoncé de cet écrivain que nous avons rapporté plus haut, sur le tableau représentant une bataille contre les Perses (*prœlium cum Persis*), contenant cent figures (*centum homines complexus*), pour prouver d'abord que ces vastes sujets occupèrent le pinceau des artistes grecs, et ensuite, combien il est vraisemblable que les batailles d'Alexandre auront dû avoir une sorte de privilége sur toutes les autres. Qui nous dira que le sujet de la bataille contre les Perses, du peintre Aristide, n'aurait pas été un des exploits du héros macédonien? Et qui nous dira que la mosaïque de Pompéi n'aurait pas été une imitation réduite d'une scène beaucoup plus étendue, en longueur surtout, et que le mosaïquiste aurait, par plus d'un retranchement, réduite aux dimensions de son local?

Les auteurs des quatre seuls écrits qui aient été jusqu'à présent publiés sur cette mosaïque y ont vu chacun un sujet différent. L'un, la bataille de Platée, et, conséquemment, *Pausanias*, commandant de l'armée grecque d'une part, et de l'autre, *Mardonius* et *Artabaze*. Selon le second, ce serait le combat livré au passage du Granique, entre Alexandre et Mithridate, gendre de Darius. Le troisième y a vu la bataille d'Issus, où Darius lui-même se trouve en présence du héros macédonien. Suivant le dernier, ce serait un épisode de la bataille d'Arbelles.

Le sentiment commun, et ce qu'on peut appeler une sorte d'instinct, juge qu'il ne faut pas trop récuser en de pareilles matières, semblent porter à rejeter la première de ces explications, qui ne se fonde sur aucun argument solide. Ceci accordé, il ne restera plus à choisir qu'entre les trois batailles d'Alexandre. Or, c'est déjà beaucoup que de reconnaître comme chef de l'armée grecque le héros macédonien. Maintenant sera-t-il facile de démêler et démontrer au lecteur de quelle bataille il s'agit? D'après le vague qui doit régner dans les caractères propres et nécessairement communs à de tels sujets, surtout quand il s'agit du même héros, de la même guerre, et entre les mêmes ennemis, la critique doit se montrer très-réservée en fait de décisions.

S'il fallait toutefois faire pencher la balance entre une opinion de préférence aux autres, nous adopterions volontiers les considérations déjà mises en avant dans un écrit périodique, et dont le résultat simplement probable se fonde sur un bas-relief votif de marbre jaune antique. On y voit représentée dans une suite de figures groupées ou isolées, et disposées sur le plan convexe et circulaire d'un bouclier, la bataille d'Arbelles. Au centre de ce bouclier, se trouve représenté Alexandre à cheval, comme il l'est sur notre mosaïque.

En attendant que les antiquaires se soient mis d'accord sur le sujet précis ou le nom de la bataille en question, il est un point qui ne saurait donner lieu à aucun dissentiment; c'est l'extrême importance et le haut mérite de la découverte nouvelle sous le rapport de l'art. Cette répétition, en quelque sorte mécanique, d'un ouvrage original de l'art grec, devient une révélation de ce que la peinture antique a pu produire. Une mosaïque destinée, comme l'était le genre de son art, à être, par sa position et son emploi, plus ou moins foulée aux pieds, quoiqu'on y observe d'assez grands mérites, ne laisse pas de nous apprendre la mesure avec laquelle une judicieuse critique doit apprécier la supériorité de mérite que dut présenter l'œuvre du pinceau original qui lui servit de modèle.

Jusqu'à présent les découvertes de la peinture antique, dans les restes d'ornements de quelques tombeaux, et dans les panneaux de cloisons des chambres de Pompéi et d'Herculanum, ne nous avaient présenté, pour la plupart, que de ces légères compositions de petits sujets, ou improvisés par le peintre décorateur, ou puisés dans ces nombreux répertoires d'objets d'ornements qu'on voit encore, de nos jours, se reproduire ou se multiplier sans motif obligé, au gré des espaces qui peuvent les recevoir.

C'est donc une découverte des plus importantes, et pour l'histoire de l'art, et pour la critique du goût antique, qu'une scène aussi étendue, et qui probablement le fut beaucoup plus dans l'original, dont elle aura pu n'être qu'un extrait commandé par l'espace du local.

FIN.

AVIS AU RELIEUR.

LA PUBLICATION A ÉTÉ FAITE DANS L'ORDRE SUIVANT :

	LIVRAISONS.	FEUILLES DE TEXTE.	PLANCHES.
1re PARTIE.	1re....	1, 2, 3, 4, 5, 6, 7, 8, 9, 10, 11, 12............	1, 2, Notice historique. — 1, 2, 3, Ruines.
	2e....	Point de texte................................	4, 5, 6, 7, 8, 9, 10, 11.
	3e....	13, 14, 15, 16...............................	12, 13, 15, 16, 17, 18.
	4e....	Point de texte................................	19, 20, 21, 22, 23, 24.
	5e....	Idem..	25, 26, 27, 28, 29, 30.
	6e....	Idem..	31, 32, 33, 34, 35, 36.
	7e....	17, 18, 19, 20, 21, 22, 23, 24, 25, 26, 27, 28, 29, 30.....	14, 37, 38.
2e PARTIE.	8e....	1, 2, 3, 4, 5, 6, 7, 8, 9, 10, 11, 12, 13, 14, 15.......	1, 2, 3, Habitations. — 1, 2, 3, Ruines.
	9e....	16, 17, 18, 19, 20...........................	4, 7, 8, 9, 10, 11.
	10e....	21, 22, 23..................................	12, 13, 14, 15, 16, 17.
	11e....	24, 25, 26, 27..............................	18, 19, 21, 22, 23, 24.
	12e....	28, 29, 30..................................	5, 20, 25, 28, 29, 30.
	13e....	31, 32, 33, 34..............................	6, 31, 32, 33, 34, 35.
	14e....	35, 36, 37.................................	36, 39, 40, 41, 42, 43.
	15e....	38, 39, 40.................................	37, 38, 44, 46, 47.
	16e....	41, 42, 43, 44.............................	45, 48, 49, 50, 51.
	17e....	45 à 53, plus le titre de la 1re partie, et titre et faux-titre de la 2e.	26, 27, 52, 53, 54, 55.
3e PARTIE.	18e....	Pages 5, 6, Préface; — 7, 8, 9, 10, Introduction........	1, 2, 3, 4, 5, 6, 3e partie.
	19e....	Pages 11, 12, 13, 14, 15, 16, Explication des planches.......	7, 8, 9, 10, 11, 12, 3e partie.
	20e....	Pages 17, 18, 19, 20, 21, 22.....................	9 bis, 16, 22, 23, 3e partie.
	21e....	Feuilles 12, 13, Explication des planches...............	15, 17, 28, 19, 24, 25, 3e partie.
	22e....	Point de texte................................	13, 18, 26, 30, 32, 35, 3e partie.
	23e....	Feuille 14, Explication des planches.................	14 bis, 21, 27, 31, 41, 20, 3e partie.
	24e....	Point de texte................................	16, 13 bis, 34, 36, 14, 3e partie.
		Nota. Manque le texte des feuilles 15 à 40, à prendre dans la 35e livraison, et le titre et faux-titre dans la 27e livraison.	Manquent les planches 29, 33, 37, 38, 39, 40, 42, 43, 44, 45, 46, 47, 48, 49, 50, qui se trouvent dans la livraison de la 4e partie.
4e PARTIE.	25e....	Point de texte................................	16, 17, 18, 19, 21, 23, 4e partie.
	26e....	Idem..	20, 12, 13, 14, 22, 48, 4e partie.
	27e....	Titre et faux-titre de la 3e partie.................	15, 24, 26, 30, 35, 4e partie.
	28e....	Point de texte................................	29, 33, 40, 42, 3e partie; — 39, 4e partie.
	29e....	Idem..	27, 8, 10, 11, 28, 4e partie; — 45, 3e partie.
	30e....	Idem..	37, 46, 3e partie; — 2, 7, 36, 4e partie.
	31e....	Idem..	43, 44, 3e partie. — 37, 42, 44, 4e partie.
	32e....	Idem..	38, 39, 3e partie. — 1, 4, 5, 6, 4e partie.
	33e....	Idem..	3, 9, 31, 38, 43, 45, 4e partie.
	34e....	Idem..	47, 48, 49, 50, 3e partie; —25, 29, 40, 4e partie.
	35e....	Feuilles 15 à 40, Explication des planches de la 3e partie........	32, 33, 34, 47, 4e partie.
	36e-37e	Texte de la 4e partie, comprenant : faux-titre et titre, Notice sur Mazois, 3 feuilles; Explication des planches, 43 feuilles; Description de la grande mosaïque, 3 feuilles; et Avis au relieur, 1 feuille.	41, 46, 48, 49, et le plan général de l'état actuel de Pompéi, 4e partie.

RÉSUMÉ.

La 1re partie contient 30 feuilles de texte, 2 planches Notice historique; et les planches 1 à 38.
La 2e partie contient 53 feuilles de texte, 3 planches, Habitations, et les planches 1 à 55, Ruines.
La 3e partie contient 40 feuilles de texte, et 50 planches, plus les planches 13 et 14 bis.
La 4e partie contient 3 feuilles, Notice sur Mazois, et 46 feuilles de texte et l'Avis au relieur, plus 49 planches, et le Plan général de l'état actuel de Pompéi.

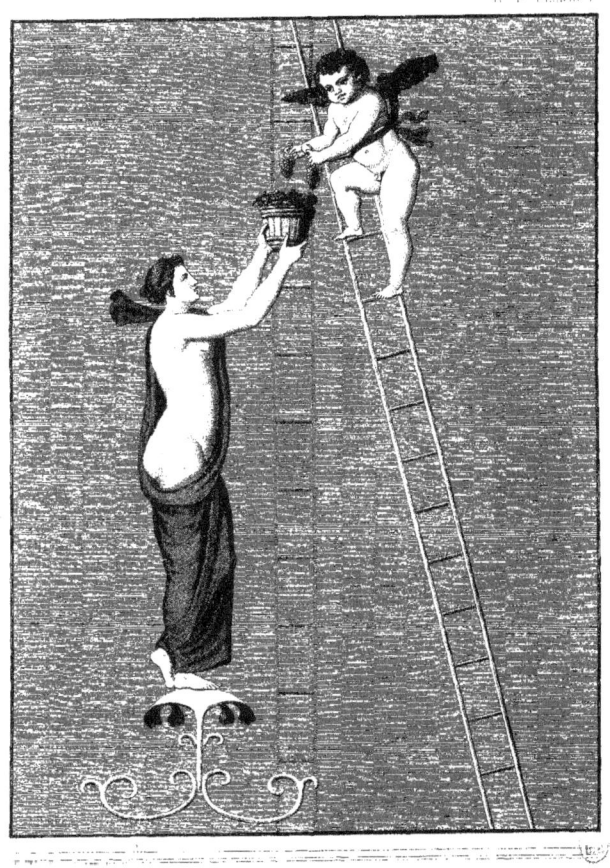
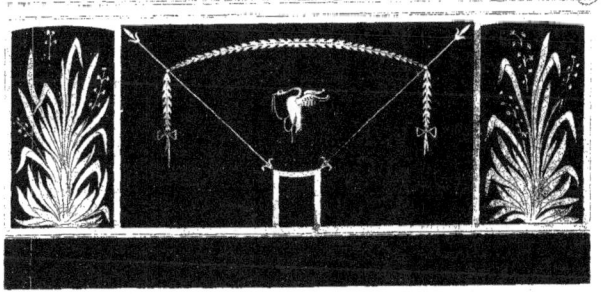

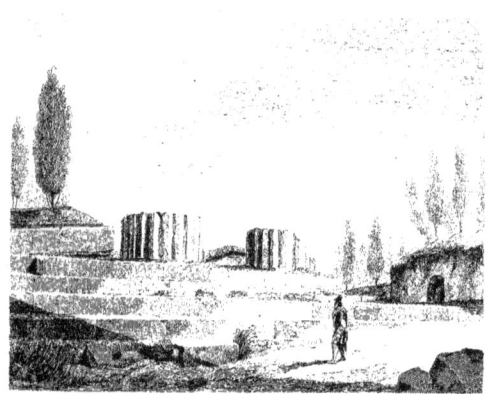

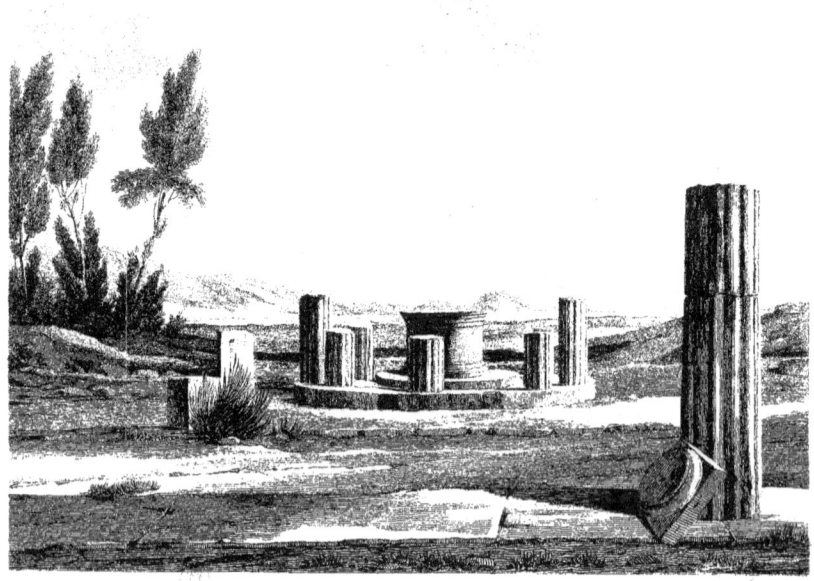

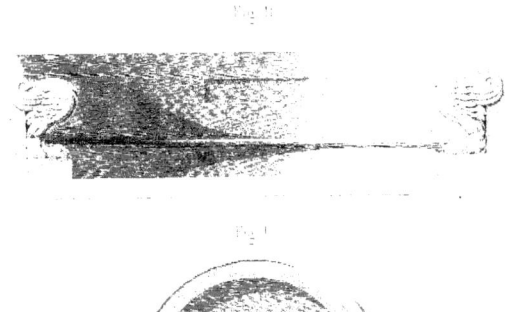
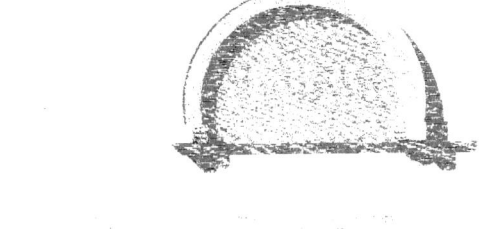

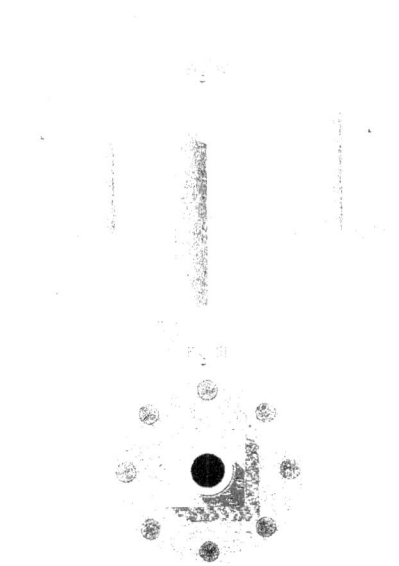

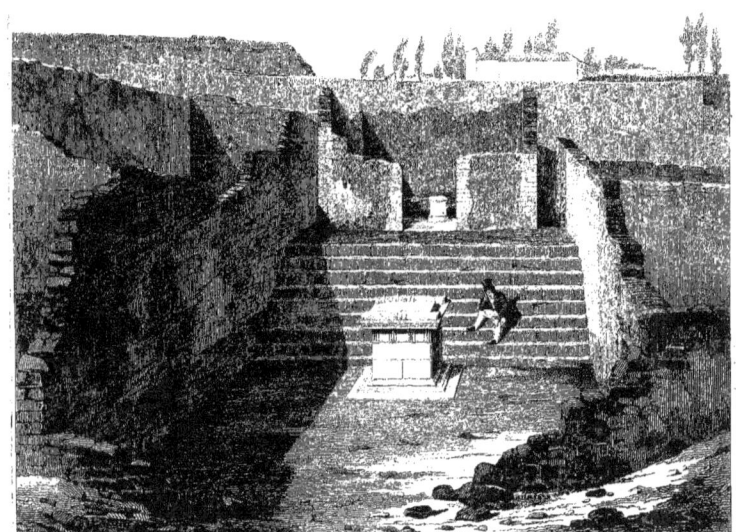

VUE DU TEMPLE DE NEPTUNE.

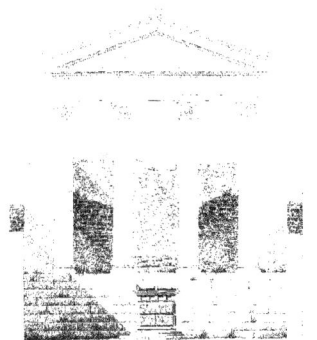

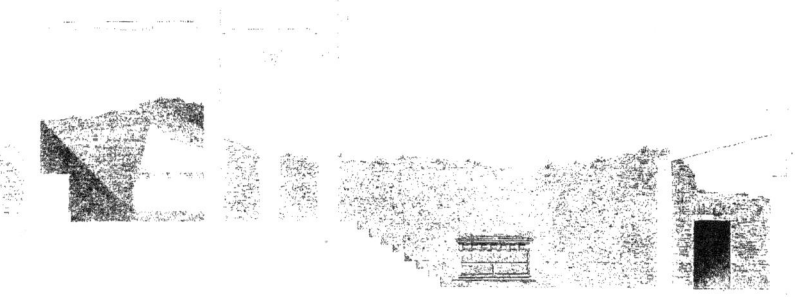

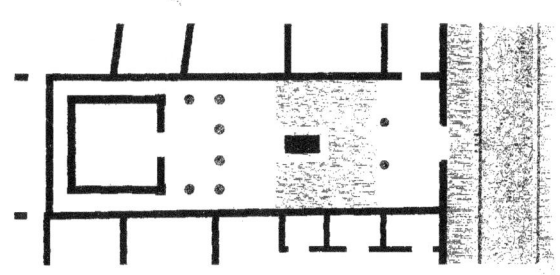

Fig. I.

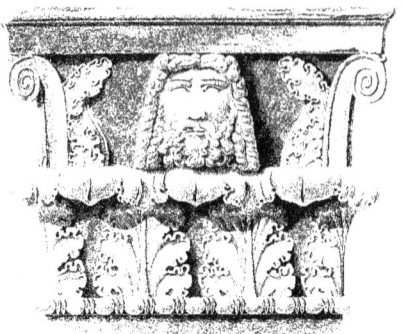

Fig. II.

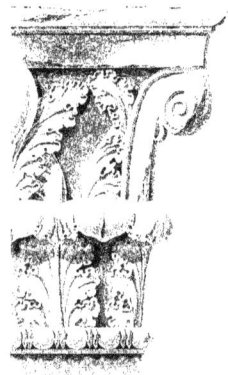

Fig. III.

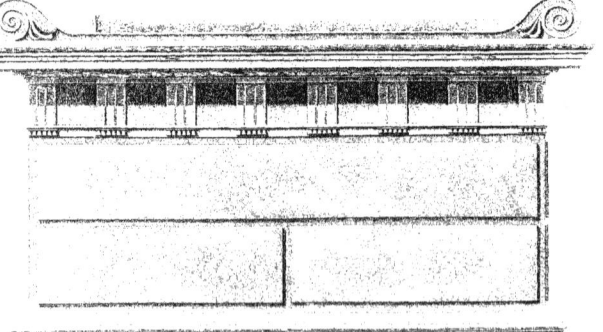

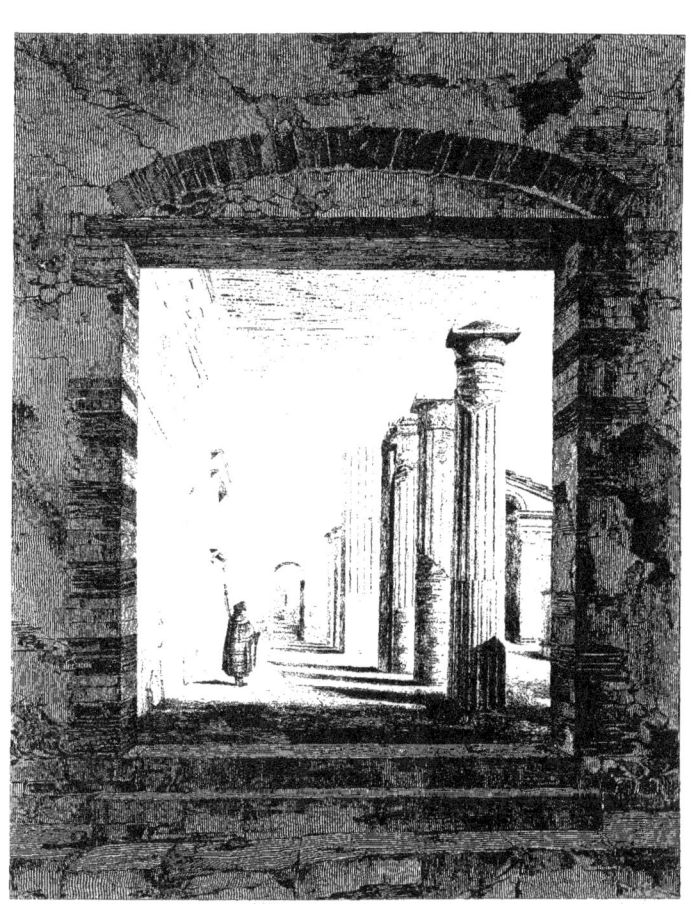

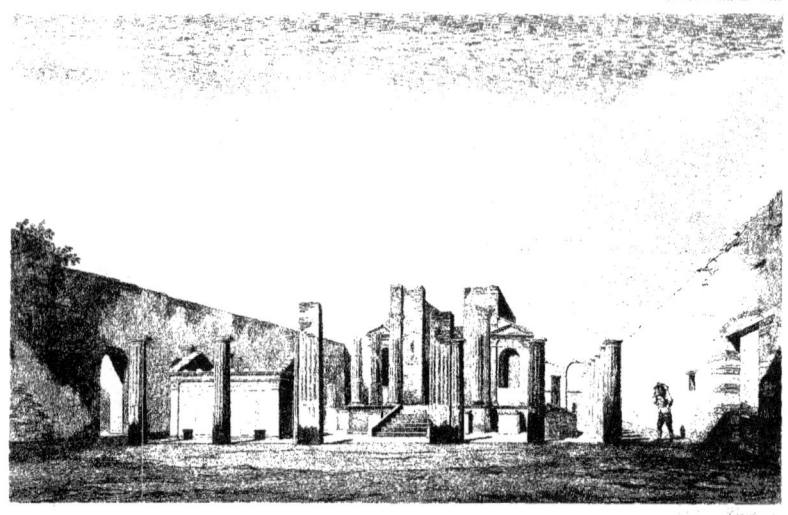

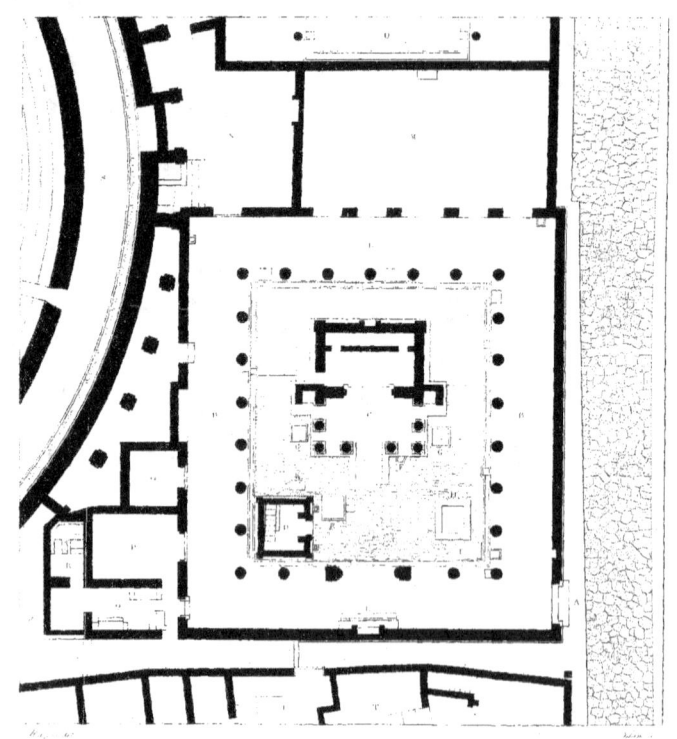

TEMPLE D'ISIS.

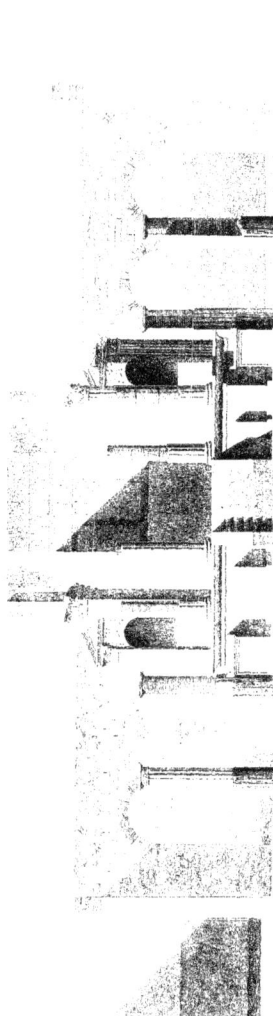

Fig. I.

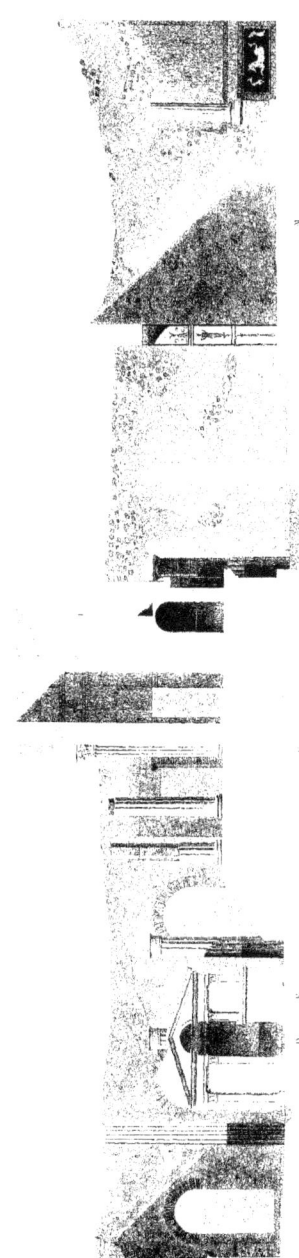

Fig. II.

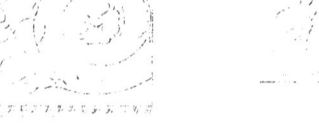

Fig. III

Fig. V

Fig. V

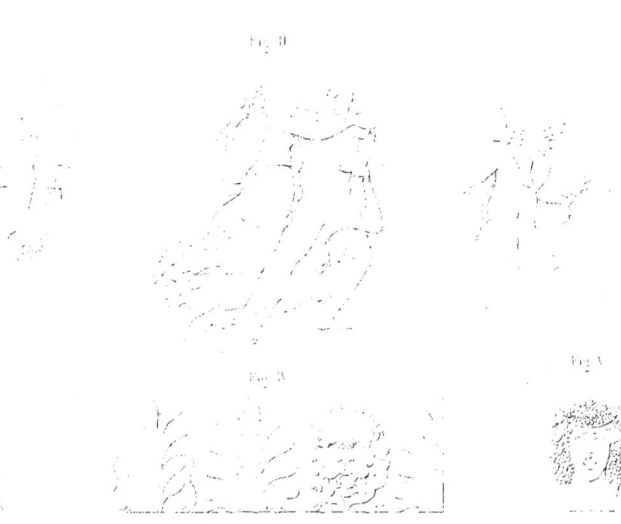

Fig. II

Fig. V

Fig. V

Fig. V

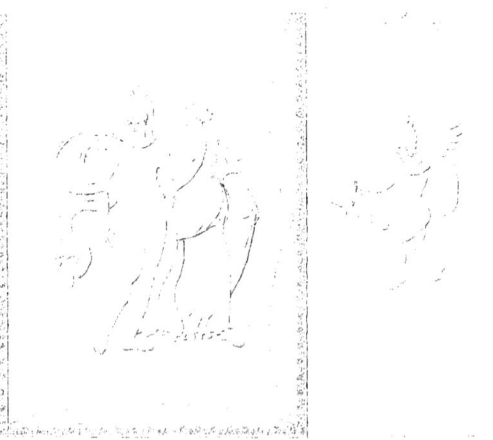

Fig. I

Fig. IV.

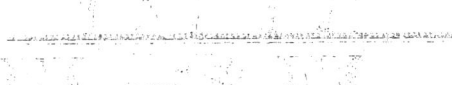

Fig. I.

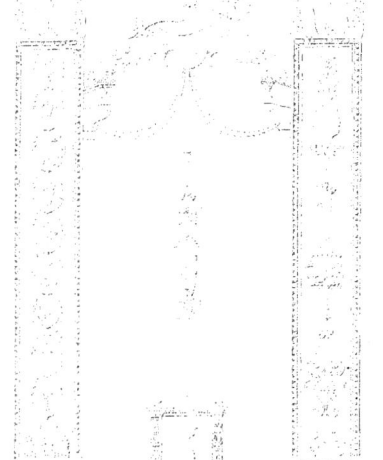

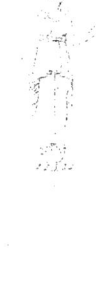

Fig. II.

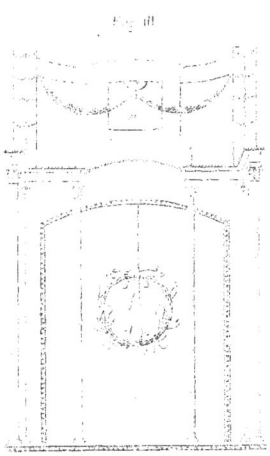

Fig. III.

Fig. VI.

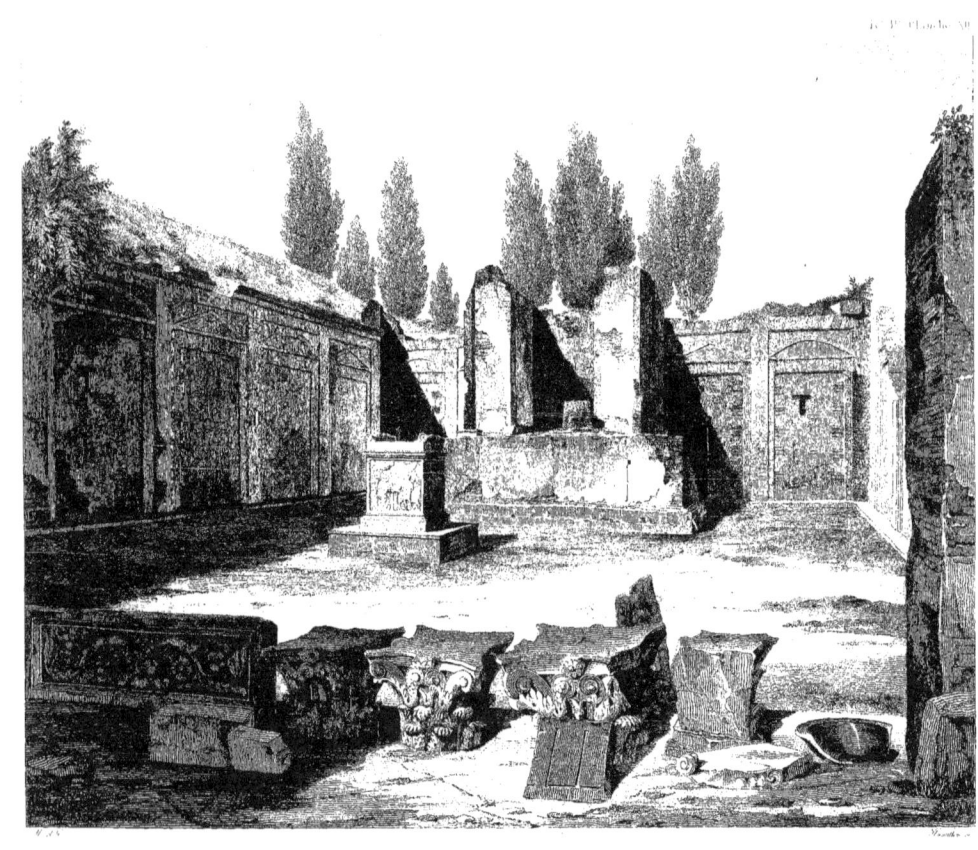

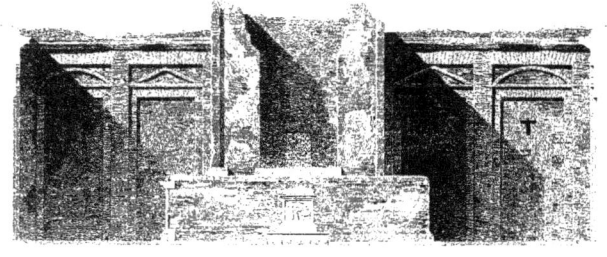

Fig. II

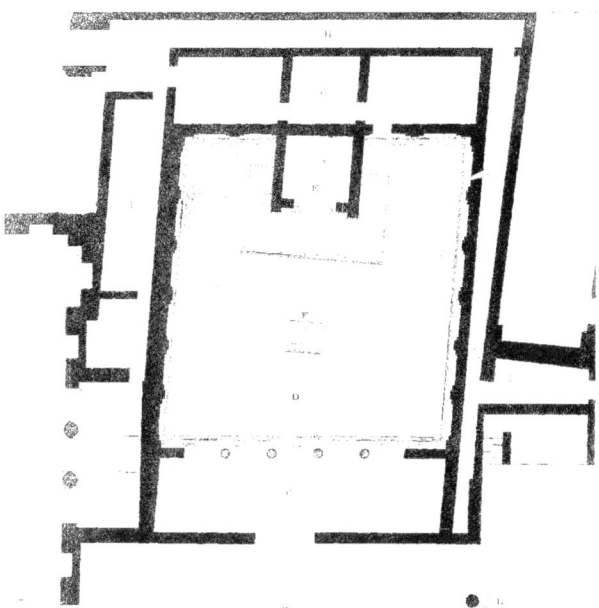

Fig. I

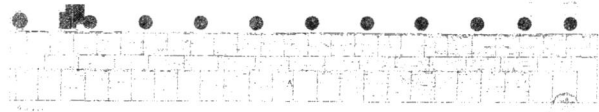

FORUM

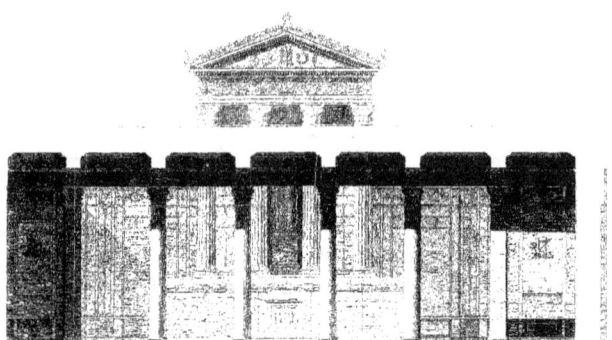

Fig. I

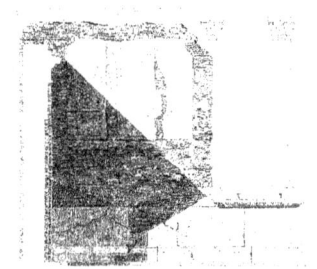

Fig. II

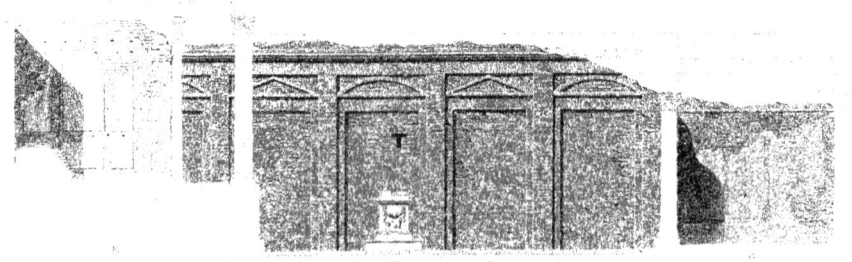

Fig. III

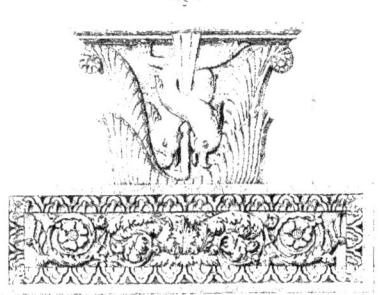

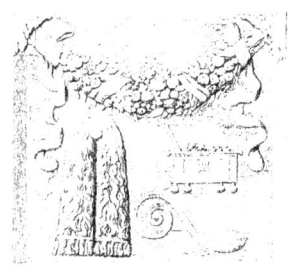
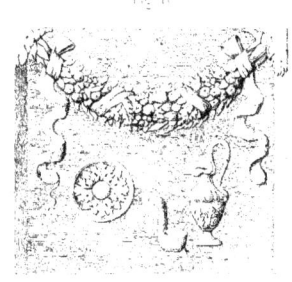

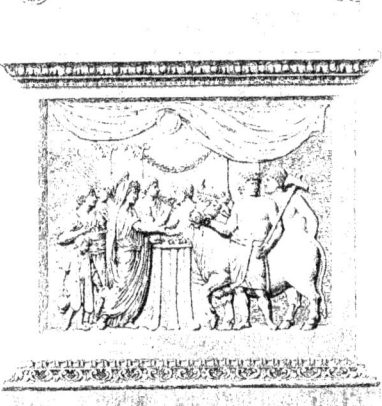
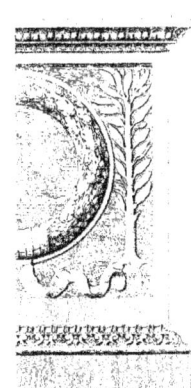

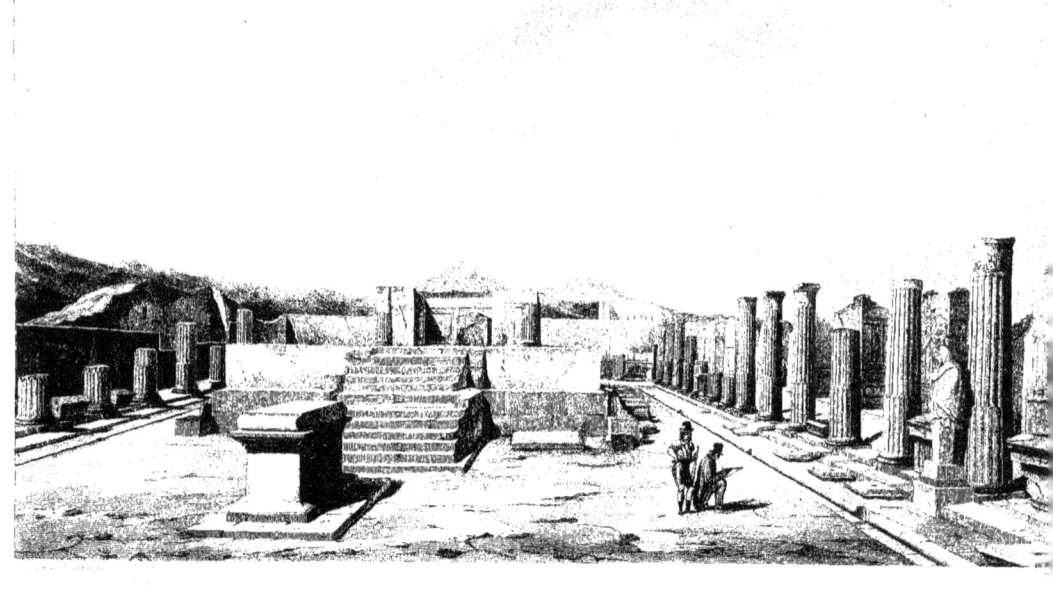

FORUM
POMPEII

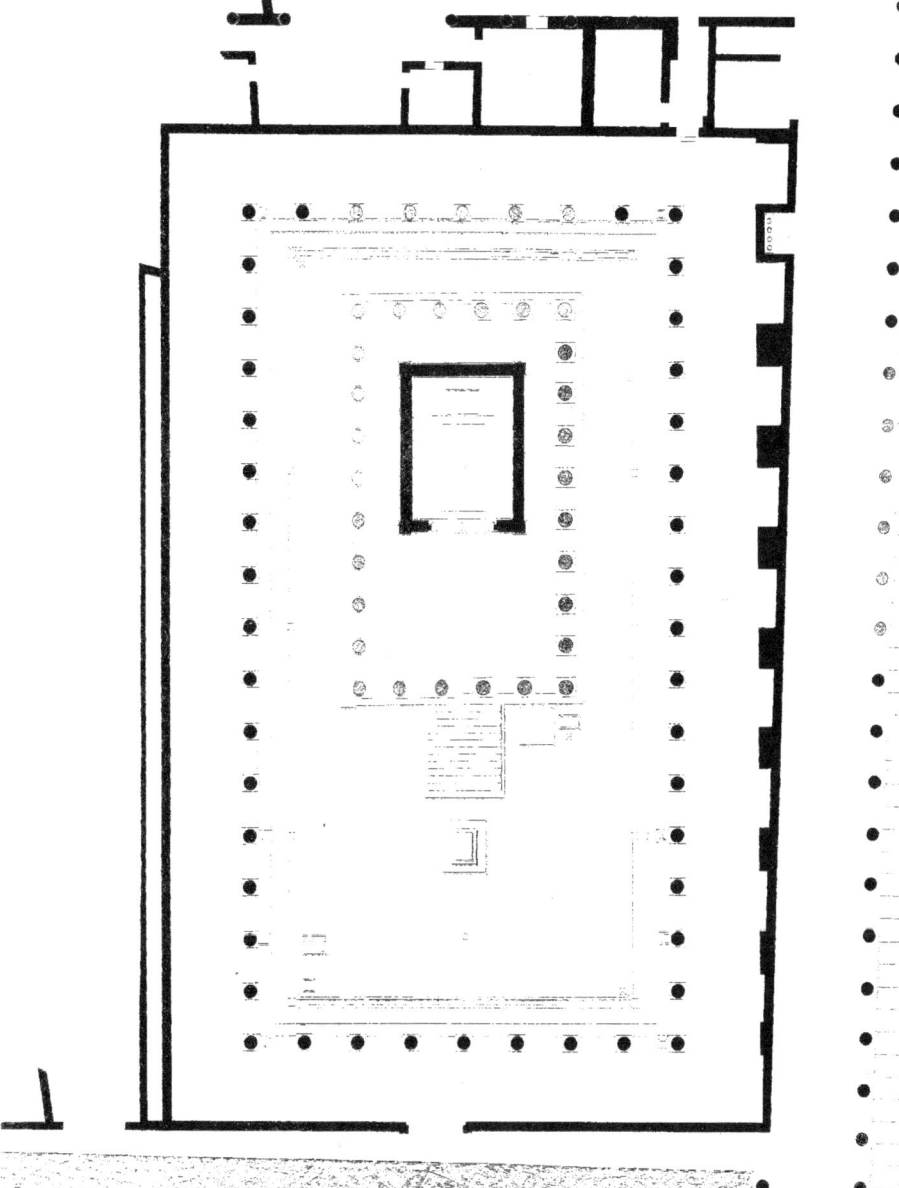

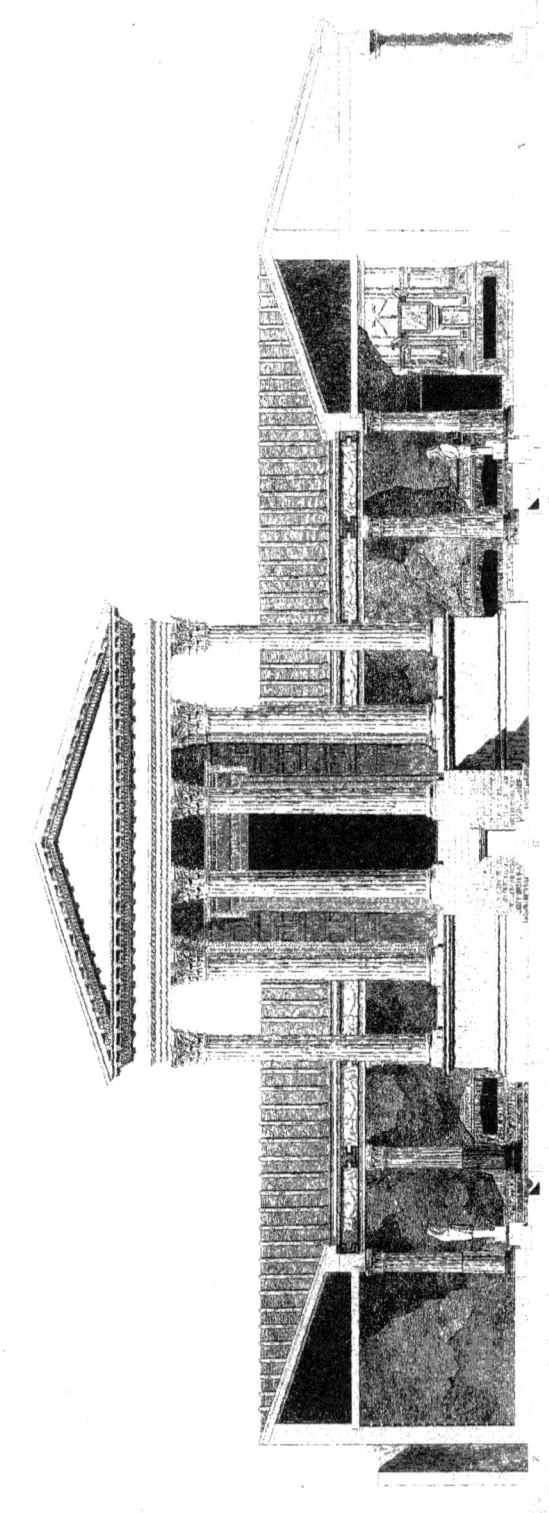

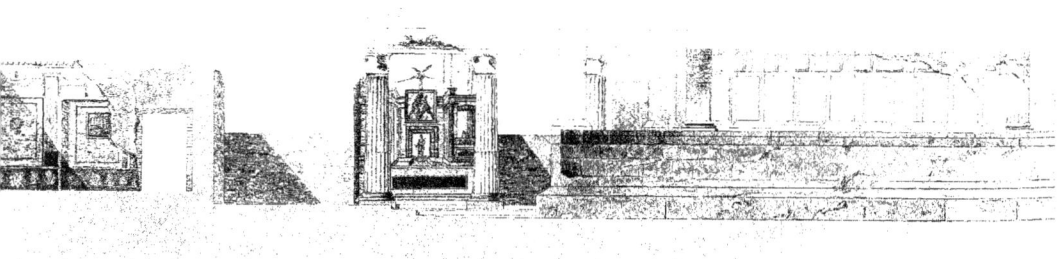

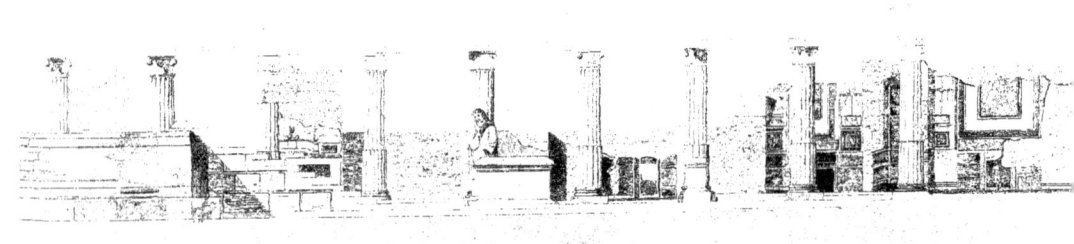

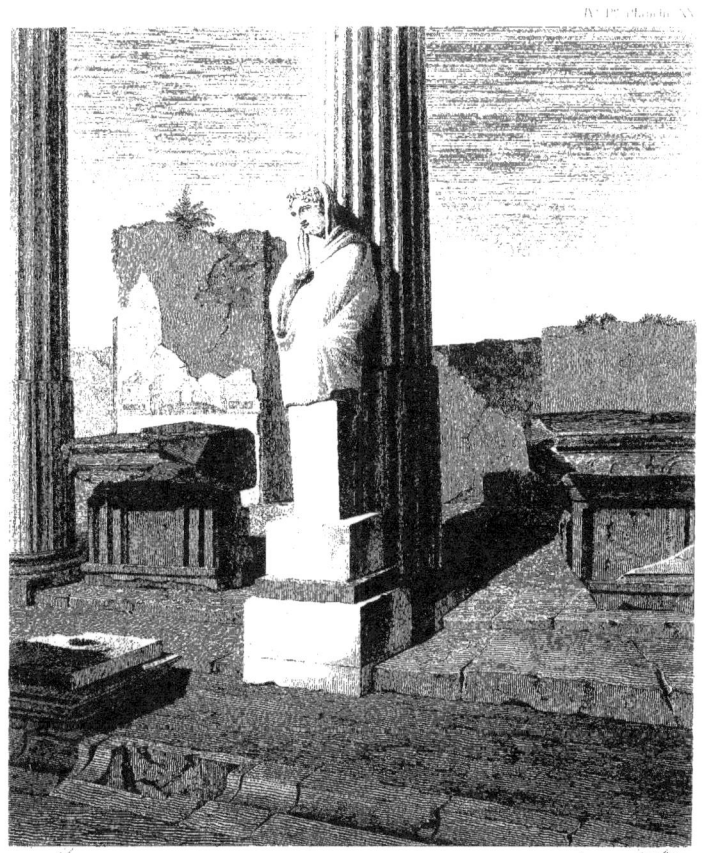

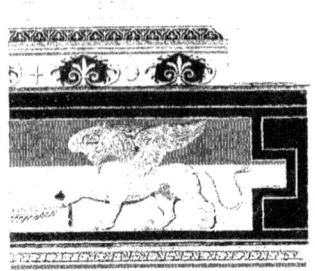
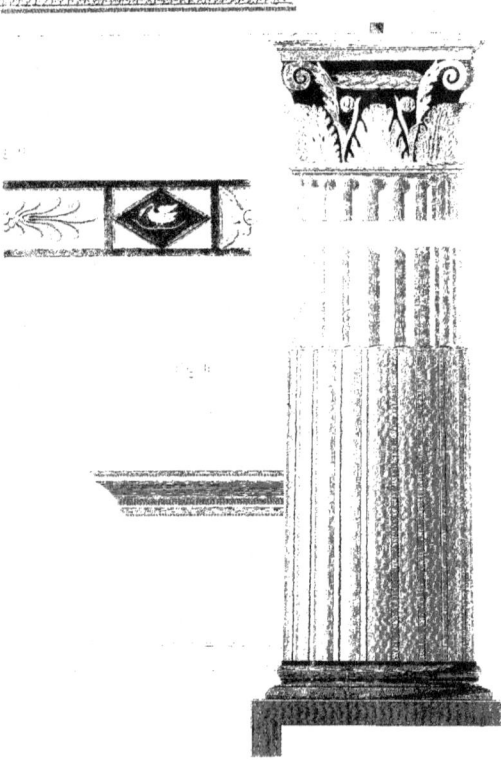

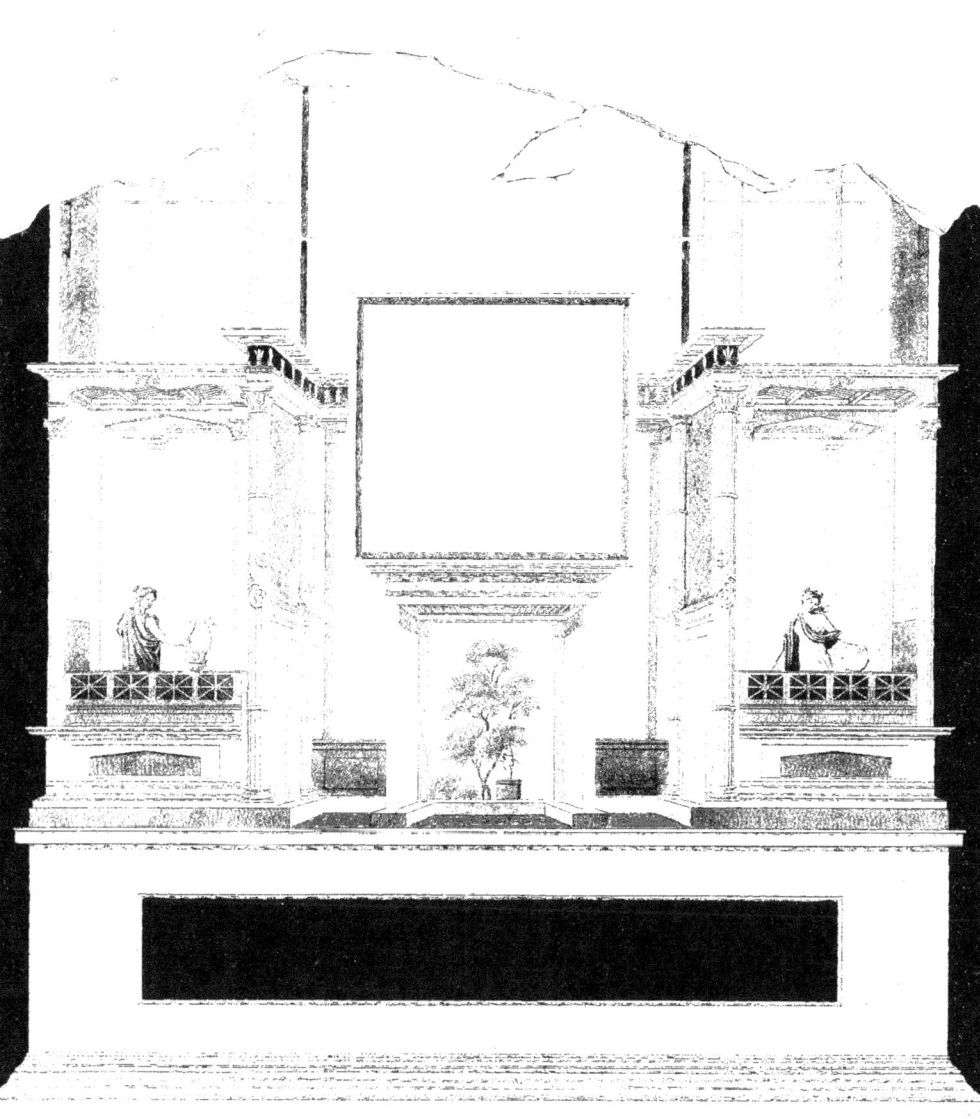

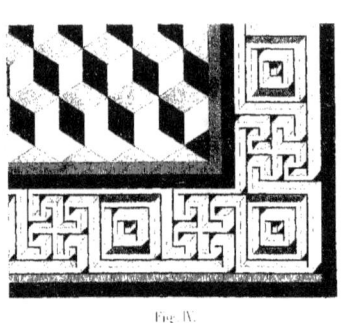

Fig. IV.

Fig. II

Fig. III

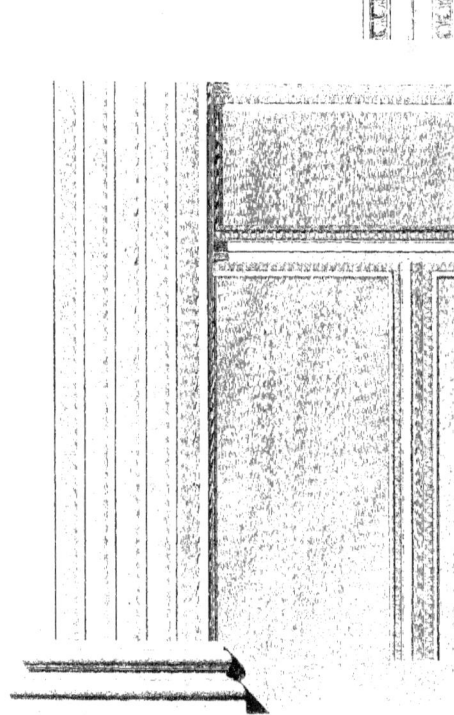

Fig. I

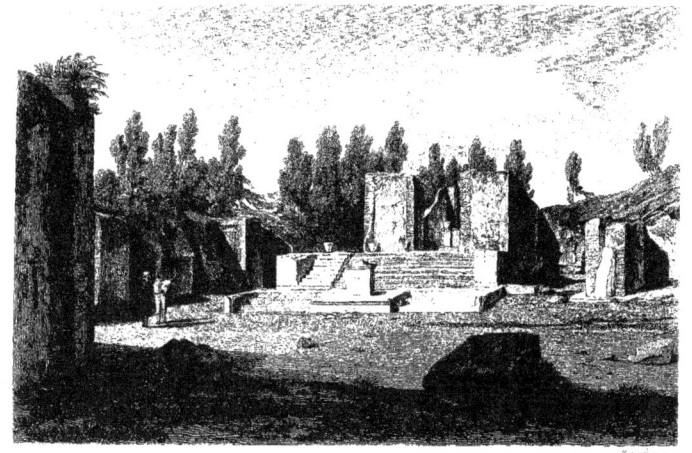

Fig. II.

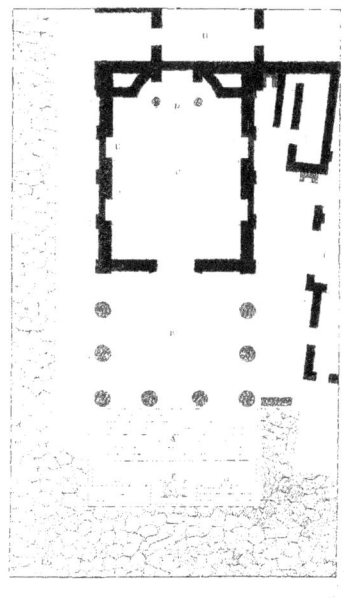

Fig. I.

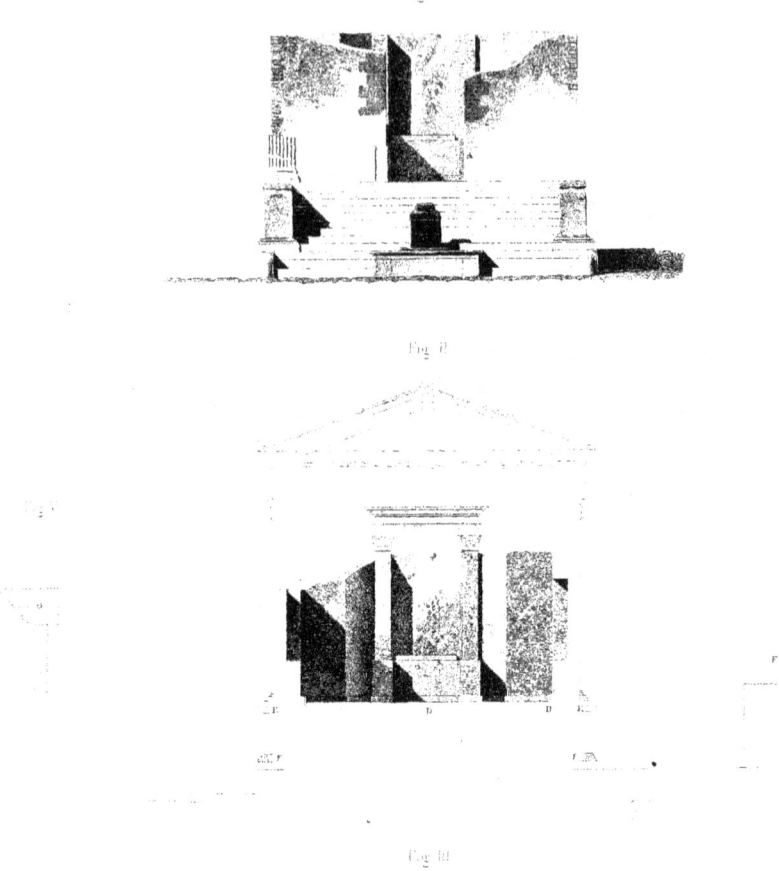

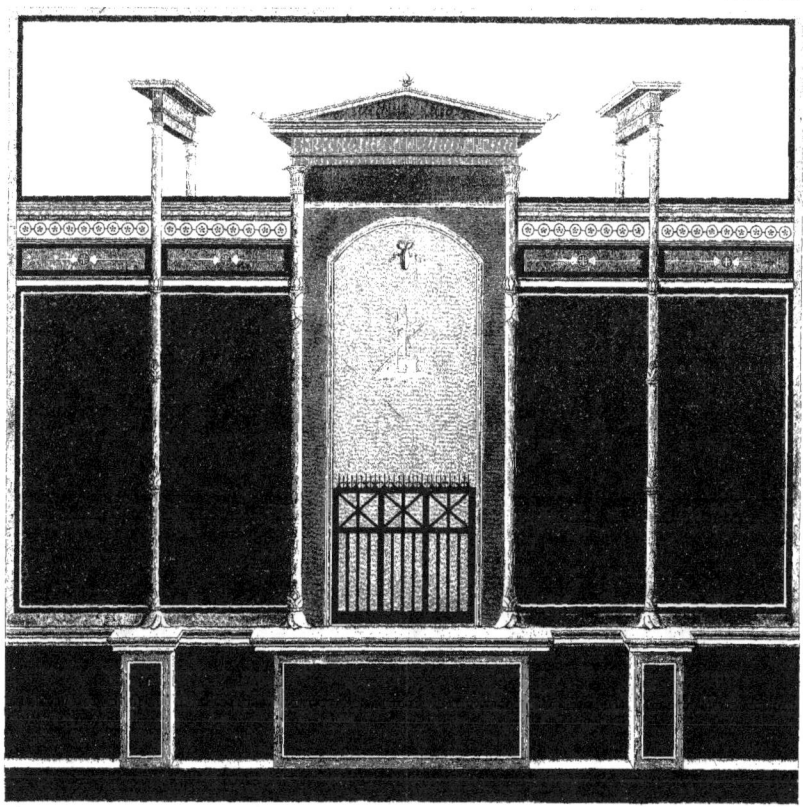

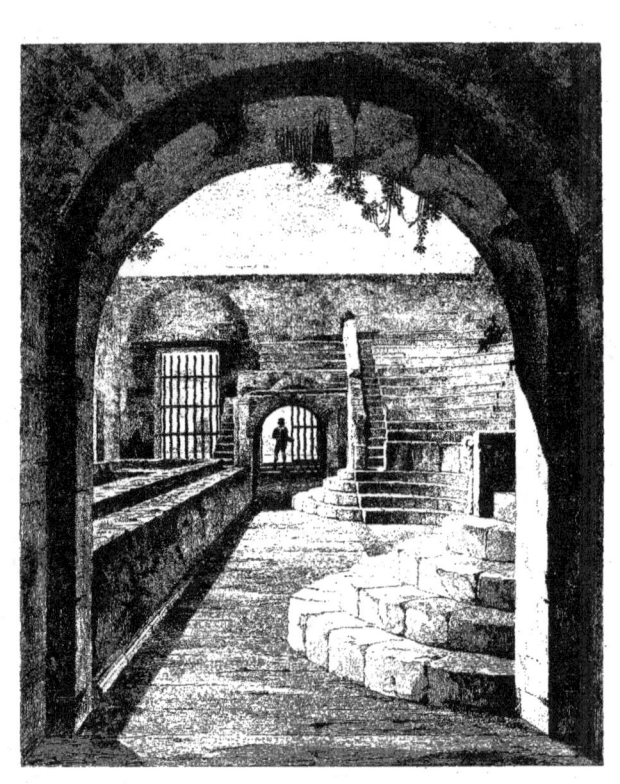

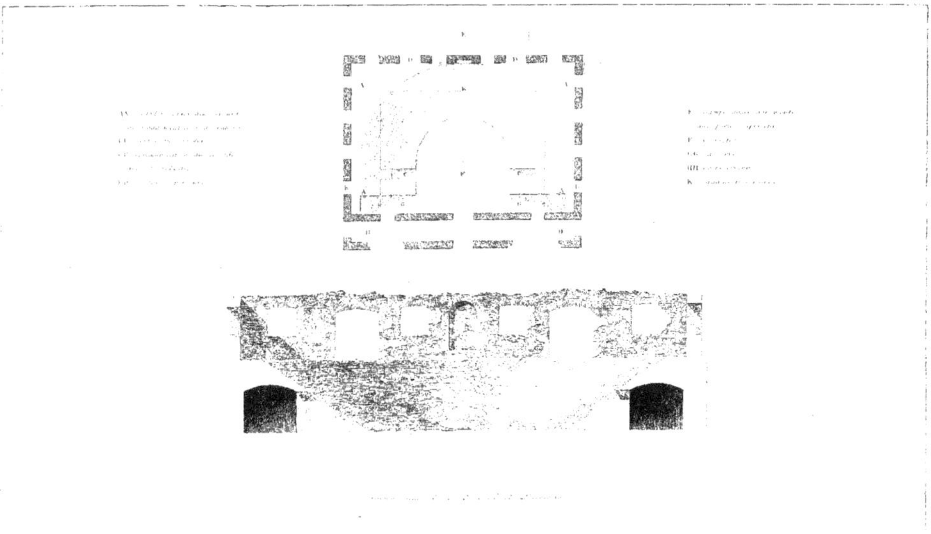

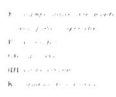

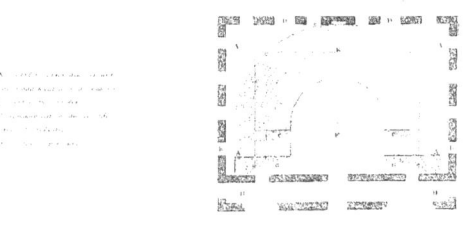

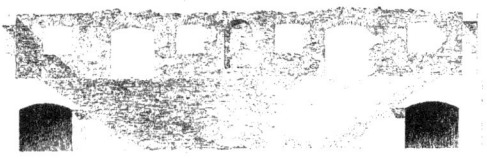

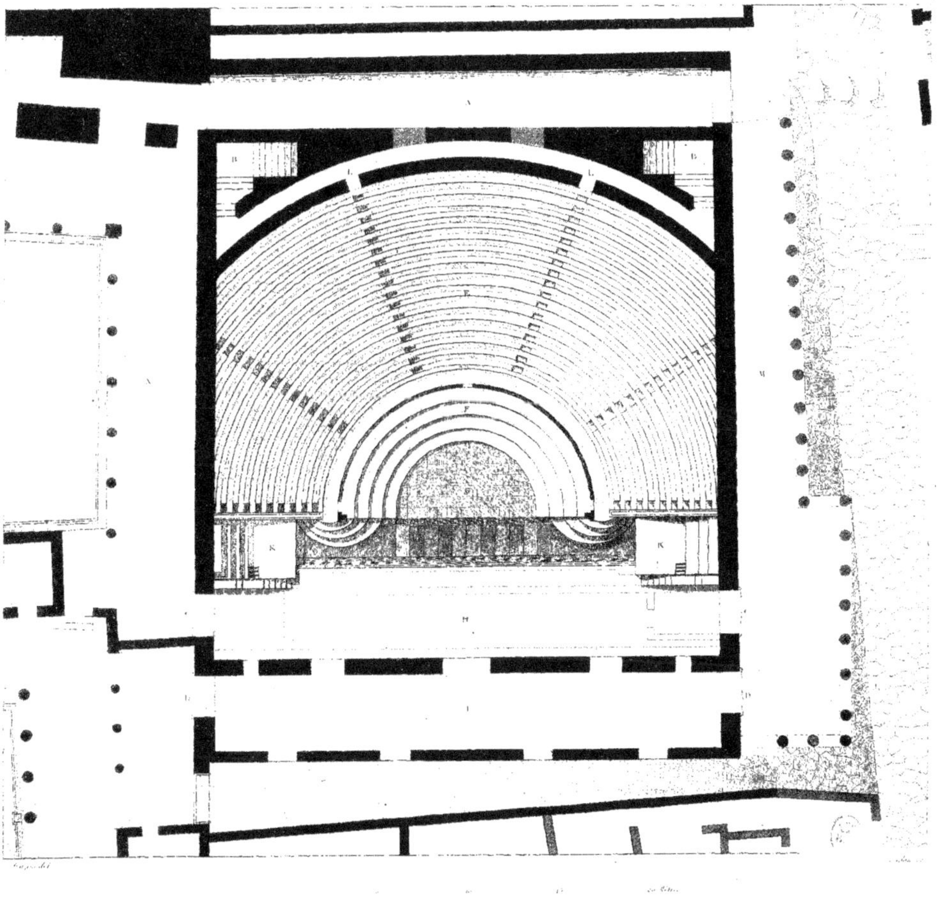

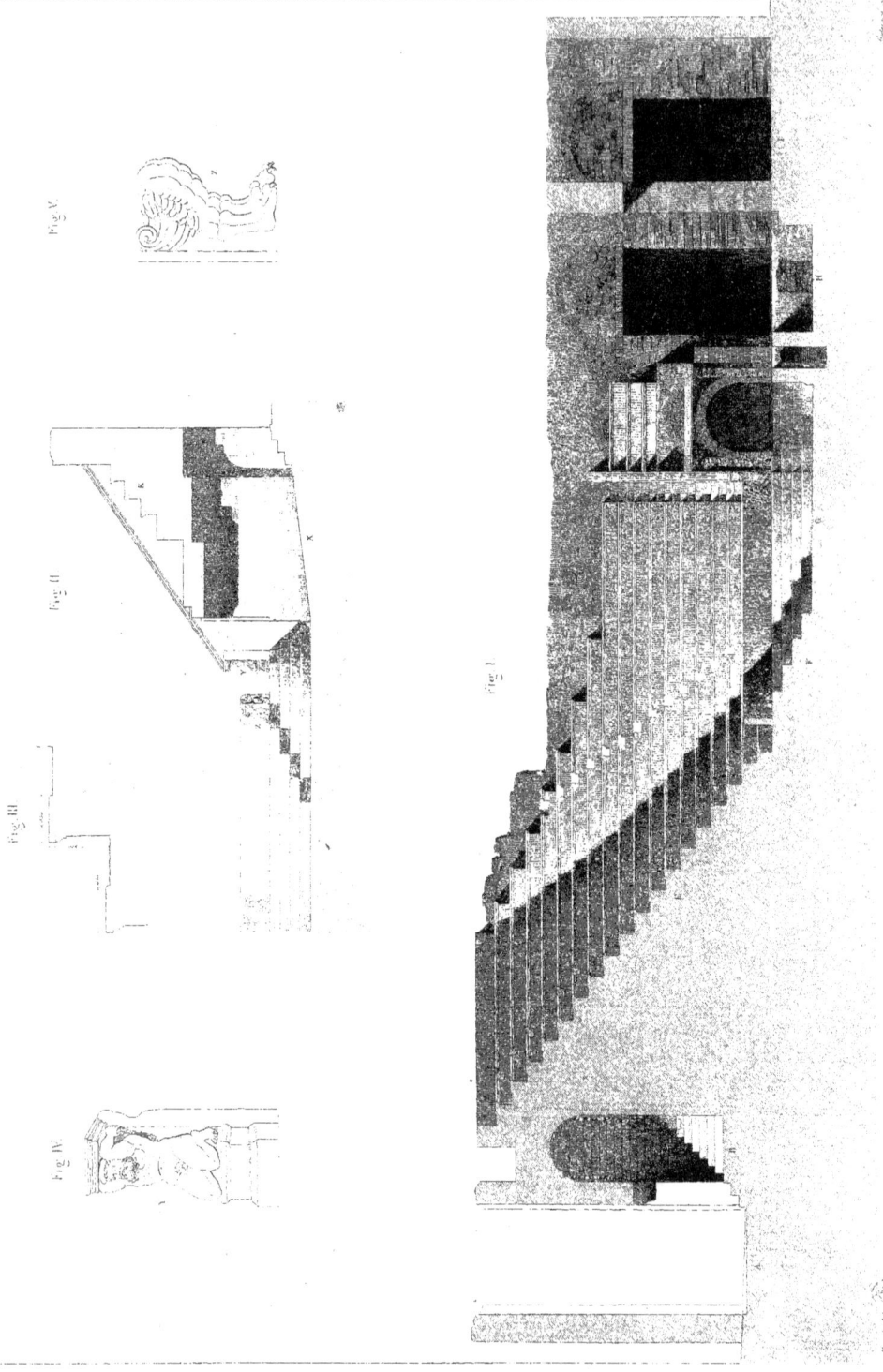

DETAILS OF PETIT THEATRE.

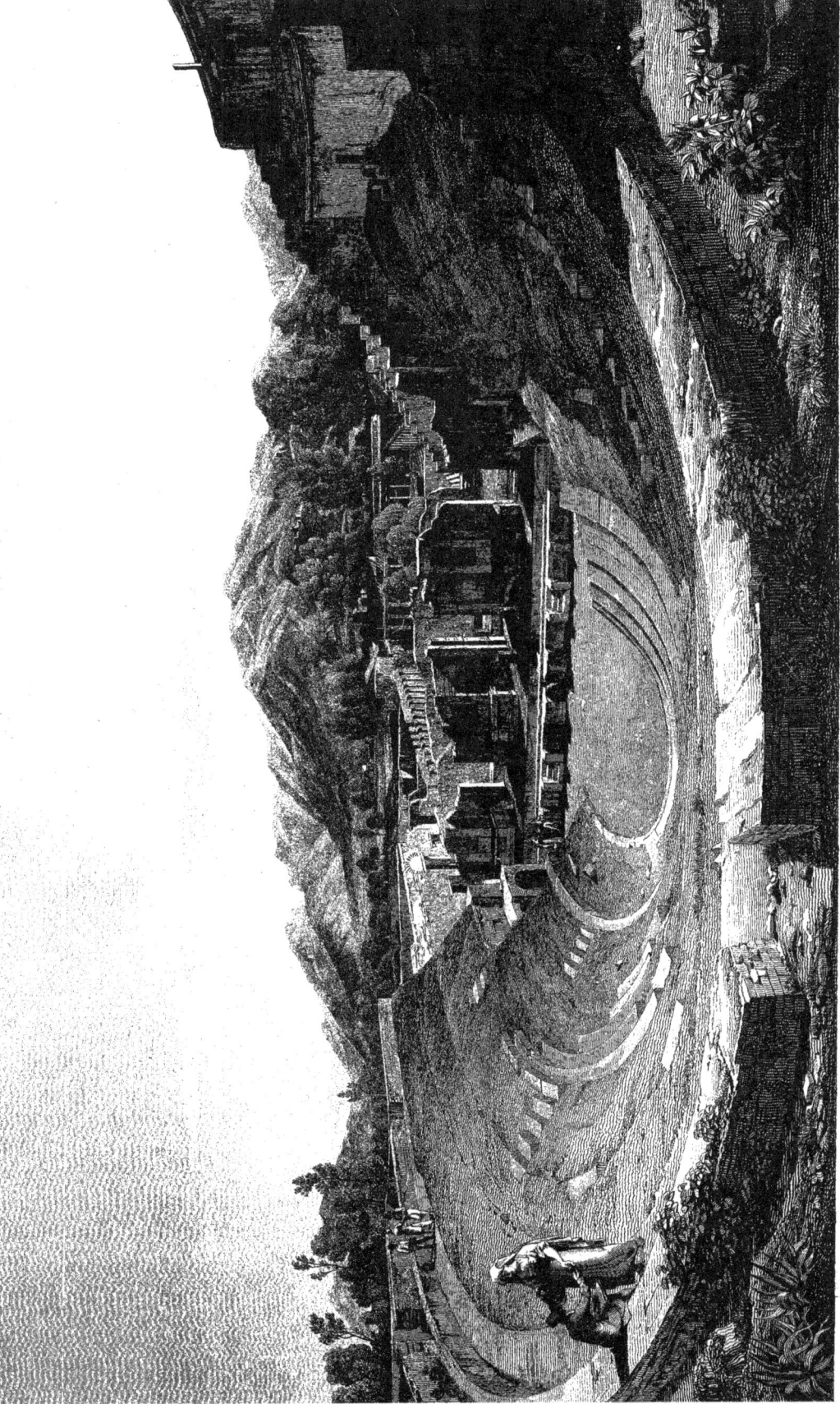

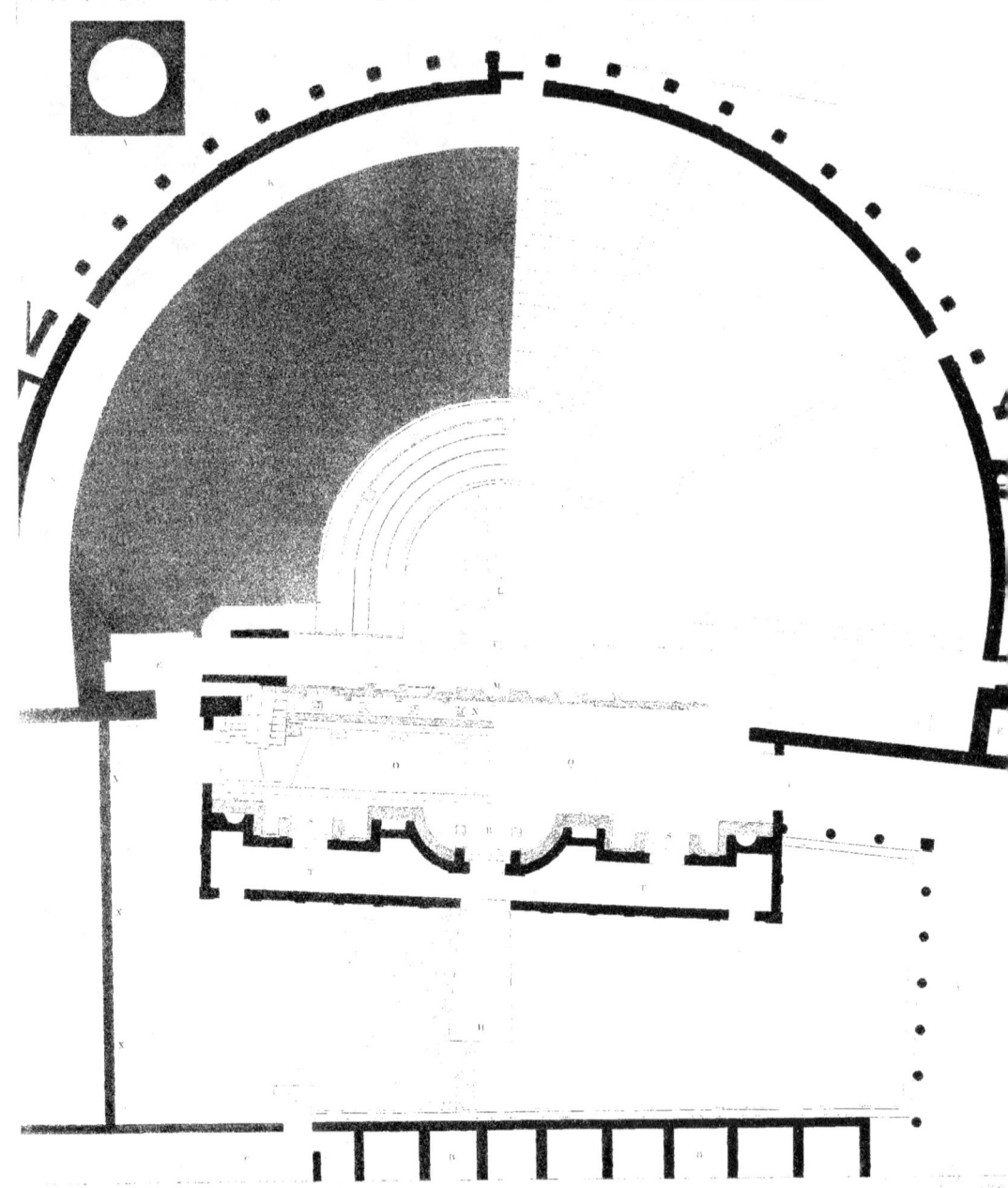

GRAND THÉÂTRE

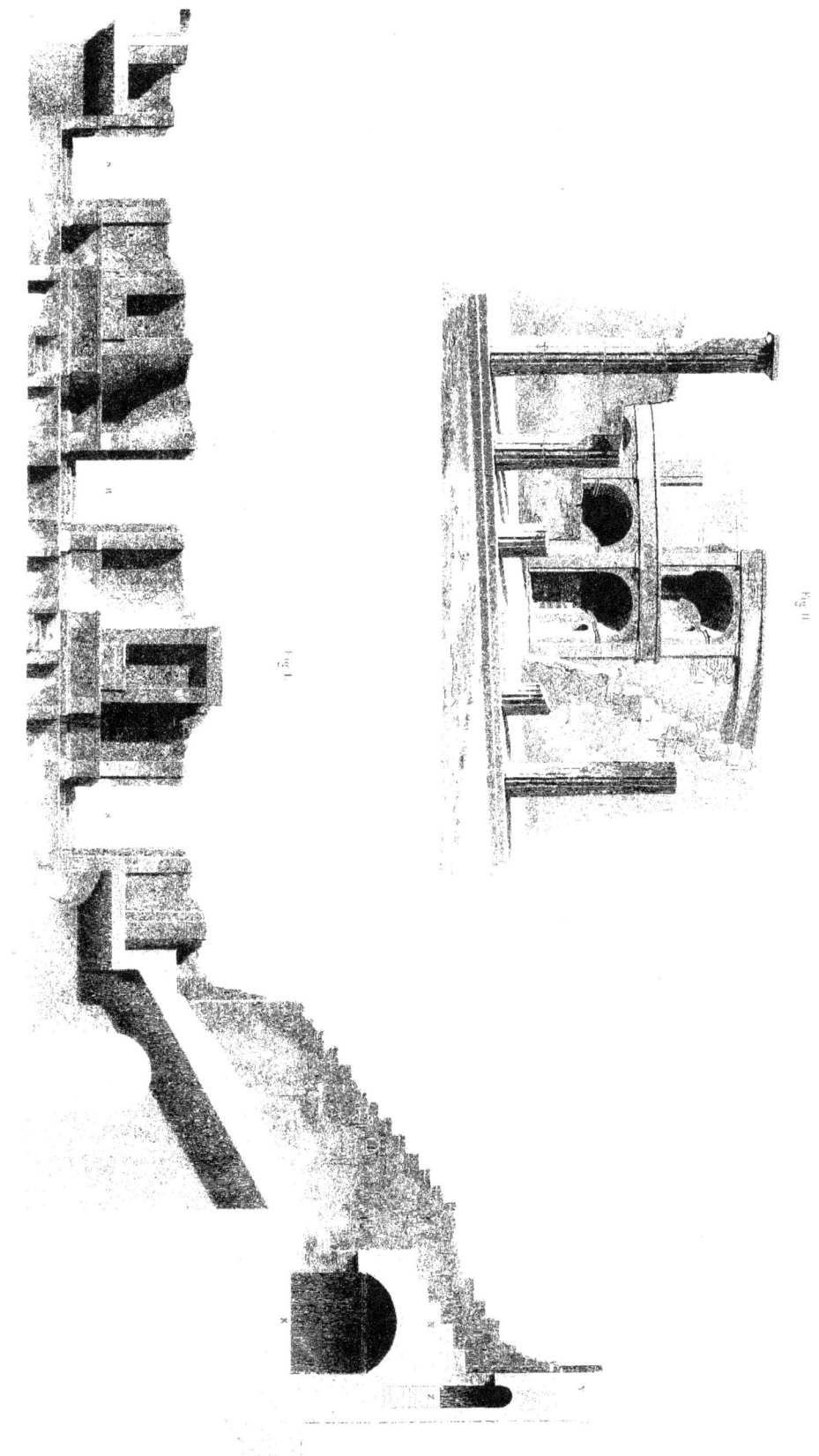

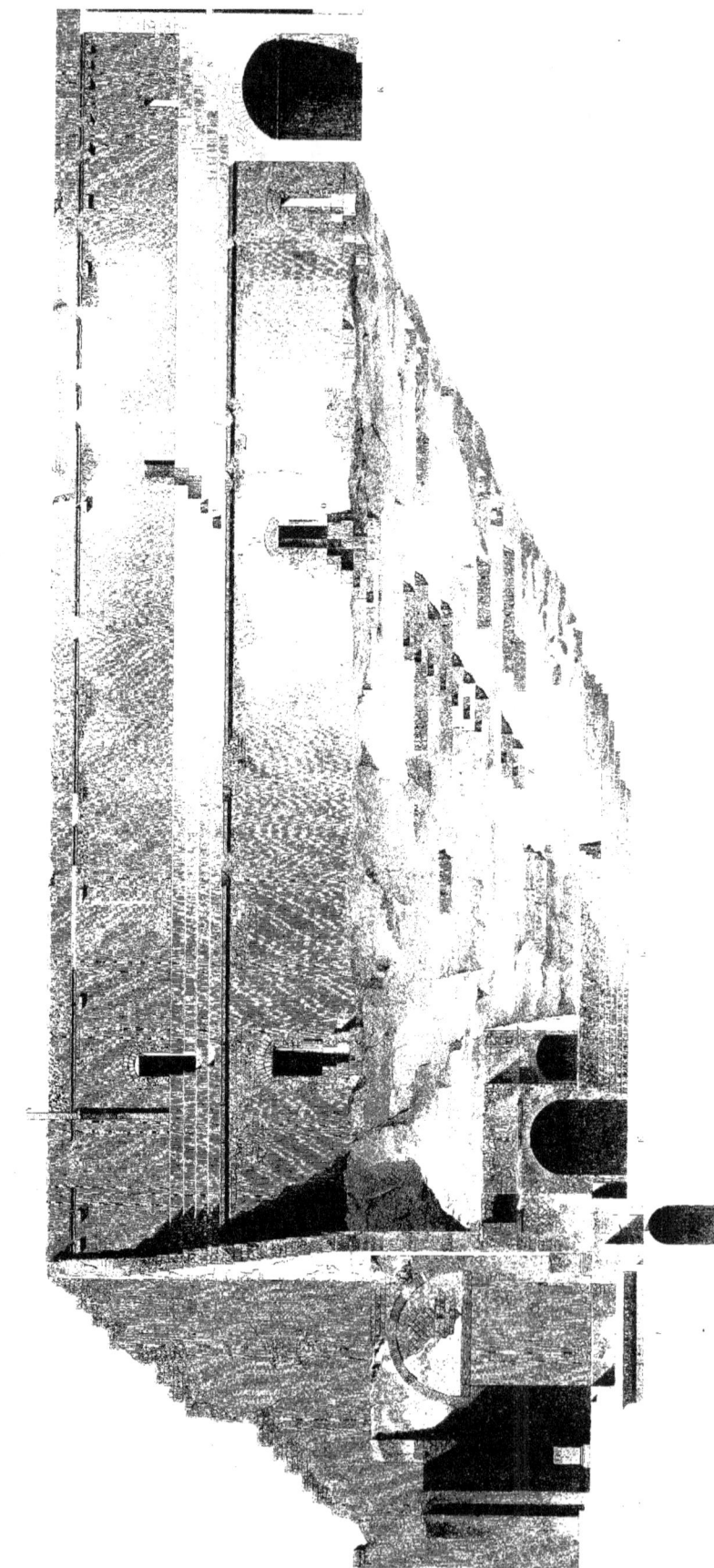

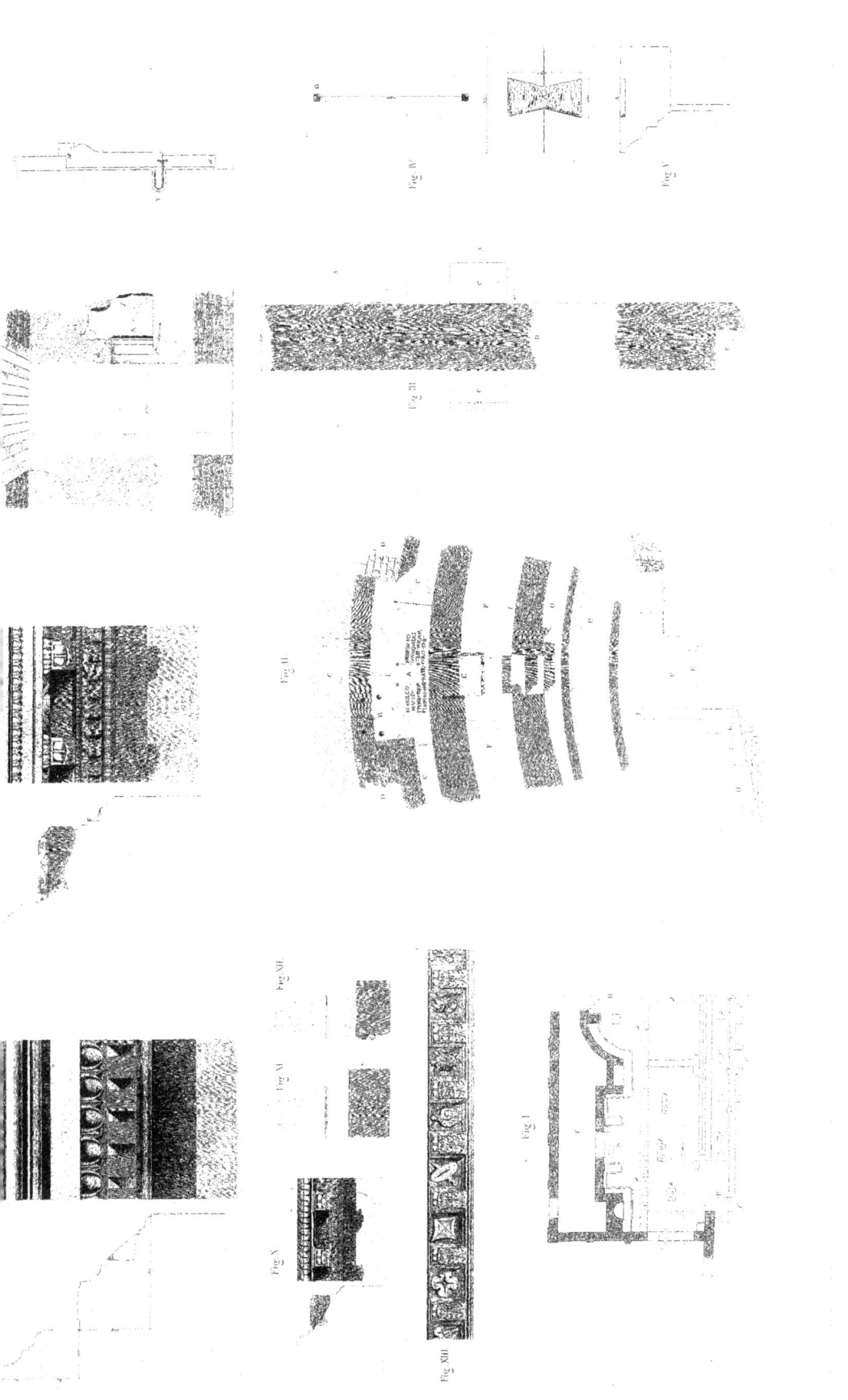

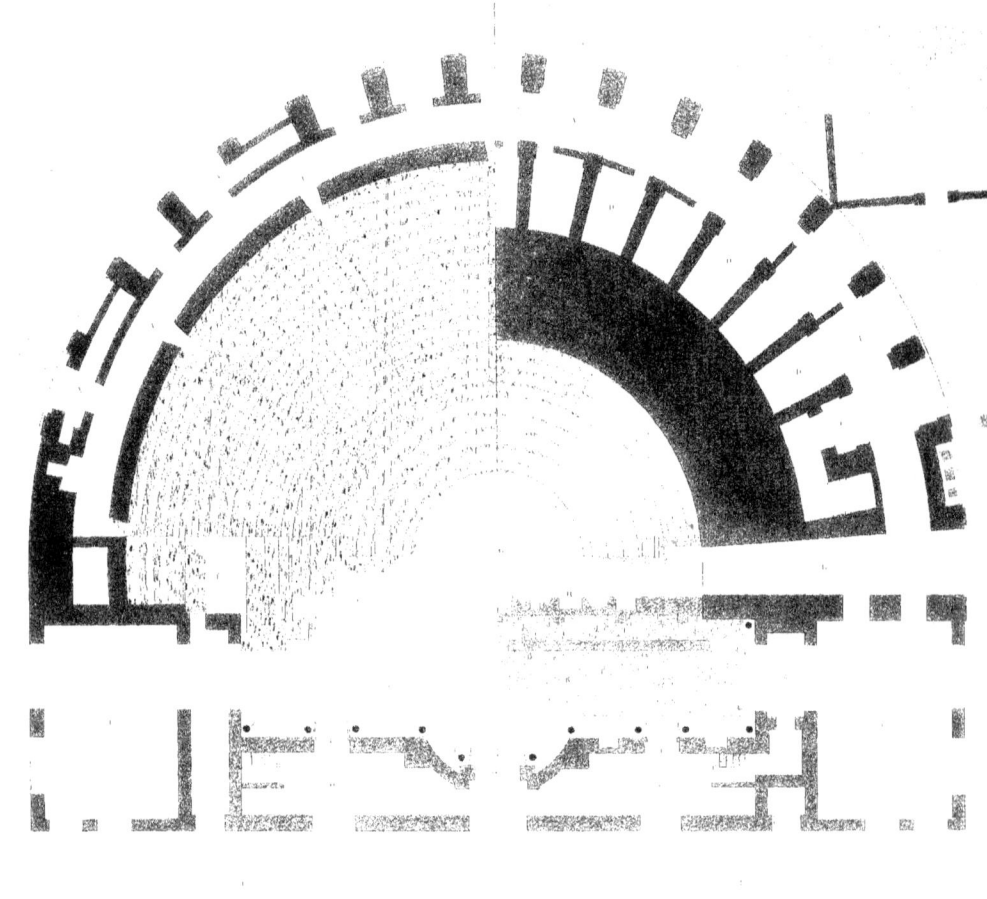

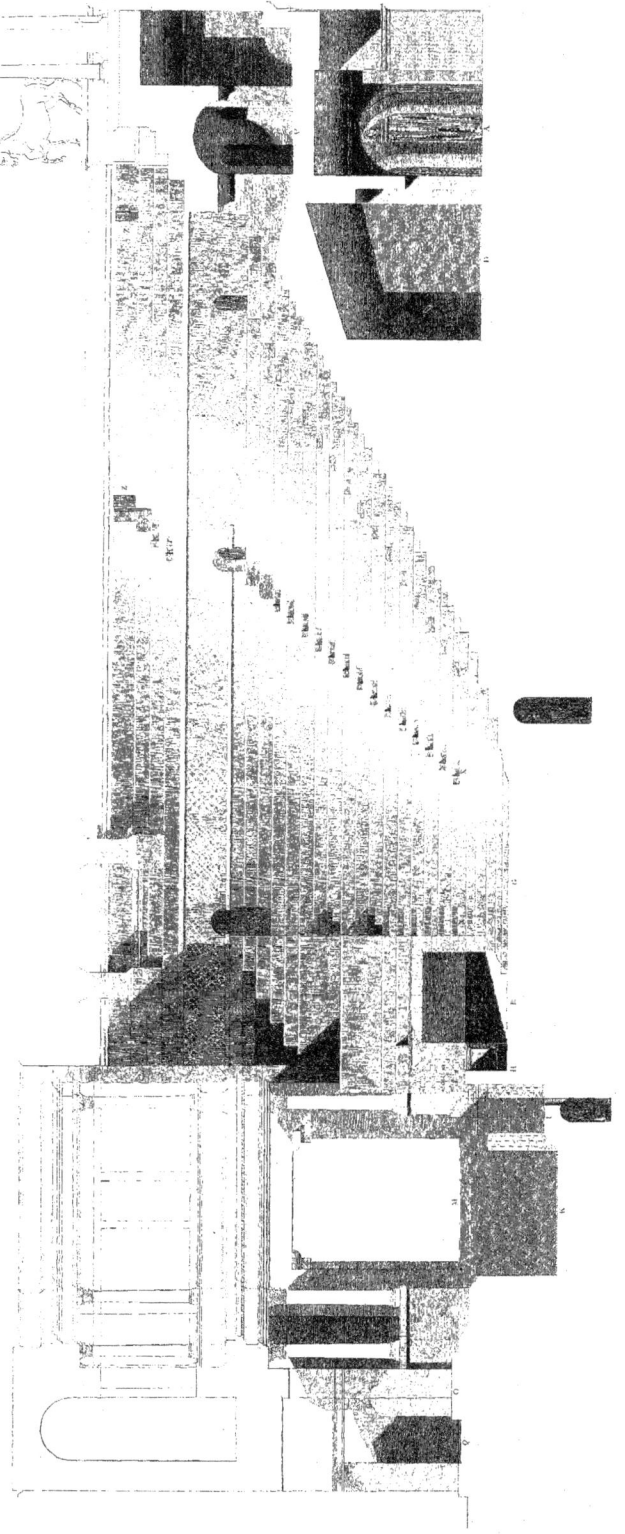

COUPE DU TEMPLE D'HIÉROU LXXQU

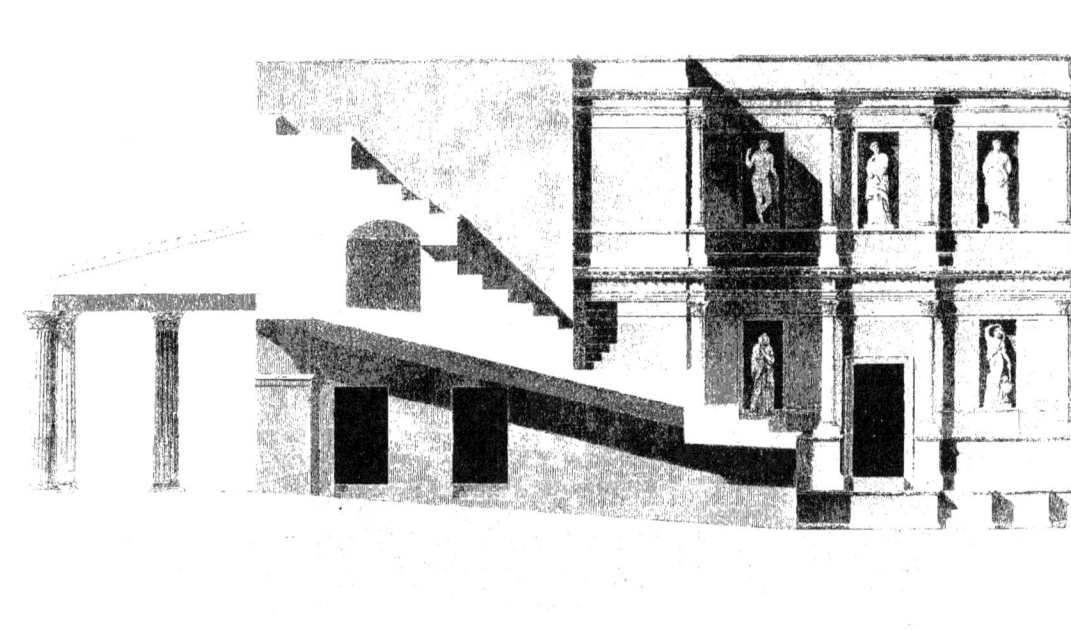

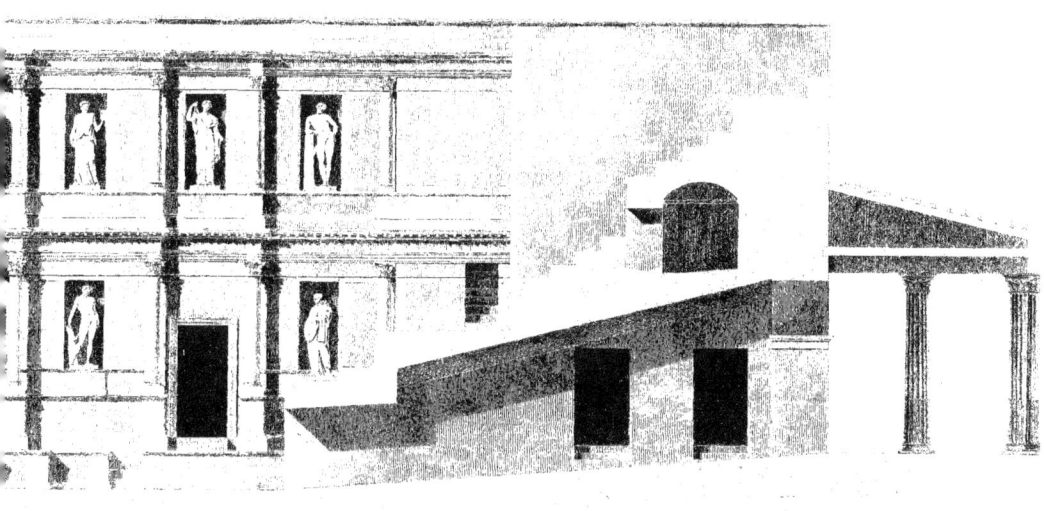

COUPE DU THÉÂTRE D'HERCULANUM

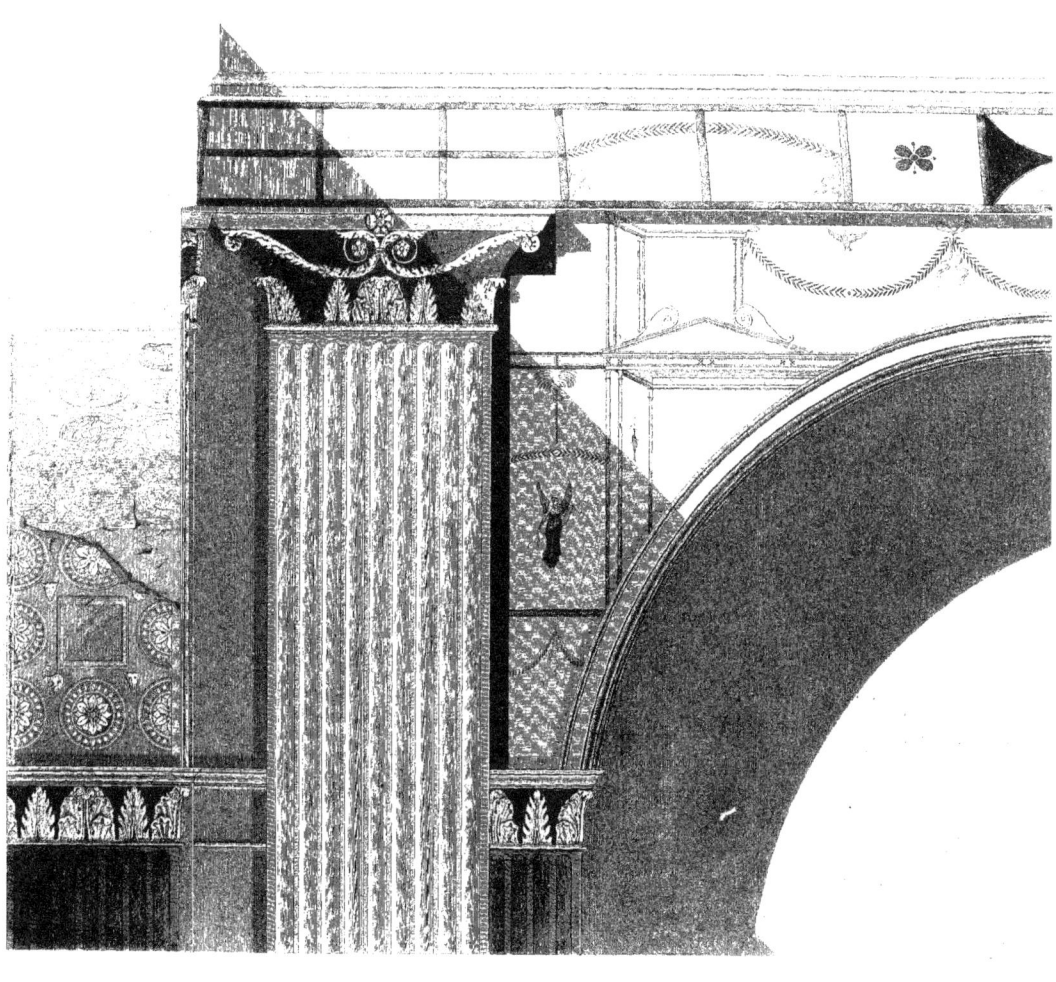

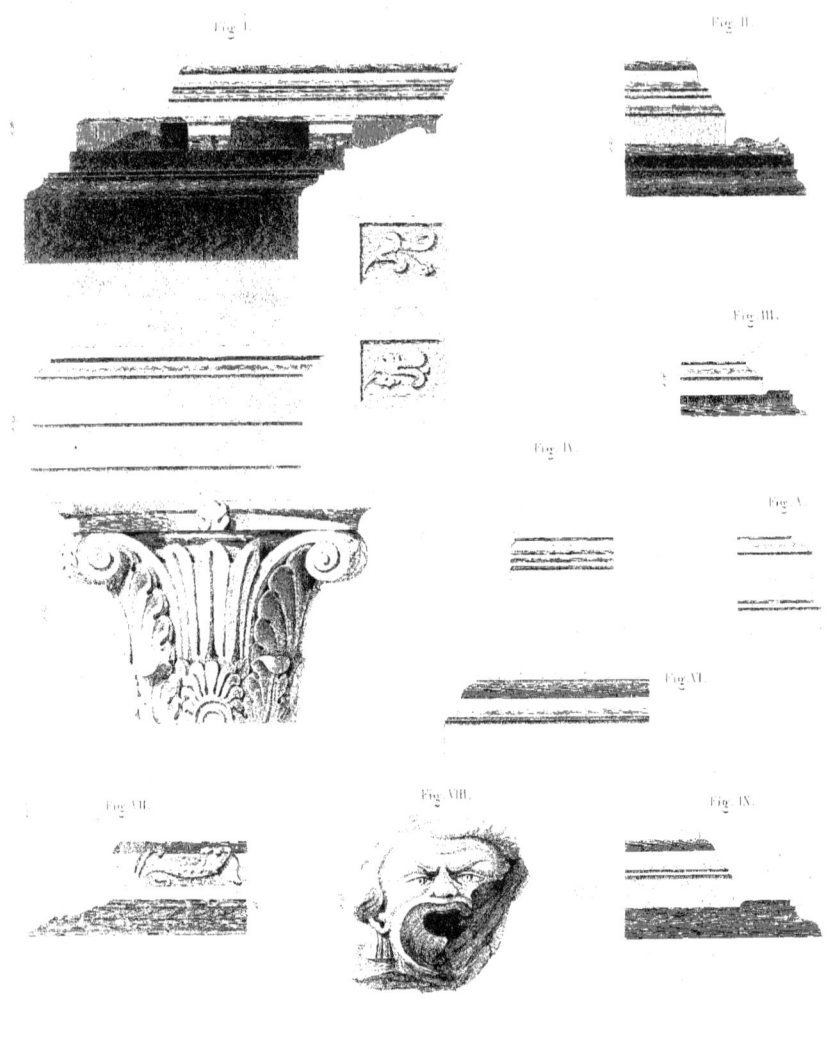

DÉTAILS DU THEATRE D'HERCULANUM.

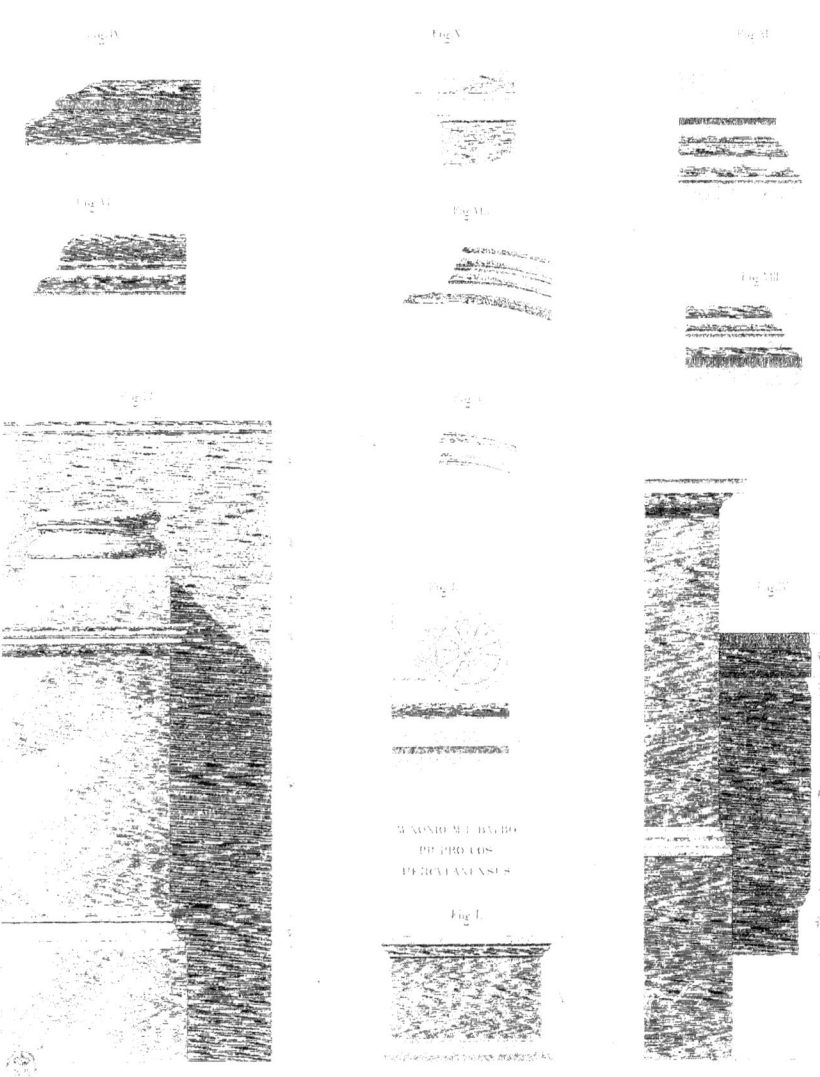

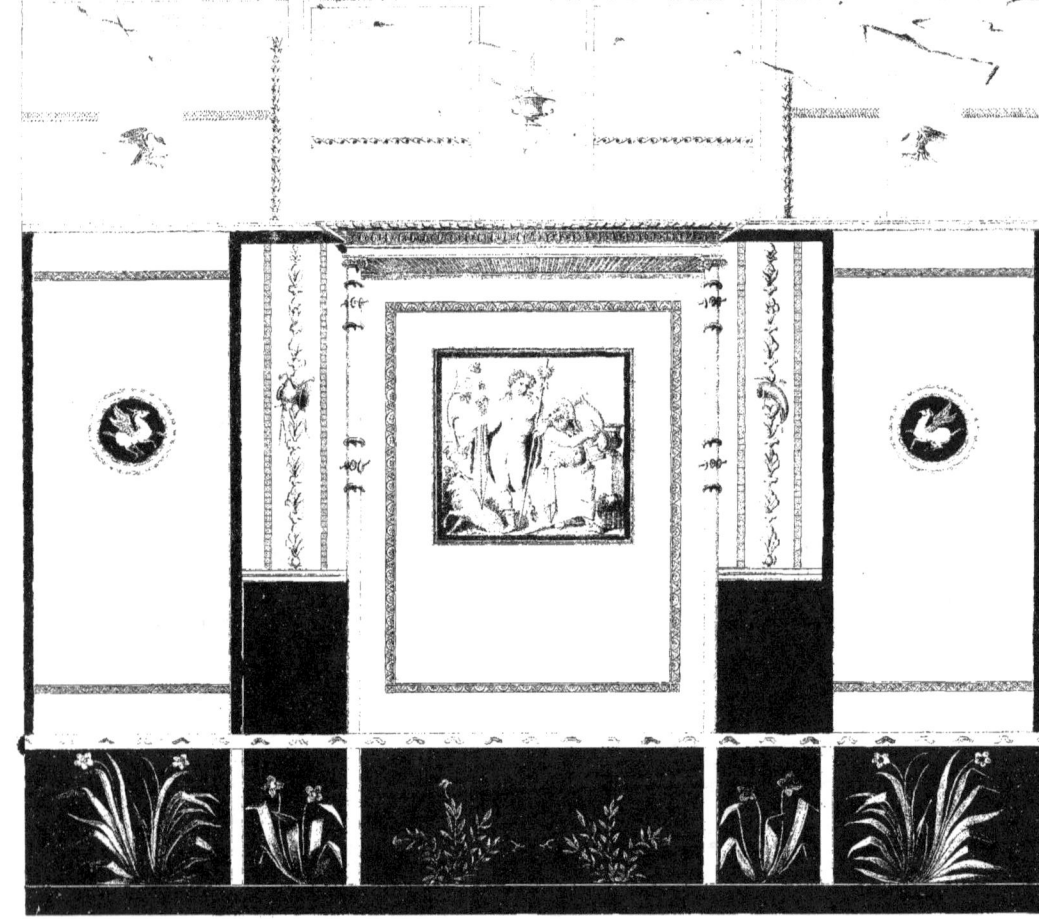

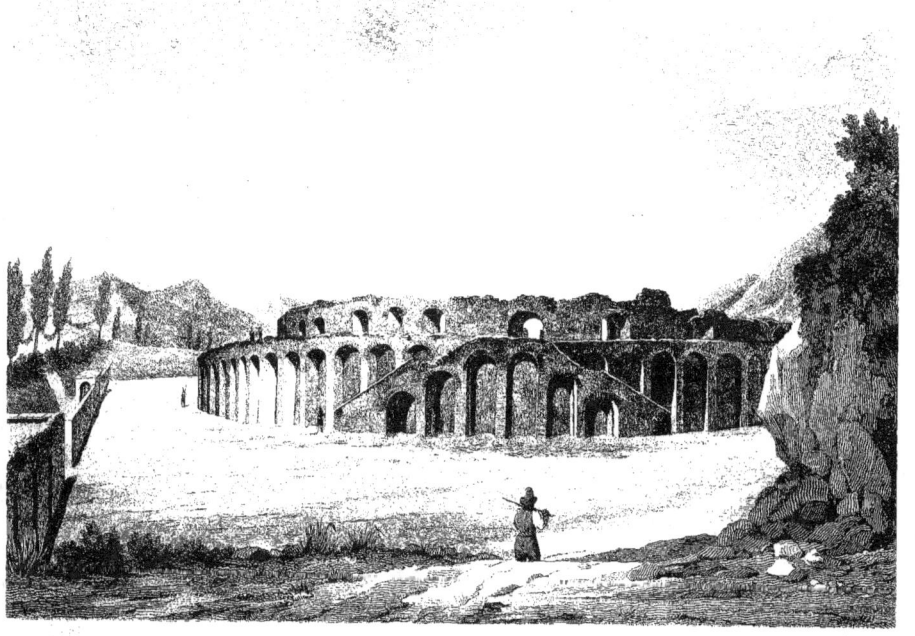

VUE INTÉRIEURE DE L'AMPHITHÉÂTRE.

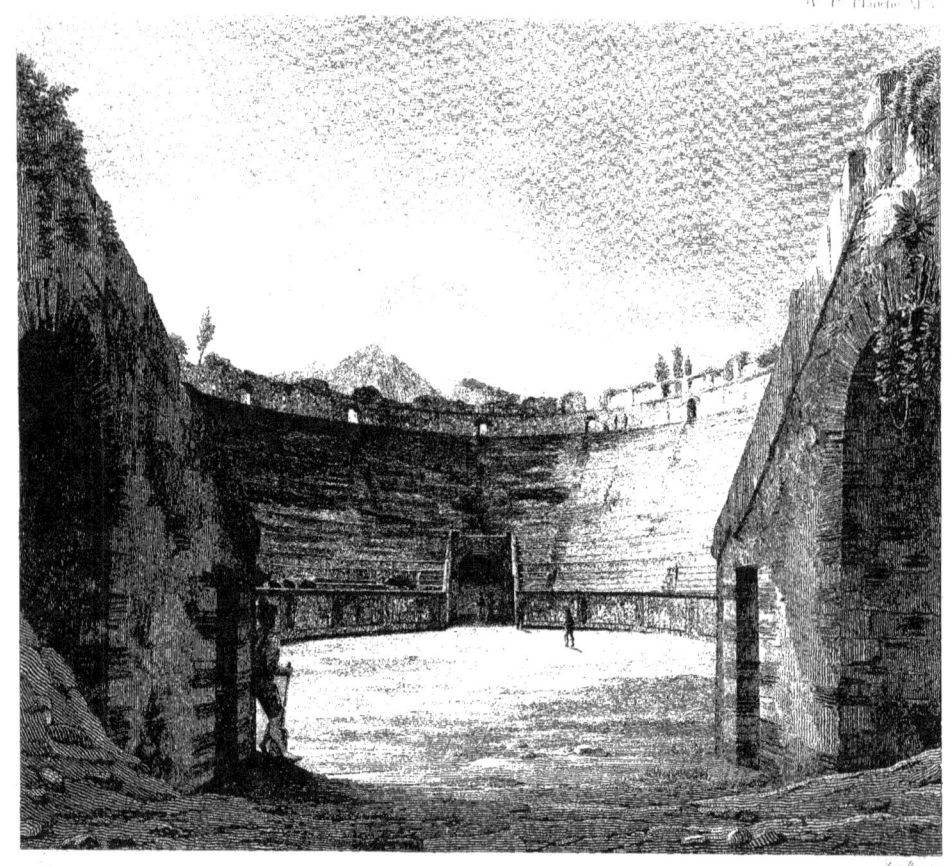

VUE INTÉRIEURE DE L'AMPHITHÉATRE.

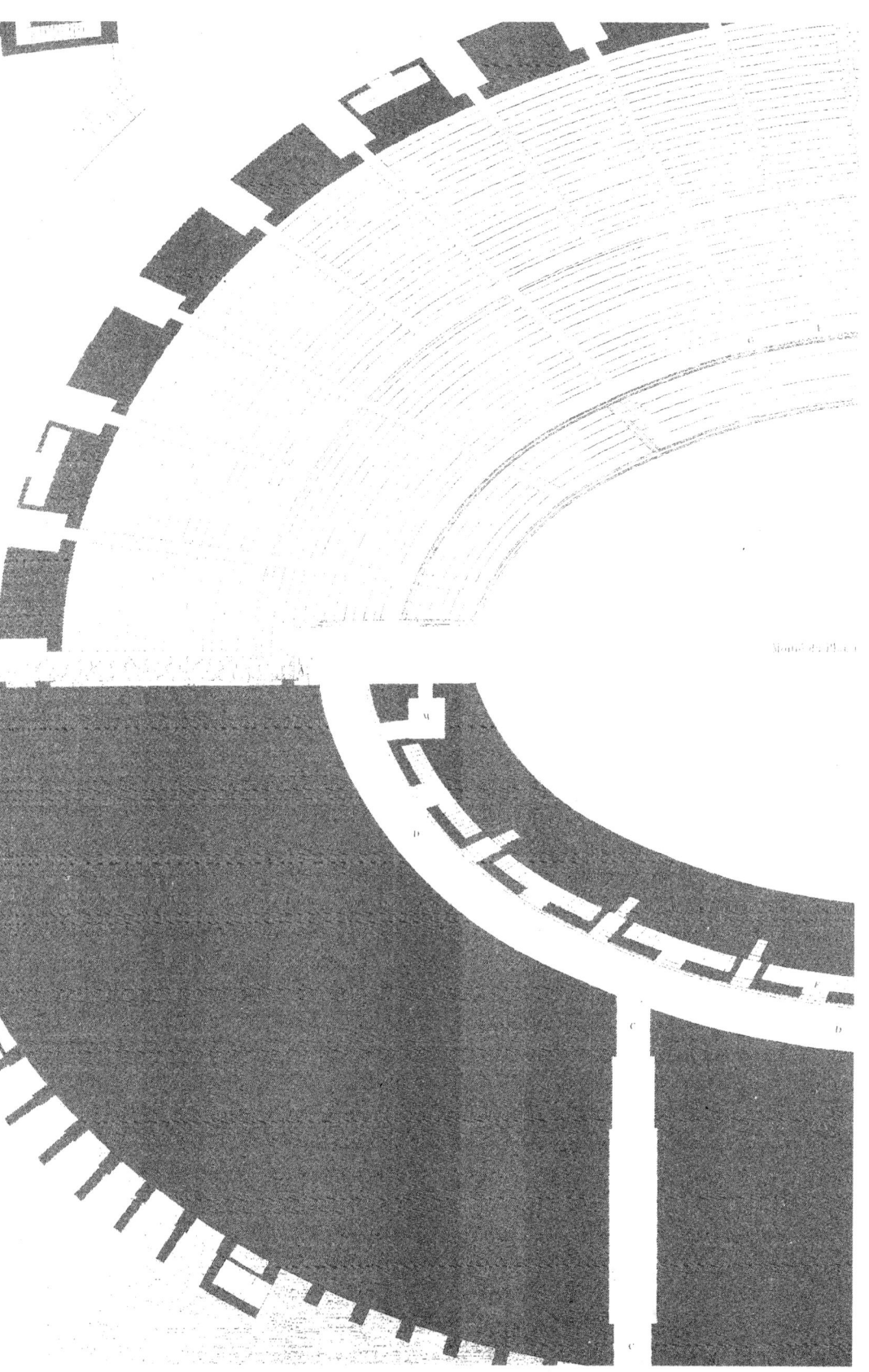

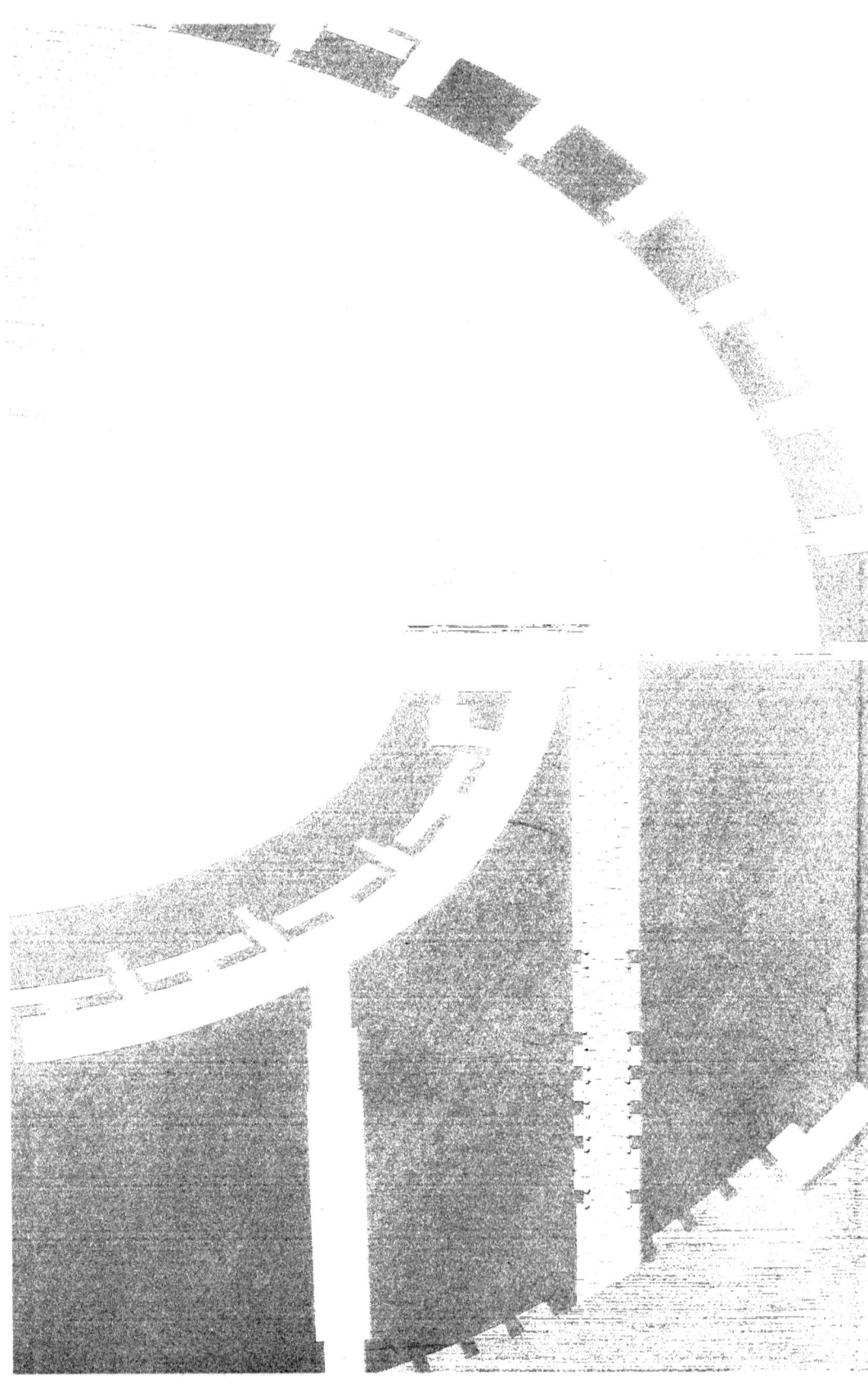

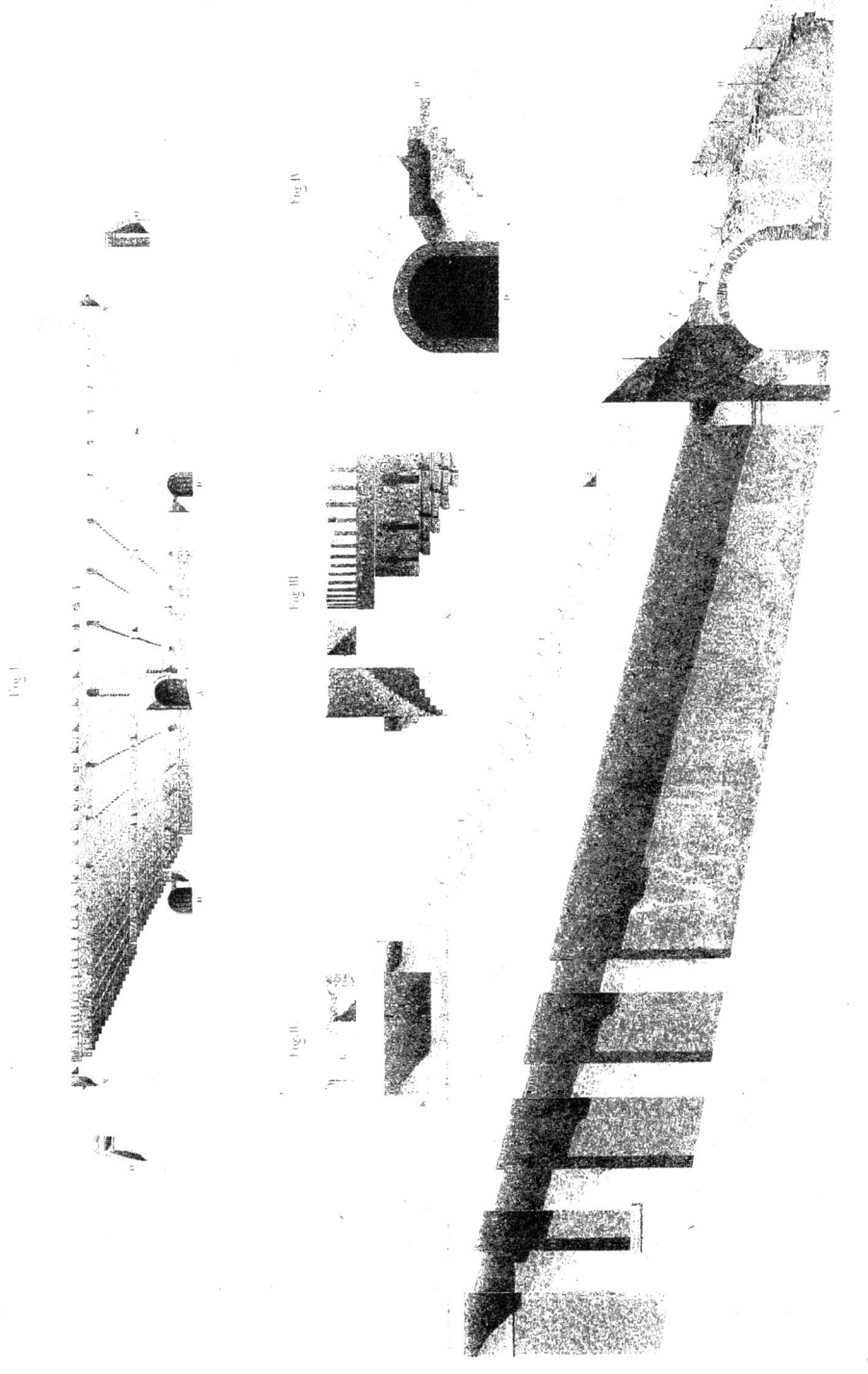

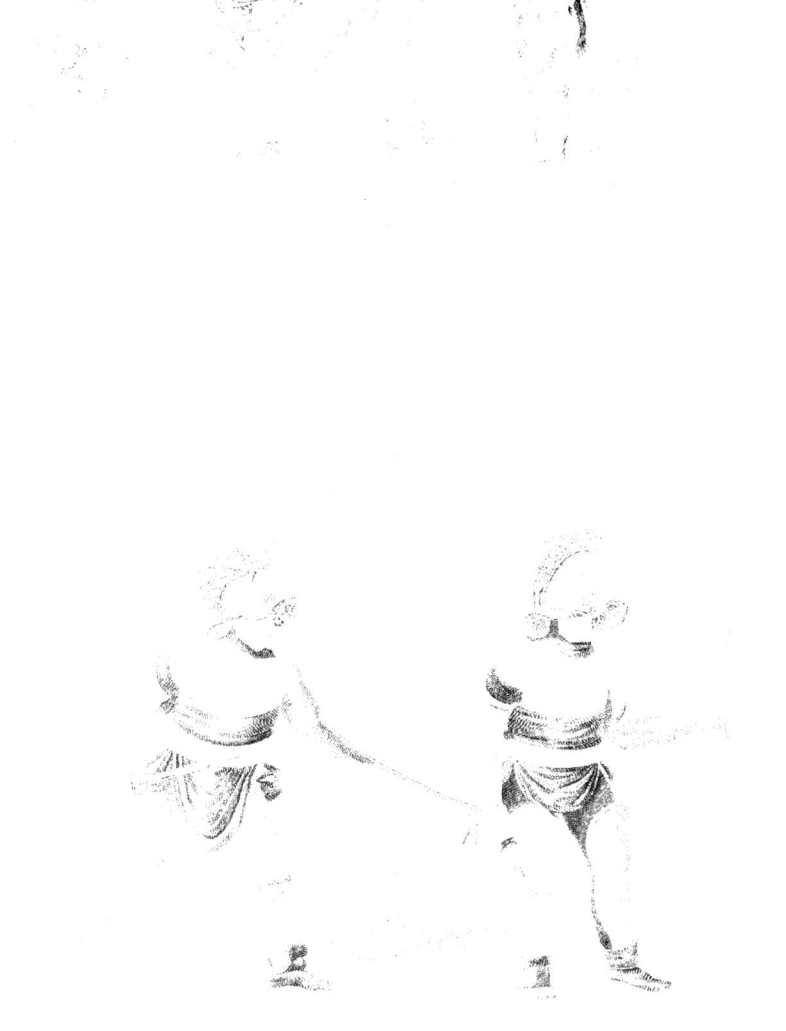

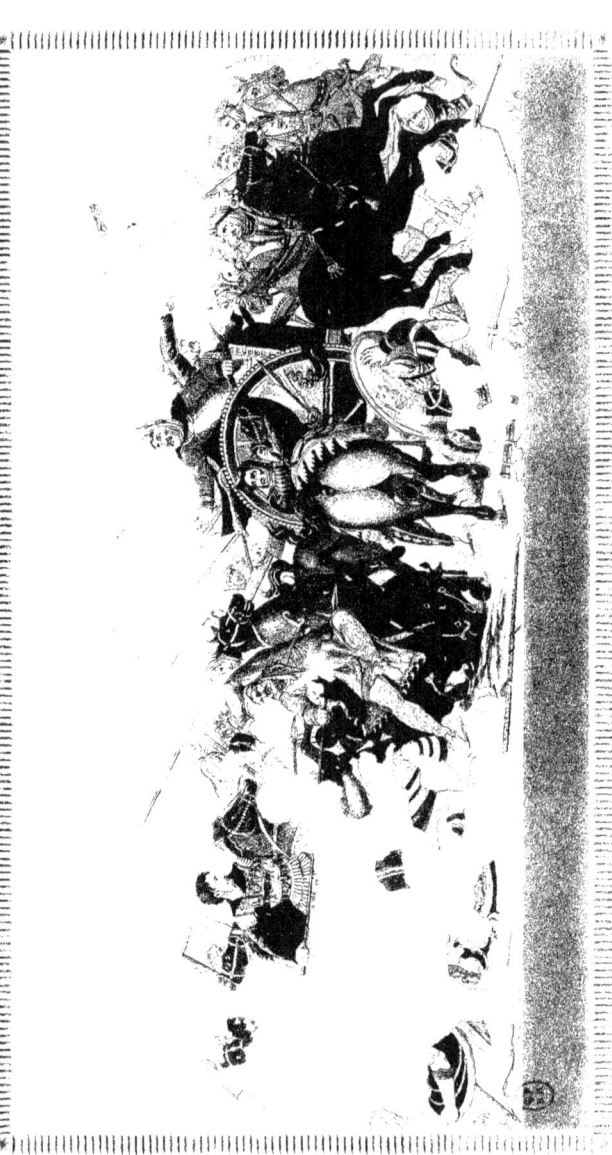

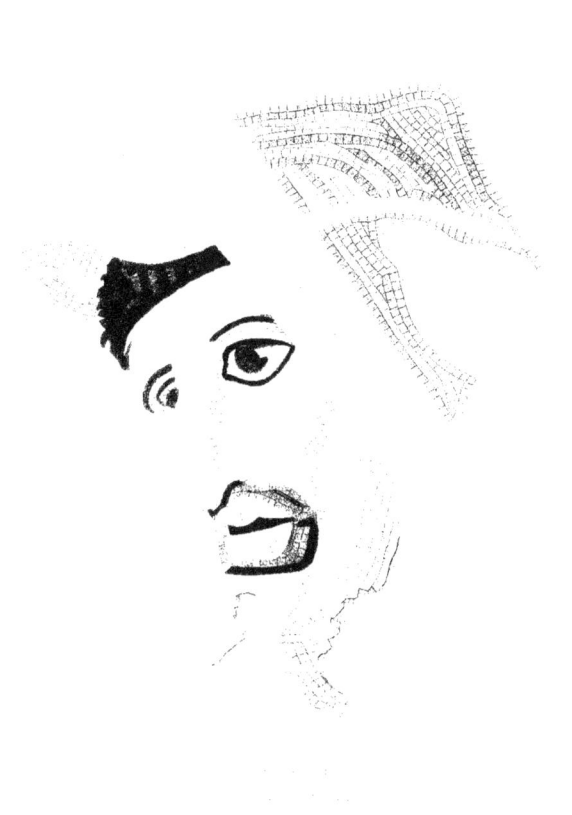

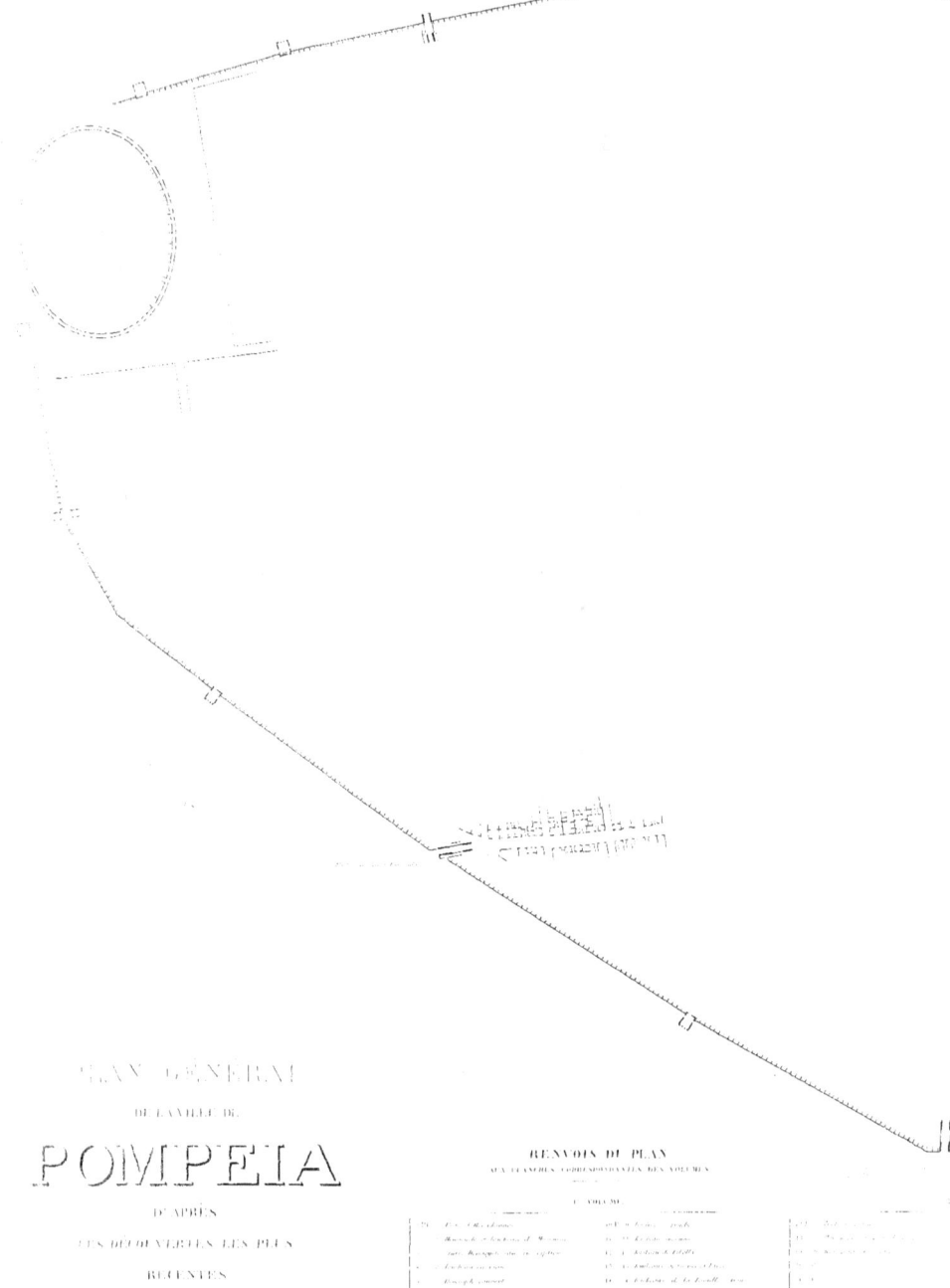

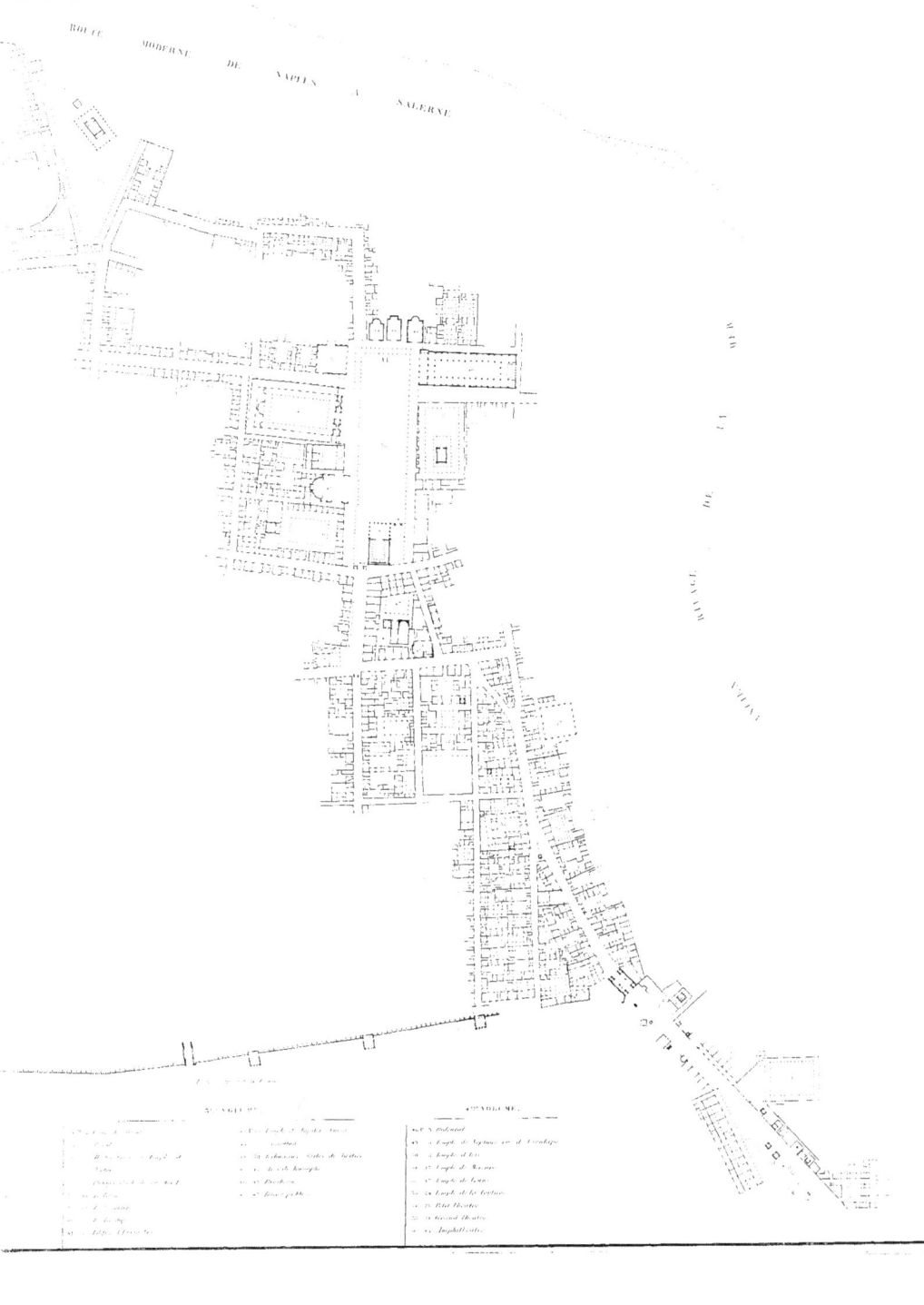

www.ingramcontent.com/pod-product-compliance
Lightning Source LLC
Chambersburg PA
CBHW071546220526
45469CB00003B/933